U0028015

極夜行

1872小時的黑暗永凍，
與自己對話的旅程

角幡唯介

suncolor
三采文化

—目次—

旅行的路線

2016 年 12 月 6 日至 2017 年 2 月 23 日

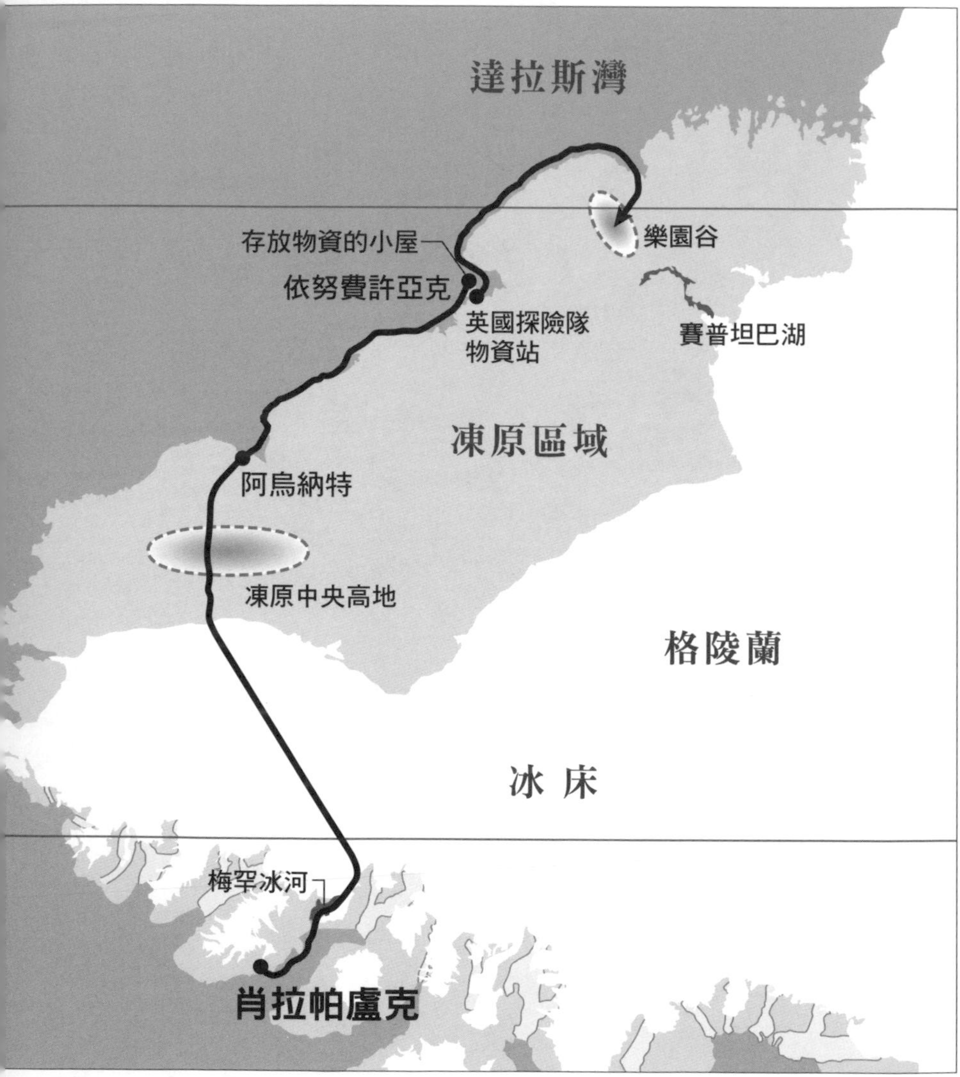

©cmap

北緯 79 度
加拿大・
埃爾斯米爾島
北緯 78 度

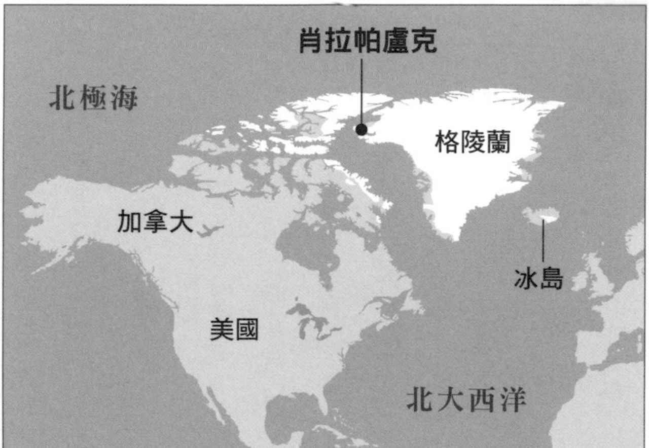
肖拉帕盧克
北極海
格陵蘭
加拿大
冰島
美國
北大西洋

極夜探險前的經歷

二〇一二年十二月至二〇一三年一月　加拿大　實驗行

以位於北緯六十九度七分的劍橋灣為中心，確認能否在極夜時期長期移動，算是一趟實驗性質的偵察之旅。定位採用六分儀❶加上竹竿的方式，試圖開發簡易的天體觀測系統，但由於誤差過大，費了一番功夫仍未達到實用水準。從劍橋灣朝西北方的聚落出發後，因為瓦斯爐故障而暫時撤退。之後，周遊南方的肯特半島，於一月十五日目擊太陽升起，一月十八日結束約一個月的旅行回到村落。

二〇一四年一月至四月　格陵蘭　偵察行

劍橋灣的極夜時期只有短短一個月，而且白天依然很明亮，感覺不夠接近極夜。因此，為了追求真正的黑暗，我決定將根據地移往全世界最北方的原住民聚落——位於北緯七十七度四十七分的格陵蘭．肖拉帕盧克（Siorapaluk）。

陪同妻子生產後，於一月九日出國，在肖拉帕盧克購買雪橇犬（烏雅米莉克），二月十一日從村落出發。攀登梅罕冰河，沿冰床朝東北方前進，下攀至賽普坦巴湖。穿越冰床時採用六分儀加裝可測量水平的特殊氣泡管辨別方位。從賽普坦巴湖開始沿因紐特人的河川古道前進至依努費許亞克，依循海岸線走到阿烏納特，穿越凍原與冰床，於四十天後回到村落。這趟旅程讓我了解格陵蘭西北部的地理概念與自然環境的特徵，於是決定以此地為舞台，開始正式的極夜探險。

二〇一五年三月至十月　格陵蘭　物資站設置行

按照當初預定的計畫是要在這一年的春季和夏季搬運極夜探險必要的物資，入冬之後就要正式開始探險。我在三月下旬出國，再度前往肖拉帕盧克，從四月十一日開始和狗一起拉雪橇搬運一個月份的食物和燃料到依努費許亞克的老舊小屋。

六月二十一日，我和從日本過來幫忙的山口將大一起用皮艇前往設置物資站，把物資搬到阿烏納特前的阿諾伊德，於七月八日暫時回到村落。七月二十二日再度用皮艇搬運物資。因為途中被流冰困住，不得已在原地滯留兩個禮拜，但後來順利取得上次搬到阿諾伊德的物

❶ 六分儀（sextant）：在測繪和船舶通信導航中，是由分度弧、指標臂、指標鏡、水平鏡、望遠鏡和測微鼓組成，弧長約為圓周的六分之一，用以觀察天體高度和目標的水平角與垂直角的反射鏡類型的手持測角儀器。廣泛用於航海和航空中，用來確定觀測者的自身位置。

資，一起運到阿烏納特。從阿烏納特徒步前往依努費許亞克，確認春季儲存在小屋的物資以及英國探險隊物資站的位置後，於八月三十一日回到村落。

原本打算直接留在村落裡，十一月下旬就可以直接開始極夜探險，但行政當局認為我的居留資格有問題，故發布強制遣返命令並禁止我在接下來的一年入境，所以只好在十月下旬回到日本。

二〇一六年四月　日本

肖拉帕盧克的大島育雄先生聯絡我，去年運到阿烏納特的物資被北極熊吃掉了。

東京醫科齒科大學附屬醫院的產房

「呀啊——好痛！我不行了！」

妻子的慘叫聲響徹整個產房。

我太太躺在床上整個臉脹紅，正在忍受猛烈的陣痛。快要臨盆的她，肚子又圓又凸，就像吞下一顆巨大的球一樣。妻子那宛如巨球的肚子上，塗了有助電流通過的透明膠狀物質，還黏著電極貼片並透過電線連接到陣痛計。看來產婦的圓肚被陣痛的波浪襲擊時似乎會膨脹到緊繃，陣痛退潮時又會收縮。而電極貼片可以感應圓肚的膨脹與收縮，轉換成數值和線條圖並顯示在畫面上。

圓肚上的膠狀物質透出神祕的光芒。圓肚裡有我們的孩子，但這孩子好像在黑暗的羊水中猶豫要不要進入外面的世界，遲遲不打算出來。

「呀啊——好痛！我不行了！」

每次陣痛襲來，妻子就會重複相同的句子並且慘叫。

雖然我陪同妻子生產，但我無法和她一起分擔痛楚。應該是說，我從來沒有見過這麼狂躁、狂暴的人類。妻子狂暴的樣子甚至讓我覺得太靠近可能會被毆打，完全被她瘋狂的氣勢震懾。

話雖如此，我畢竟是她的丈夫，不能因為被氣勢震懾就楞著站在那裡。夫婦本為一體，兩個人的染色體在子宮中互相交纏孕育出胎兒，就是我們身為共同體的證據。胎兒即將要出生，身為共同體的另一半，我也應該以某種形式參與妻子的生產過程才對。我認為這就是陪產的男人應有的理念。

「還好吧？加油啊！」

為了陪產，我替妻子加油打氣。一有機會就幫忙按摩手臂和雙腿。因為事前聽說最好帶網球過去，所以我也用網球幫她按摩腰部。然而，這些試圖幫忙的行為，對妻子來說似乎反而是困擾。在陣痛稍退的時候，妻子一臉疲憊對著一直試圖參與生產過程的我說：

「拜託……不要對我吐出二氧化碳……」

我啞口無言，只能站在原地。因為我什麼也做不了。

妻子在二〇一三年十二月二十七日生產。我本來預計在這個冬天前往格陵蘭北部進行極夜探險的行前準備。然而，妻子懷孕之後，看著她的肚子漸漸膨脹得像一顆球，我的想法也隨之改變。結果，我決定陪同妻子生產完，再做行前準備。決定陪同生產，一方面是因為我認為夫妻是共同體，但另一方面也是因為我自己對生產行為本就有強烈的興趣，這個理由可能占的比例還更高。

我從學生時期就經常去探險或冒險，所以別人經常問我：為什麼要去冒險呢？說實在

東京醫科齒科大學附屬醫院的產房

的，對我來說冒險就等於生存，所以這個問題就很像在問：你為什麼要活著？因此我根本沒辦法回答。但是我又不想因為說這種話而被當作不知好歹的人，所以只好用口語或書寫的方式回覆「冒險的意義是在大自然中接觸死亡的可能性，藉由感受死亡，體會活著的感覺」這種冠冕堂皇的話。

然而，說實話，我已經體悟到只要是生過小孩的女人，應該都體驗過所謂冒險。懷孕之後，女人的肚子裡就有了孩子這個獨立的生命。大自然的基礎就是生與死，而且自己無法控制、無可奈何，從這一點來看，胎兒就是自己體內無法控制的存在，而生產胎兒的過程正是終極的大自然體驗活動，沒有任何冒險能比得過這種生命的體驗方式。我從事的極地冒險活動，說起來只是暫時經歷外部的大自然而已。說得再極端一點，我只是用一層皮膚和大自然接觸，和肉體內側孕育胎兒這種和大自然融為一體的懷孕、生產相比，其實非常膚淺。

男人這種生物往往喜愛追求在外部的大自然冒險和理想，並且把人生的意義投射其中，但終究無法像女人一樣透過懷孕和生產，從肉體內側體驗真實的大自然和真實的生與死。男人能做的事情頂多只有射精而已，無法經歷本質性的、最終極的生命活動以及大自然體驗。

因為有這樣實際的認知，所以越靠近妻子的產期，我越覺得自己不應該按照預定計畫前往格陵蘭，而是應該留下來陪同生產，盡可能參與所有過程。生產是我的另一半人生中最大的冒險，充滿生命普及的神祕。讓我越來越覺得，不能錯過這個過程。

然而，實際陪產之後，我發現男人在生產現場根本毫無用武之地。說實話，根本就不可能有插手的餘地。就算在旁邊替她加油打氣，說著這些話的我也完全無法感受到痛，只是毫無責任感地發出聲音而已。我妻子這個當事人，則是痛苦到連我吐出的二氧化碳都讓她覺得煩。

叫我不要排出二氧化碳，就像要求各國必須減低碳排一樣，的確是該做的事，但我卻覺得很無力。我無法參與她的生產行為。我因為自己的無能為力而啞口無言，無力到覺得陪同生產的男人唯一能做的事就是痛切地感覺自己什麼都做不了。

然而，我也不能就這樣一直發呆。啊，對了，我想到好方法。醫院的一樓有7－11，我可以去買午餐的便當。

「妳要吃點什麼嗎？」

「……幫我買果凍飲……」

妻子用虛弱到快要消失的聲音這樣說，所以我到7－11買了能量果凍飲和豬排咖哩回來。明明才過十分鐘，回到產房之後，妻子痛苦慘叫的樣子比剛才更激烈了。可能是之前的三倍也說不定。妻子瘋狂地哭喊。

其實妻子的生產過程很不順利。她從前一天傍晚就開始陣痛，深夜時住院，但是在那之後子宮頸口遲遲不開。據說子宮頸口全開可達十公分，但妻子痛了一個晚上，隔天早上也只開到四公分。之後陷入膠著，開七公分就停下來了。當然，子宮頸口就算不再打開，陣痛還是會一波波來襲。

陣痛開始之後已經過了二十個小時，因為擔心孕婦的體力透支，所以主治醫師過中午便決定打催產針。然而，我後來才知道，打催產針之後，陣痛的痛楚會達到驚人的程度。從7－11回到產房的我，就是看到妻子打完催產針的痛苦模樣。

生產前最強烈的陣痛襲來，之後的那一個小時，產房裡就像是陷入暴風雨那樣混亂。

「呀啊——我的腰要碎了！」

妻子滿臉脹紅，彷彿被大卡車輾過背似地慘叫個不停。手腳激烈揮動，力道非常驚人，好幾次都用拳頭狂打床邊的柵欄，電線連接的陣痛計推車也被踢飛。因為陣痛太劇烈，她本人當然不知道自己打了什麼、踢了什麼。

查看陣痛計，發現圓肚的膨脹度，也就是她的疼痛指數已經到達不尋常的數值了。列印出來的線條圖，隆起的部分全部成一條直線，表示已經無法量測。太厲害了，我整個瞪大眼睛。如果這個數值再繼續增加，我擔心妻子的圓肚會因為過度膨脹而爆炸，所以覺得很危險。

她現在顯然處於無法吃午餐的狀態，可是都已經買了，我只好在房間的角落迅速扒完豬排咖哩飯，房間裡充滿咖哩的味道。吃完咖哩，我立刻到妻子的病床旁。

「要喝能量果凍飲嗎？」

「不、不要了……」

妻子仍然繼續慘叫並且亂打亂踢。

陣痛的波浪稍微減弱，暫時從痛苦中解脫時，妻子面紅耳赤、大口喘著氣並不停地喃喃自語。

「真的沒問題嗎？我真的能把孩子生出來嗎……」

因為子宮頸口遲遲不開，她開始變得膽怯。每當陣痛襲來、腹部膨脹時，她的臉就會痛苦到大幅扭曲，也會慘叫著：「呀啊——我的腰要碎了！我不行了！」這個過程重複了一次又一次。

這樣的狀況持續一段時間後，屋內就像颳起風速三十公尺的暴風一樣混亂。我雖然在一旁喊著「沒問題，加油！」，但我的存在對正在戰鬥的妻子而言，根本就毫無貢獻。雖然在她身邊，但我也等於不存在。因為她現在正在從事最孤獨的分娩行為。那看起來是比隻身前往北極點、在冬季登珠峰更看不見盡頭的道路。

因為我就在妻子的身邊感受她的慘叫、痛苦和混亂，所以我自己也陷入混亂。先前的無力感已經消散，只是無力地被捲入情感的漩渦之中。同時，我自己內心關於過去探險或冒險的一切，也跟著一起煙消雲散。過去我看到的壯闊風景、對大自然的畏懼、感受到肉體極限與死亡的瞬間、甚至寫下自以為透過冒險了解到一些令人大徹大悟的事情，這一切和眼前的「生產／胎兒誕生」這種行為相比之下，感覺既膚淺又自命清高。

我問自己有沒有像這樣拚上性命做過什麼？答案是沒有。真是諷刺。

暴虐的混沌感充滿整個產房，不停傳來痛苦的慘叫聲。時空以病床為中心開始扭曲，感官也受到影響，那裡產生我從未見過的重力場，形成一圈又一圈的漩渦，把我們都捲了進去。

此時，主治女醫師踩著喀噠喀噠的腳步聲走進極度混沌的空間中。

這位女醫師之前就已經言明，如果子宮頸口一直不開就只能剖腹產，所以她這個時候來就是要做最後的判斷。我們已經做好百分之八十要剖腹的心理準備，女醫師應該也打算宣告做剖腹產才對。然而，走進產房的女醫師，看到妻子狂亂的模樣，似乎感覺到什麼似地低語：「啊，這和之前不一樣……」接著，立刻用屏風把病床圍起來開始檢查，結束之後醫生過來我這裡笑著說：「沒問題，可以自然產了！」

女醫師說妻子的子宮頸口已經開到九點五公分，幾乎已經是全開，開到不需要那麼開的程度了。那一瞬間的喜悅，至今都很難形容。妻子只說了一句：「太好了……」接著，在我仍驚慌失措的時候，病床就被移到隔壁了。當下妻子可能是因為得知能夠自然產太過安心所以沒注意到，圓肚裡的胎兒在這個時候，想必已經決定好要靠自己的力量到外面的世界來。

移到隔壁房間之後，妻子立刻躺在分娩台上，兩腿打開呈M字腿。看到她這麼不端莊的姿勢，讓我想起以M字腿聞名的女職業摔角手垠凌。和之前的暴風陣痛相比，分娩的過程本身順利多了。這時，一位名為伊藤的年輕助產師，在妻子的雙腿前擺好陣式，準備拉出新生兒。

沒有事前會議或練習，就直接正式開始分娩的流程。

「感覺到陣痛的時候就大口深呼吸，吸氣之後停住，就像排便那樣憋氣！」

妻子按照伊藤的吩咐深呼吸然後憋氣，接著用力到滿臉脹紅。幸運的是，她沒有真的排便。

「看著我，不能往旁邊看！身體不直的話，產道也會歪斜。臉朝向我，眼睛睜開！」

妻子按照伊藤的話，憋氣用力好幾次。配合這個節奏，胎兒的頭部總算慢慢出來了。

「很棒、很棒。已經可以看見頭了。頭髮很茂密喔！」

在妻子身邊的我也能看見胎兒的頭了。頭髮沾滿黏液，發出金屬般的光澤，充滿生命力。伊藤用戴著手套的雙手，輕柔包覆閃耀著黏滑光芒的胎兒頭部，以非常熟稔的手法邊轉邊拉出胎兒。

彷彿有超能力似地，胎兒的頭被伊藤的手掌吸住，再也離不開。妻子憋氣用力，伊藤用超能力包覆，新生兒也用自己小小的力量，慢慢來到外面的世界。我只能旁觀女人們在三位一體的努力之下，讓小小的生命誕生。

最大的部分頭通過時，妻子嗚咽出聲。

「嗚——好痛啊！」

「加油，還差一點，頭已經出來了！」

就在我覺得頭已經通過時，胎兒的身體和羊水一起溢出，摻雜一些紫色瘀血的白色物體，咻地伴隨著滑溜的擬態聲一起滑出來。

「出來了！孩子生下來了喔！」

新生兒的哭聲響徹產房。因為太過感動，我的臉已經皺成一團，根本沒有餘裕去看臍帶和胎盤是什麼樣子。妻子精疲力竭，終於露出安心的微笑。

「孩子很可愛喔！眼睛圓滾滾的呢！」

另一位助產師將嬰兒包裹好才抱過來。

接著，我抱著女兒。剛出生的她，皮膚皺巴巴的。皺著眉頭一副很不安的樣子，表情似乎很吃驚，還不斷眨眼睛，她似乎對這個新世界感到膽怯而且充滿困惑。女兒的眼睛還沒有視力，一定幾乎什麼都看不到。眼前出現的只是充滿光的空間。離開黑暗的子宮，穿越狹窄產道的那一瞬間，她眼前就充滿刺眼的光亮。女兒衝進這個從未見過的光明世界，然後充滿困惑。

在這個世界上看見的第一道光，即便只是天花板的LED電燈，看起來一定也是令人無法置信的光亮。我初生的女兒，看著所有人類都會看到的——最初也是最後的一道終極之光。

最北方的村落

地球上有個未知空間，被名為極夜的黑暗籠罩。那是太陽沉於地平線之下不露臉、非常漫長的黑夜。而且，這黑夜根據緯度不同可能持續三個月至四個月，更極端的地方甚至長達半年。

我抵達肖拉帕盧克（Siorapaluk）的村莊時，這裡已經有兩週不曾日出。進入極夜之後太陽就不曾露臉，所以村莊的風景一片灰暗。大海、天空也都呈現灰暗的樣貌。正確來說，與其說是灰暗，感覺更像是比海藍更深幾個色調的深藍色。

不過，極夜這種沒有太陽的陰鬱季節，讓我感覺這個村莊的顏色不像深藍，而是灰暗。雪和冰也受到整體色調的影響顯得黯沉，人們的表情看起來毫無生氣，看起來心情也很灰暗。微微透出一點的太陽光，完全被地表和大海吸收，因此所剩無幾。

在藍黑色的暗夜中，僅剩村落的一隅還有朦朧的橘色街燈和住家的室內燈。在極夜的黑暗邊緣點著燈的寂寥村落，總讓人覺得悲傷。人們並肩坐著，點著一盞小燈泡，看起來就像是對著這個充滿黑暗的世界做出無謂的抵抗一樣。人們的無力、可笑、悲哀、虛無以及象徵人類渺小的一切，都透過微弱的光線呈現出來，看著這樣的燈光總覺得很淒涼。整個村落已經完全被孤立在黑暗之中了。

我抵達這個村落的時間是二〇一六年十一月七日。九天前，妻子和三歲的女兒在成田機場送我出國。我從歐洲轉機到格陵蘭，再轉機到距離肖拉帕盧克五十公里遠、位於臨鎮的卡納克機場（Qaanaaq），截至目前為止還算順利。然而，不知道是不是因為低壓槽的影響，卡納克的空氣濕度高，視線一直很差，所以直升機遲遲無法起飛。我被困在原地五天，才終於進入肖拉帕盧克。

我已經是第三次來到這個村落。我下直升機之後，在風壓吹起的雪花中走向會客用的小屋，前年旅行時幫助過我的五十多歲中年鬍子大叔努卡皮安格雅和他的家人，都穿著厚重的防寒衣前來迎接我。

「Iddi-naumatto（你過得好嗎？）」

我們彼此問候，為這次重逢用力握手。

肖拉帕盧克是位於北緯七十七度四十七分的一個小小獵人村落，即便在北極圈內也屬於北中之北的區域。這裡不只位於格陵蘭最北部，也是全世界最北端的原住民聚落。居住在包含肖拉帕盧克在內的格陵蘭西北部的因紐特人，是在距今兩百年前的一八一八年第一次接觸外界人類，當時人們正在探索北極探險最大的難關——西北航道。

所謂的西北航道，意指繞北美大陸北側，從歐洲到亞洲的航道。自十六世紀以來就有知名探險家前仆後繼探索，但經過三百年也沒有找到，可以說是一條夢幻航道。這一年，英國海軍約翰．羅斯（John Ross）奉命找出西北航道，他率領兩艘帆船從大西洋沿格陵蘭西側的巴芬灣北上。

八月九日，在北緯七十五度五十五分、西經六十五度三十二分的未知海域上，羅斯的軍艦船員發現有不認識的陌生人出現。晨霧的另一頭有八個謎樣的人站在大海的浮冰上，距離船隻約七、八海里。羅斯的船員們本來以為是附近遇難的捕鯨船船員，因為他們根本沒想到緯度這麼高的地方竟然有人類居住。

翌日，那些謎樣的人們再度出現在羅斯的船隻附近，乘著狗雪橇在周邊繞著，觀察探險隊的狀況。他們在距離三百公尺處開始大喊「Aro、aro！」發出警告並慎重地靠近，揮舞著刀刃叫喊：「快離開！」格陵蘭南部出身的羅斯探險隊口譯員，之後才成功和從未接觸過的謎樣因紐特人對話。羅斯的口譯員丟出一柄大刀，未知的人們撿起刀之後馬上問了很多問題。羅斯的口譯員幾乎聽不懂他們在說什麼，只知道問了下述的問題。他們指著探險隊的船問：

「你從太陽來？還是從月亮來？」

羅斯的口譯員這樣回答：

「我和你們一樣都是人類，有父有母。從南方過來。」

然而，這群未知的人們卻說「從這裡往南走只有冰」完全不相信口譯員說的話。即便向他們說明兩艘帆船是木造的人工物，他們也一心認為那是長著翅膀的巨大飛行動物。問他們從哪裡來，他們指著北方，說自己是人類（因紐特），住在更北邊的地方。

你從太陽來？還是從月亮來？

這位不知名的因紐特人在兩百年前不經意的一句話，現在想想對我這個人類的人生產生了重大意義。應該是說，我之所以會想在冬天來到肖拉帕盧克這個最北端的暗黑之地，就是想看看他們眼中真正的太陽和真正的月亮。

譬如真正的太陽，簡而言之就是賜予萬物生命的終極之光。那是擁有幾億千瓦、幾兆流明等科學統計的無機單位絕對無法表現、更能直接給予我們直接刺激的根本能量。陽光是讓我們的肉體和精神擁有規律與脈動的能量之光，就像釋迦牟尼佛的背後那道照亮世界的光暈一樣。能洗淨過去的苦難和貧困，讓人感覺到彷彿重生、充滿希望的光。

不只兩百年前的因紐特人，史前人類和古代人應該都直接用皮膚和五感感受過真正的太陽。全世界的創世神話之中，充滿太陽和月亮的故事。蘇美人信奉名為烏圖神的太陽神，埃及人則認為人類是從太陽神拉的眼淚中誕生。〈創世紀〉當中神說了「要有光」才有了這個世界，而日本神話中也提到太陽神天照大神躲在天岩戶，讓世界陷入一片黑暗。巨石陣和特奧蒂瓦坎的金字塔等眾多古代遺跡都是按照太陽和月亮的運行興建。

太陽在原始時代和古代，和人類的生命、生活直接連結，人們每天看到太陽從地平線露臉都會有某種神聖感。每天潛入地平線下的黑暗和一定會再度照耀世界的太陽，象徵著死亡和重生，雄壯而勇猛地讓世界充滿喜悅的光芒。

應該是說，這可能不是那麼久遠以前的事情，而是百年前，不，數十年前我們的祖父母那一代，在每天生活都和大自然直接連結的時代裡，對獵人和農民而言，太陽的確是擁有足以左右人類生存的根本能量。了解太陽運行就等於了解世界的時代，的確直到近代都曾存在。

然而，現在太陽對人類而言，已經不是如此本質性的存在了。現代人仰賴人工照明、LED、使用鈾和鈽以人工模擬太陽核分裂的裝置產生能源，早就已經看不見這種本質性的太陽了。我們平常雖然看著太陽，但那其實只是假象。每天早上上班時看到的太陽，只是擁有太陽外貌的贗品。儘管太陽從以前就以物理性的火球姿態一直不斷把灼熱的能量送至地球，但接收能量的我們因為過度依賴科技，斷絕和大自然之間的接觸，使得知覺能力大幅衰退，所以才會無法看到太陽原有的姿態。

其結果，導致現在太陽的能量頂多只能讓報紙或電視新聞在大熱天裡宣傳「小心中暑」，除此之外便無法成為建構這個世界的主體。現在很少有人會在臉書或推特上談論今天早上的太陽，而且如果真的有人每天早上看著日出祈禱，應該會被當成怪人吧！朋友可能還會遠離這個人。

古代人因太陽生，也因太陽死，對太陽充滿感謝，也曾詛咒太陽。然而，我們充其量只是陽光造就的有機化合物集合體（至少我是這樣），卻對如同母親的太陽說不出半句好聽話。如同失去太陽一樣，我們也失去了月亮、星星和黑暗。

前往極夜的世界，體驗真正的黑暗之後，我是否就能看到真正的太陽呢——

我從很久以前就有這種想法。很幸運的是，極夜這種現象一直被當作是未知領域，過去幾乎沒有為了了解極夜而前去探險的例子。雖然現在這個高度資訊化的社會已經讓人覺得沒有未知的事物存在，但只有極夜世界是相較之下比較簡單的謎樣領域，幾乎沒有人涉足，就這樣一直被擱置著。大多數人對既黑暗又寒冷的極夜世界應該都沒什麼興趣才對。而且，在漫長的人類史上應該沒有這麼瘋狂的人，竟然會愉快地規劃這趟怎麼想都會很無趣的冒險。

然而，極夜卻深深吸引了我。讓我非常想一探究竟。沒有太陽的漫長暗夜？那究竟是什麼樣的世界？在如此漫長的暗夜中長期旅行，會不會瘋掉？而且，最大的謎題是，看到極夜結束升起第一道陽光時，人會有什麼感覺呢？

太陽的存在變得太過理所當然，現代社會已經遺忘太陽的可貴。在人工燈光的包圍下驅逐黑暗，現代社會已經無法體會對黑暗的恐懼。對生活在這種日常的我們而言，沒有太陽、暗夜漫長的世界裡，一定隱藏著超乎想像的、根源性的未知事物。如果能在暗黑世界中旅行數月，最後看到太陽升起，那我應該會對夜晚與太陽，不，應該是超越這些的黑暗與光明有所了解吧？

就是因為這些想法，我決定來到肖拉帕盧克這個全世界最北方的村落。

*

我從抵達當天就開始為極夜世界的探險做準備。採買食材和燃料，湊齊裝備、組雪橇、提升天體觀測的精度。肖拉帕盧克是全世界最北的村落，也是全世界最黑暗的村落。只要在極地圈內，任何地方都會出現極夜現象，但並非每個地點都一樣黑暗。黑暗還有濃淡之分，在北極的話，越往北走極夜的期間就越長。譬如北極圈的最南端是北緯六十六度三十三分，雖然也有極夜現象，但只有冬季的其中一天會看不見太陽，這天到了南中時刻❶太陽會升到地平線下，所以白天還算明亮。

另一方面，地球最北方的北極點，極夜會連續六個月，也就是呈現終極的極夜狀態，太陽的位置也停留在離地平線很遠的地方，所以整天漆黑的期間會更長。反之，在北極點的夏季太陽不會西沉，永晝現象會持續半年。北極點是一個半年極夜、半年極晝，也就是整年日出日落都只有一次的極端地點。

如上述，雖然都是極夜，但北極圈從南到北的黑暗狀況大有不同，當然，像我這樣追求極夜黑暗的旅人，最好盡量往北，以更黑暗的地區為舞台旅行。

實際上我在二〇一二年至二〇一三年冬季，曾到位於北緯六十九度七分的加拿大劍橋灣周邊，嘗試了第一次的極夜旅行。然而，以劍橋灣的緯度來說，極夜期間只有一個月左右，而且這段期間太陽非常接近地平線，所以白天有四、五個小時能看得清楚景色。因此，我發現劍橋灣的極夜感並不強烈，於是在隔年把根據地移往肖拉帕盧克。如果是位於北緯七十七度四十七分的肖拉帕盧克，從十月下旬到二月中旬將近四個月的時間都會呈現

❶南中時刻：太陽或月亮位於正南方的時候。

極夜狀態，就極夜感來說算是分數相當高的地方。我以這個全世界最北方的村落為起點開始準備，為了追求更深刻的黑暗朝著北方旅行。

肖拉帕盧克是全世界最黑暗的村落，極夜當然不只對我造成困擾，也是本地居民生活中的一大障礙。我在十一月七日抵達，那時極夜才剛開始，太陽到了南中時刻就會很接近地平線，所以白天仍有微微的光亮。然而，光明的時間很快就結束了。越接近冬至，太陽就越往地平線下沉，之後村落就會進入二十四小時都被黑暗包圍的狀態。如此一來，狩獵活動也會明顯受到限制。因此，村落裡的男人們靠著所剩不多的光線，不顧流冰的危險性，用馬達快艇最後衝刺獵捕海象。為了度過極夜的漫長夜晚，他們正在努力貯存最後的食材。

來到村落幾天之後，全身穿著羽毛服的努卡皮安格雅太太，來到我的租屋處。

「努卡皮安格雅回來了。說是捕到海象了喔！」

我迅速穿上防寒衣，帶著相機前往海邊。海邊濕黏而鬱悶的黑暗之中，只有頭燈的白色光線不斷交錯。努卡皮安格雅和同齡的村民組隊一起狩獵，順利捕到兩頭海象。

男人們很興奮地用繩子把船拉上岸，沒參與狩獵的男人們也出來幫忙。拉船上岸只是單純的體力活，所以我也能勝任。過去我曾長期滯留在這個村落，所以知道只要自己有幫忙，就算只是參與狩獵的其中一環，即便是負責非常小部分的工作，也有可能分到一些剩下的海象肉。

「嘿咻、嘿咻——」

我很努力地虛張聲勢，一副用盡全力的樣子拉起繩子。把船拉上岸後，接著開始把海象卸下來。海象是重達一噸的巨獸，村民將捕獲的獵物用繩子綁在船上，一路拉回村落。

「in、dou、sai！」

海象的卸貨工作也是單純的肉體勞動。大家一起配合喊聲拉動繩子，海象拉上岸之後，男人們先剝皮，然後巧妙地在骨頭和骨頭中間插入大刀，迅速剖成肉塊。男人們的口鼻冒出喘息的霧氣，被解剖的海象肉也冒出白色的熱氣。

白色熱氣受頭燈與街燈照射浮在黑暗之中，一旁的小女孩熱切地看著男人們的動作。切著肉的男人們臉上出現皺褶，海岸邊充滿著血水、脂肪以及人類捕獲巨大獵物時精神上特有的原始激動，顯得士氣高昂。母海象的頭滾到我腳邊。牠看起來只是閉上眼睛睡得很香，和人類的表情沒有什麼不同。果然如我所料，幫忙做一些苦力就成功分到那些剩下來足以餵狗的巨大背骨以及肋排肉。

這次旅行有自由影像製作人龜川芳樹先生和攝影師折笠貴先生這兩位取材組的工作人

員同行至肖拉帕盧克，他們來拍攝我出發前的準備工作。龜川先生是三十歲才進京都大學就讀的奇人，曾參加美式足球社。外表神似職業摔角選手高田延彥，而且隨時都在做伏地挺身，練得一身肌肉，所以連身材都毫無懸念很接近高田延彥。

他的口頭禪是「雞皮疙瘩掉滿地」，看書看到很不錯的句子會說「雞皮疙瘩掉滿地」，看到極夜的夢幻景色也說「雞皮疙瘩掉滿地」，一天到晚雞皮疙瘩掉滿地，讓我很無言。折笠先生在二〇〇八年參加喜馬拉雅雪男搜查隊的時候也是和我一起參加的攝影師，所以我們算是老朋友了。相較於龜川先生，他比較沉默寡言而且個性沉穩，戶外活動的經驗也非常豐富。

抵達村落之後，我先去接我的狗。狗的名字叫做烏雅米莉克。當地的語言意指「項圈」，不過因紐特人幫狗取名字都很隨便，所以並沒有什麼「希望牠能戴著項圈順從主人」之類的含意。牠是村落裡最親人的狗，一發現我在黑暗中打著燈靠近，馬上開始搖尾巴，因為重逢的喜悅而抖動長長的白毛，目測體重約四十公斤的身體就這樣靠上來，舔遍我整張臉。

「好大一隻啊！」龜川先生看到狗之後這樣說。看樣子他又雞皮疙瘩掉滿地了。「而且好像魔法公主的狼一樣威風凜凜。」

他這樣一說，不知道是不是我的錯覺，總覺得狗好像比一年前胖了一圈。現在正逢牠最有體力工作的三歲，所以肌肉量可能比以前更多了。狗是我在這次探險中必須多方依賴的夥伴。

首先，在極夜的異常環境下，為了避免被北極熊襲擊，絕對需要狗的幫助。這次預計探險的地方位於格陵蘭與加拿大間的海峽附近，北極熊棲息數量多，在黑暗中行走以及紮營時都可能會突然接近。在視線不明的狀態下，若沒有狗吠聲提醒，人類絕對無法察覺北極熊靠近，極夜之旅沒有狗就等於閉著眼睛在地雷區散步。

除此之外，狗的搬運能力也很可靠。雖然一樣在北極圈，但加拿大的狗雪橇文化其實已經消失，然而，肖拉帕盧克的所在地——格陵蘭的西北部村民至今仍以狗雪橇代步，所以狗拉雪橇的能力絕佳。依我個人的感覺來看，一隻狗大約可以拉七十至八十公斤。平常我也會一起拉，但是剩下十天左右行李變輕的時候，讓狗自己拉反而比較快。

我和這隻狗最初是在二〇一四年二月到三月踏上旅程，當時我第一次來到肖拉帕盧克，牠才一歲，根本沒拉過雪橇，也不曾離開村落。我也沒什麼照顧狗的經驗，我和牠就像處男和處女挑戰初體驗一樣相處得很尷尬。開始旅行之後，有一段時間牠在嚴冬期的冰床上老是拉不好雪橇，我因此暴怒過好幾次。然而，在旅行的尾聲，我們終於能配合彼此的節奏，旅行變得很順利。如此一來，反而是我對這隻有點可愛的狗更加憐愛，最後甚至覺得沒有這隻狗我就不想在極地上前進了。

看到牠活力充沛的樣子讓我安心不少，但出發前要做的事情仍堆積如山。最大宗的工作就是要把行李拉上冰河。

這次探險預計從肖拉帕盧克出發，沿格陵蘭和加拿大國境附近的海岸旅行四個月，不過為了走這條路線，必須先登上村落深處的梅罕冰河。梅罕冰河十分陡峭，海拔差距甚至高達一千公尺，而且這次要用兩台雪橇，載運預估重達五十公斤的行李，所以我想應該會很花時間。過去我上下攀登過好幾次，已經很熟悉冰河上的冰隙位置和路線，所以不會感到不安。不過，我很怕在攀登途中遇到暴風雪。為了避開這些風險，我規劃事前盡量搬運物資，以便正式攀登的時候可以縮短時間、迅速行動。

我在村落裡的小雜貨店採買燈油、食品、子彈和狗糧等必需品，向村民購買海豹的脂肪，然後把這些物品和從日本帶來的食物一起裝進運動背包和塑膠桶裡。打包完成之後，全部堆在我自己製作的兩架格陵蘭型木製雪橇上。在抵達村落四天後的十一月十一日開始運物資前往冰河，我和狗一起拉著兩架雪橇離開村落。

這一年的冬季氣溫似乎比較高，大海似乎沒有結凍的跡象，表面仍然有緩緩的波浪。無法走在海冰上的話，只能盡量往陸地的結冰處走了。沿岸雖然已經有潮汐漲退形成的岸冰（fast ice），但這些岸冰還不到結構完整的狀態。像現在這樣的結冰狀態，不知道要花多少時間才能走到目的地，所以我把這次運送物資的工作日程規劃為往返一星期。

從村落出發後的一段時間內，路面都還是平坦的冰，但馬上就遇到岸冰狀態最糟的路段。岸冰是漲潮時海水覆蓋在沿岸的岩石或堆積在一起的冰塊上，反覆多次凝結之後形成的冰層，如果岸冰結構完整就會像鋪好的馬路一樣平坦，但此時的岸冰還在剛形成的狀態，岩石和海水凹凸不平的狀況比預想的還要糟。再加上雪橇令人絕望地沉重，完全沒辦法把兩架雪橇連在一起拉。

冰面是剛結成的堅硬裸冰，狗的腳爪也抓不住，無法施力。無奈之下，只能兩架雪橇分開拉，儘管如此，沉重的雪橇還是一直被卡住、掉進岩石或冰的間隙無法動彈。每次遇到這種時候，我就會激勵我的狗，大叫一聲「嚇啊啊啊——」硬把雪橇拉起來。

零下十三度，做完這些重度勞動的工作之後，仍然覺得這個溫度太熱。我很快就滿身大汗，脫下為了這次探險而製作的海豹毛皮褲，渾身散發熱氣。這種時候愛練肌肉的美式足球男兼擁有長期在搬家公司工作經驗的自由影像作家龜川芳樹先生，他那健壯的二頭肌本該派上用場，但他一副「我們身為採訪者絕對不會給角幡先生的單獨旅行添麻煩」的樣子，在這種狀況下仍然拿出一點用都沒有的採訪倫理當作擋箭牌，妄想置身事外，讓我實在很火大。

當然，開始一個人旅行之後這些事情我會自己做，但人站在旁邊卻不幫忙，實在令人火冒三丈。我心裡想著：「話說回來，這雪橇上還裝著你這傢伙一個星期的行李啊！」

整個人氣到不行。我大喊：「少廢話，快點從後面幫忙推！」

到了傍晚，原本在白天時接近地平線的太陽已經完全失去影響力，天空真的是一片黑暗。取而代之的是東方空中升起再過幾天就會滿月的渾圓月亮，散發著眩目的光線。岸冰上的藍冰反射月光，大海、冰河等所有雪的斜面都映著微光，變得很明亮。

然而，無論月光如何映照著這個美麗的世界，龜川先生的胸肌如何抖動，前進的速度都快不起來。我們一直重複「推出雪橇、被岩石卡住、解開行李、用雙手把物資搬到對面」等動作。由於時間接近滿月，漲潮的位置跟著往上移，一到漲潮時間潮水就會潑到岸冰上，整個冰面到處都是陷阱般的冰沙狀水窪，鞋子已經完全濕透了。

即便走得再慢，我也想在第二天抵達冰河，但這天紮營的地點剛好在中間，位於另一條冰河的河口。第三天時我們終於走投無路了。行走在冰河前一個名為伊基那的岩壁區途中，岸冰完全崩塌，拉雪橇的路全斷了。沒辦法繼續前進，只好放棄運物資到冰河的行動。無奈之下，只好把物資留在岩壁區內稍微寬闊的地方，周圍用岩石固定以免被狐狸亂翻，打理好之後便返回村落。

大海開闊而黑暗，微微搖晃的波浪反射著月光。完全感受不到海面要結冰的跡象，我也無法預測到底什麼時候才能出發。

*

回到村落的三天後，十一月十八日龜川和折笠兩位攝影組的工作人員搭乘直升機踏上歸途。這兩位已經拍到月光映照美麗極夜的北極，也實際看到拉雪橇的現場，還聽到長老級村民講述過去因紐特人的極夜之旅。長年在北極圈以狗雪橇活動的極地探險家山崎哲秀先生目前暫居在這個村落裡，據說他們也有詢問他對我這次探險活動的見解。我出發前的採訪已經結束，看來該錄的都錄完了。但也有可能他們已經受夠這個一片黑暗的地方。

我的採訪是坐在村落海岸前訪談。我針對龜川先生提出的問題，從脫離社會系統的觀點強調這次探險的企圖：「所謂的探險，簡而言之就是走出人類社會系統的活動。過去的探險把目標放在地圖上的空白處，因為當時的地圖是一種媒介，能把那個時代的社會系統範圍圖示化。然而，現在的地圖已經不存在空白處了。那麼接下來的探險會是什麼樣子呢？我想到的答案是極夜探險。

這次探險並非前往地理上的未竟之地，這條路線是過去有很多探險家走過的路，也是因紐特人的傳統獵場。也就是說，那不是人跡未至而是已經有人去過的地方。然而，從冬季沒有太陽的漫長極夜這個觀點來看，就產生了新的未知。北緯八十度周邊的極夜時期長達四個月，但我沒有找到人類在這段漫長的極夜期間中旅行數個月的紀錄。

我們的日常生活中，有太陽是一件很理所當然的事，平常根本就不會特別注意，相對地我們也無法想像沒有太陽的世界，我覺得其中可能蘊含著本質性的未知。畢竟你很難想像連續四個月都在黑暗之中吧？我想或許在極夜的世界裡，能重新發現現代人已經喪失的、和大自然之間的基本連結。譬如了解對人類而言，星星、月亮是什麼？或者了解黑暗的恐怖和光明的恩惠。說不定還能重返古代人的世界。

總之，極夜這種超乎想像的空間狀況，位於我們平常生活的現代社會系統之外，有別於過去對地圖空白處的探究，我認為這就是脫離系統的嶄新探險領域。我是希望最好能越過加拿大抵達北極海，不過我真正的目的並不是到達哪個地點，而是針對極夜這個特殊環境探險。除此之外，我也想知道在極夜結束後，看見第一道日出時，自己會有什麼感覺。我最後的情感，或許就象徵了極夜這個世界的一切。因此，硬要說個理由的話，我覺得去看極夜結束後的第一道日出，就是這次旅行的目的。」

和他們告別的時候，我悲傷到連自己都很訝異。這次連在成田機場和家人分開的時候我都沒有哭，不知道為什麼和他們握手道別時卻覺得很揪心。不過那大概不是因為他們對我很好，而是我得了極夜病（Arctic Hysteria，又譯為北極歇斯底里症候群）所以覺得格外鬱悶吧！

其實抵達這個極夜村落之後，我就一直睡不著。原本以為是時差的關係，但時間未免也太長了。我鑽進睡袋之後就馬上清醒，只好開頭燈翻一下書，直到早上（天色還是很暗）才終於睡幾個小時，而且每天都這樣。

和兩位攝影組的工作人員道別當晚，出現原因不明的腹痛症狀。那並不是因為吃太多生肉或脂肪而導致的腹痛。應該說是胃痛才對，或者說是像劇烈的胃灼熱，腹部和胸部之間好像被巨大的老虎鉗夾住一樣，疼痛與壓迫感不斷襲來，我在睡袋裡覺得好痛苦。也不知道是哪裡出問題，只好悶哼著強忍下來。過去從未經歷過的疼痛位置，讓我體驗到令人毛骨悚然的恐懼感，甚至感覺胃或肺是不是開了一洞。

然而，我幾天後才得知，失眠和腹痛似乎也是極夜病的一種症狀。「成為愛斯基摩人的日本人」大島育雄先生定居在這個村落，我曾到他家裡閒聊。大島先生以前是日本大學山岳社的成員，一九七二年為了學習在極地生活的技巧，和冒險家植村直己一起住在這個村子，從那之後便深受因紐特人的狩獵文化吸引，在肖拉帕盧克以獵人的身分生活至今。他已經在這個村落定居四十五年，就連每年都經歷漫長黑夜的大島先生，到了冬天都會身體不適。

「就算長年住在這裡，到了初冬季節還是會覺得心情很差，晚上睡不著覺。夏天和春天時都能一覺到天亮，但是冬天就一定會在半夜醒來，只好拿書來看了。」

我心想，症狀和我一樣啊……

「我剛到的時候會胃痛，身體很不舒服。」

我又心想，這也和我一樣啊……

「從格陵蘭南部的明亮地區來到這裡的人，有些甚至會因為冬天的黑暗出現精神疾病的症狀。從聖誕節到冬至是最黑暗的時期，村民在這段期間會比較鬱悶。等過完年天空漸漸明亮，心情也會變得越來越開朗。」

由萊爾．迪克撰寫的《麝香牛之地》，網羅加拿大的埃爾斯米爾島、格陵蘭西北部的地方誌與歷史，書中對這些症狀有詳細的記載。根據內容描述，所謂的極夜病當地的語言稱為「pibloktoq」，特徵是對任何事情都興趣缺缺、失眠和脾氣暴躁等心理性的症狀。這很理所當然，人類長期待在黑暗的環境下就會變得憂鬱，什麼事都不想做，所以對以前的探險家來說，極夜是探險活動的巨大障礙，令人心生恐懼。

十九世紀某極地探險家曾經這樣描述極夜：「極夜就是漫長的黑暗、無趣的北極之夜、讓人瘋狂的黑夜。」一八八〇年代另一支英國探險隊曾經寫過這樣的報告：「只要有點觀察能力的人就會發現，漫長而持續不斷的黑暗，讓遠征隊的許多隊員變得壓抑。當然，沒有人承認自己受到負面影響，但是也沒人能逃過這些影響帶來的折磨。我們最明顯的症狀就是失眠、喪失鬥志和暴躁，除此之外，精神性和心理性的一般特質也出現類似的異常徵兆。」根據其他紀錄顯示，當地的因紐特人一到秋天，陰鬱、憂鬱的「極夜病」就一定會復發，尤其在接近太陽下沉、強烈暴風雨頻繁來襲的十月，症狀就會達到顛峰。

對因紐特人而言，「極夜病」的成因似乎不只來自黑暗的夜晚，也是來自對環境變暗之後無法狩獵、可能造成飢荒的不安。以前某位知名的狩獵家曾目擊兩名女性看到丈夫狩獵回來，便瘋狂吶喊的樣子。男人們出去狩獵固然很好，但狩獵並不順利，最後只能殺死自己的其中三隻狗。聽到這件事情的女人竭盡全力慘叫，她發出尖叫聲，然後發瘋似地跳起來。應該是她覺得自己會在冬季餓死吧。

十一月中旬之後，和剛到村落的時候相比，天空的確變得更暗了。兩週前抵達卡納克時，白天還有五、六個小時的光明，不覺得生活有什麼不便，但天空明亮的時間越來越短，而且太陽的光量明顯降低。而且月亮也從滿月漸漸轉為新月，進入月缺的循環，不久之後連月亮的身影都看不到了。

這一帶以新月為中心的九天期間，月亮會沉在地平線下不露臉。也就是太陽和月亮都消失的「極夜中的極夜」，而且這段時間剛好碰上冬至前一個月，是一年之中最黑暗的時期。就連我這個外來的訪客，都親身體驗到黑暗的影響力正在漸漸增強，逐步拓展它的支配領域。

隨著天色越來越暗，天氣也變得更冷了。前幾天還因為感覺不到大海結凍的跡象而絕望，不知不覺間已經出現海水開始凍結時特有的蓮葉冰紋理。夜晚變得更加黑暗，海水也已經凍結，村落裡的男人已經不再出去獵海象了。人們幾乎足不出戶，這個村莊在不知不覺間已經失去活力和生氣。沒有人在做事，至少我看不出來有人在做些什麼。就連試圖想做什麼的欲望都感受不到。我只能感覺到大家的笑容變少，不知道是不是我的錯覺，就連步伐好像都變慢了。就這樣，黑暗和沉默的氛圍充斥著整個村子，壓迫人類心理的極夜世界開始正式出動。

攝影組的兩位工作人員回國後，只剩我一人的家中被寂寥的沉默包圍。如果有電視或廣播的雜音，或許可以稍微轉移注意力，但租屋處沒有這些東西。再加上室內昏黃微暗的照明，讓氣氛更加沉寂。我當下非常後悔自己沒有從日本帶來明亮的 LED 燈泡。之後，我內心正面積極的情緒漸漸剝落，連自己都知道自己越來越沒有幹勁了。

有時候到了早上終於有了睡意，可以一路熟睡到中午，但中午起床天色一點也不亮，所以我也什麼事都不想做。整天都很黑暗，早中晚的界線已經不存在，所以就算有什麼該做的事情，也不會覺得一定要在早上完成。我一直發呆，精神狀態陷入憂鬱，覺得自己今天沒有什麼該做的事。大概只會因為「啊！三點店就關門了，得去買暖爐的燈油才行」這種事提起精神。

為了連結現實世界和快要飄走的意識，我必須持續做一些事。天體測量的訓練、修補雪橇、修改毛皮鞋和毛皮褲的尺寸、裝備的細部修繕、為防萬一需要確保糧食而製作的野兔陷阱、獵海豹的工具，不知道是幸還是不幸，出發前要做的準備堆積如山。因為我不慌不忙地慢慢做，所以沒有出現暫時性的四肢無力症狀，但是在工作告一段落，在昏暗的燈光下喝咖啡時，還是會有一股強烈的悲傷感湧現，讓心情變得很沉重。

尤其想到越來越接近出發日，就沒來由的心情鬱悶。一個人在北極旅行超過四個月？其中有兩個月以上陷入沒有太陽的極夜？我為什麼會想到要從事這種探險啊？做這種事有什麼意義嗎？我為這趟旅行準備了四年。四年期間，我幾乎一心只想著這趟旅行，臨到要出發之前，越來越有真實感的時候，心情反而變得好沉重。

時間越靠近，越覺得這趟旅行不是正常的行為，越來越不敢相信接下來自己就要進入那麼孤獨的世界。可以的話，我好想逃避這場旅行。不然至少也要延後……我以海水還沒結凍為由，把當初預定出發日從十一月下旬改到十二月上旬，或許那只是藉口，單純是我想逃避出發的憂鬱感而已。

此時，唯一的慰藉就是聽到家人的聲音。每天早上九點，我就迫不及待打電話給家人，聽女兒的聲音、向妻子抱怨現況。

「我超憂鬱的。完全提不起勁。真的不想出發了。」

「你沒事吧？如果你回來就變了一個人，我可不接受。」

我有時在黑暗之中想起家人，會感覺眼淚好像要流下來了。應該是說，可能也有真的掉淚的時候，只是我自己搞不清楚而已。

某天，在岩冰上訓練狗一起拉雪橇時，我看著星星唱起安・劉易斯的〈Goodbye My Love〉。我沒有特別喜歡這首歌，也沒有什麼特別的意義。只是突然想起這首歌而已，沒想到……

「Goodbye My Love 我的愛人再見，
Goodbye My Love 相見不知哪一天。
我把一切給了你，希望你要珍惜，
不要辜負我的真情意。」

唱到這裡，我突然覺得自己會不會再也見不到家人？一陣悲傷襲來讓我熱淚盈眶。當然，這是第一次有這種反應，我對身體這種難以理解的生理反應感到困惑。接著，為了確認這些反應的真面目，我擦乾眼淚試著繼續再唱一段。

「我永遠懷念你，溫柔的情，懷念你；

永恆的心，懷念你；甜蜜的吻，懷念你～」

眼淚嘩啦啦地流下來。看來極夜會令人異常地感傷啊！

*

肖拉帕盧克是充滿狗的村落。村民至今在有雪期間仍以狗雪橇當作日常交通方式，所以每個家庭都會豢養十到二十隻狗。當然，狗的數量比人口數還多很多。這個獵人村落裡的狗都不是寵物犬，而是勞動犬，牠們被當成家畜飼養，所以人類與狗之間的關係有別於日本以及歐美諸國的價值觀。犬隻經過嚴格的訓練，有時會被拳打腳踢或鞭打，高齡或生病的勞動犬在失去功能之後，人類就會很乾脆地勒死或用其他方式處理掉，以我們的觀感來看可能會覺得那樣很殘酷。

然而，住在村落裡一段時間之後，我便開始覺得這種看法很膚淺。人類和狗在這個村落建立的關係，不能用殘酷等武斷的情感判斷價值，應該有更深的含意才對。也就是說，乍看之下似乎是人類把狗當作勞動犬支配，但人類歷史上沒有狗雪橇也無法狩獵旅行，就這層意義來看，也可以說是狗支配了人類的生命。簡而言之，不能用誰支配誰來看待這件事，人和狗在互相依存的狀態下生活，藉由彼此互助合作才能在這個極寒世界中求生。待在這個村落裡，就能強烈感受到這一點。

據說在史前時代的歐亞大陸上，因為狼進化成狗幫助人類，所以才能和洞熊、尼安德塔人等強敵競爭並且存活下來。我感覺到肖拉帕盧克仍保存著人類和狗之間的原始關係。尤其偶爾響徹黑暗的狗群遠吠，更讓人深切感受到人類與狗的原始關係。

那天晚上的遠吠大合唱，是從我的狗吠了一聲開始。我的狗半夜突然在屋旁開始發出悲鳴般的變調嚎叫，村裡的狗回應牠的叫聲也跟著開始吠。吠叫聲就這樣一口氣擴散出去，極夜的暗夜中，迴盪著村裡所有狗發出的嚎叫聲。牠們的叫聲不盡相同，有的低沉、有的非常尖銳，也有像女孩尖叫的聲音，總之聚集了各式各樣的吠叫聲。然而，整體調性聽起來十分哀切。

我在這個村落聽到的遠吠聲，無論何時聽起來都很淒涼，尤其是在這個極夜的鬱悶氛圍中發出的叫聲，聽起來格外淒涼。狗可以說是為了在殘酷的競爭中生存，自發性選擇人類後進化而來的物種，不過，村裡狗兒們的遠吠聽起來倒像是一種悲嘆，彷彿在咒罵太古時期從狼分化出來，用自由向人類換取繁榮的犬族命運。暗夜裡的大合唱漸漸平息，最後由我的狗以顫抖的美聲假音獨唱做結尾。

遲遲不結凍的大海，到了十一月底終於結冰，已經可以在海面上步行了。幾個村民在冰面上設獵海豹的陷阱，山崎先生也用狗雪橇在海上行動。岸冰結構完整，為了訓練，我也每天帶著狗在黑暗的海冰和岸冰上步行，途中經常和戴著頭燈用雪橇拉海豹的村民以及查看狐狸陷阱的大島先生擦身而過。裝備已經大致準備周全，我也熟悉天體觀測的方法，誤差降低到能實際應用的程度。終於快到出發的那一天了。

不過，要決定出發的時間點並不容易。最大的問題出在月亮。極夜期間必須仰賴月光行動，所以必須按照月亮的週期排行程。然而，月亮和太陽不同，動態比較複雜。如之前提到的，在肖拉帕盧克這種高緯度地區，新月前後九天月亮會在地平線下，陷入「極夜中的極夜」也就是完全黑暗的狀態。另一方面，滿月前後的一個星期，月亮反而整天高掛，屬於相對明亮的「極夜中的永晝」。

要盡可能利用月亮高掛的明亮時期，克服冰河攀登或橫越冰床、前往途中無人小屋等長途旅行中的關卡。現在剛好是月亮不露臉的最黑暗時期，按週期來看要到十二月六日月亮才會再度升起，之後十八天會有月光。考量整體行程，最好在月亮開始露臉的時間點攀登冰河，之後再接著橫渡冰床和凍原，我打算趁有月光的這段期間一口氣衝過這些難關。

除了月亮之外，更麻煩的是海水的狀況。現在這個初冬時期海冰剛形成，按照之前山崎先生的計算，冰層厚度只有十六到二十一公分。這個厚度走路是沒問題，但恐怖的是當北風開始吹，冰河又颳起暴風雪的時候。最差的情況是海冰可能會崩解並且開始流動，如果是這樣的話就不知道什麼時候才能出發了。最恐怖的是在前往冰河途中冰層瓦解，人掉進海裡，這種時候百分之百會死。

天氣預報顯示平穩的天氣會持續幾天，但預報其實不太可靠。大海已經結冰，所以在暴風吹來海冰崩解之前，我必須盡快前往冰河。只要抵達冰河，接下來都在陸地上移動，所以海冰崩解也沒關係。

我決定十二月五日從村落出發，預計在月亮開始出現的十二月六日開始攀登冰河。然而，十二月三日突然傳來令人不安的消息。早上大島先生說氣象預報顯示天氣會變差，所以村民已經把海豹的陷阱收起來了。到了傍晚，村裡的年輕人擔心我的出發時間，來家裡告訴我詳細的天氣預報內容。天氣預報顯示，從十二月六日開始，村落以北的地區會有強風，受其影響從外海捲起的波浪會衝進村落的峽灣，海冰可能會因此崩解。

在嚴峻的北極環境中生存的因紐特人，擁有長年累積的經驗智慧，但也沒有觀察天色就能準確預測天氣的能力。現在他們也和我們一樣透過網路獲得資訊，這位年輕人似乎是在某個專門預報風向的網站得知這個消息。請他告訴我網址之後，隔天一早我就到能用網路的山崎家，確認年輕人告訴我的資訊。果然十二月五日過後風勢就會轉強，而且會持續三、四天。

「可惡，時間點太不巧了。如果再往後一天，我還可以想辦法。」

「就算明天開始起風，海浪進入峽灣還需要一段時間，明天可能還有機會。」山崎先生這樣說。

「不過，你最好沿岸走，不要到外海。如果冰層不穩，有岸冰還是比較好。因為海冰崩解的時候雖然會從岸邊開始碎裂，但風大的話冰層就會一口氣崩毀。」

山崎先生是長年在北極過冬的老手，他曾經在初冬時期用狗雪橇在海冰上移動，結果冰層崩解，好不容易才撿回一條命。所以他這番話的確有不容忽視的分量。

這天晚上風勢開始變強。我鑽進睡袋後，山上有時颳來暴風，吹得整個屋子嘎吱作響。出發前的興奮和對海冰崩塌的擔心，讓我根本睡不著覺。我離開睡袋，看著窗外的景色，泛紅的街燈映照暴風颳起的地吹雪。我心想這是怎麼回事？天氣預報明明說風勢過中午才會變強，但現在不就已經起風了嗎？我忍不住衝到屋外，確認海冰的狀況。冰面因為外海的波浪而上下搖晃，發出嘎吱嘎吱的可怕聲響。

我前往山崎家，他一開口就說：「阿角，你今天最好不要出發。」

「我去海邊看過了，冰層因為波浪而搖擺。」

「那就最好不要在海冰上走，舊冰層也才二十五公分厚。」

山崎先生確認風速計，發現瞬間風速已經超過十公尺。風速十公尺還不算無法行動。如果傻等下去，等真正的暴風來襲，海冰肯定會瓦解，接下來就有一段時間無法出發了。如此一來，探險的時間就會縮短，原本想盡可能長期在極夜的黑暗中旅行、用身體感受極夜的目的就無法達成了。我很怕無法達成目的，所以心想如果是十公尺左右的風速還是能直接動身前往冰河，但看到這個波浪，我認為很有可能在途中就遇到海冰瓦解↓溺死的情形。一出發就要面臨這種生死抉擇的情況也不是辦法，不得已只好決定再觀察一段時間。

下午風勢變得較弱。我數度確認網路上的天氣預報，看來從今天夜裡直到明天，風勢會暫時減緩。不過，在那之後真正的暴風就會再度來襲，風勢似乎會很強。海冰可能會因為這波暴風崩毀。如果明早起床時風勢和海浪都變小，我趁隙離開村落的話，只能在冰河下撐過暴風了。從冰床吹下來的風會更強勁，所以冰河下方一向被當作最危險的地方。說實話，要停留在這個區域我也很不安，不過為了執行我期待四年的極夜探險，只能承擔這個程度的風險了。

我最後在十二月六日出發。氣溫零下十八度，天氣晴朗，風速大幅降至四到五公尺。海面沒有起浪，冰層也沒有嘎吱作響。過了今天就沒機會了。我去山崎先生家，告訴他我今天要出發，手忙腳亂地做準備，然後打了最後一通電話給家人。臨行前我去向大島先生還有努卡皮安格雅等照顧我的村民打招呼，一切結束之後，把行李堆在雪橇，然後坐著將冰爪固定在毛皮鞋上。

月亮還沒露臉。明明是早上，但是整個世界暗到沒開頭燈就看不到腳邊。這個村子已經完全進入極夜狀態了。應該是受製作人龜川先生所託，山崎先生單手拿著相機拍攝我最後做準備的狀況。

「終於要出發了，感覺怎麼樣？」

「……很害怕啊……四個月都要一個人在黑暗中生活耶。我怎麼會想到要挑戰這種旅行啊？」

我反芻自己脫口說出的答案，心想：「這一天真的來了。」連我自己都半信半疑，這四年來我一直想著要在極夜中旅行。這段期間，我和一個女人結婚、生子，擁有自己的家庭，也以其他主題寫書，在這些日常生活中，我仍然沒有忘記極夜的探險。但是我心裡總覺得，這趟人生中最重要的旅行、最關鍵的出發日永遠不會到來。然而，那個不可能到來的瞬間，現在就攤在我眼前。

狗興奮地拉著雪橇，走下村落前方的坡道。我對前來送行的村民揮揮手，隨後追上狗的腳步。沿著岸冰前進，數度回望村落。剛開始還看得到微微照亮四周的橘色路燈，後來漸漸遠去，轉進小小的海岬之後就完全消失在黑暗之中，風景只剩下一片暗夜。

暴風巨瀑

離開村落之後，風勢馬上變強。這是我第一次在風這麼強的日子離開村落，所以之前都不知道肖拉帕盧克的地形位置其實擋掉某種程度的風勢。

岸冰比前幾天搬運物資時結構更穩固，但還是有很多凹凸不平的地方，所以中途我就下到海冰上。不過，海上受到陸地吹來的風影響，風勢顯得更強，雪橇承受風阻感覺變得更重。剛形成的新冰表面因為鹽分而粗糙不堪，摩擦力也很大。氣溫零下十八度還不算很冷，但風吹得臉頰刺痛，連指尖都跟著發寒。不過，外海打進來的波浪很小，所以海冰沒什麼搖晃或嘎吱聲，不必擔心會崩塌，所以我決定一鼓作氣沿海冰前進到冰河。

因為沒有月光，所以只能依靠紅色的頭燈照亮腳邊。如果打開較亮的主燈，就只能看見打燈的位置，較弱的紅色燈光反而能看清腳邊四周的狀況，眼睛適應黑暗之後，就大致能掌握周邊的地形和冰層整體的狀態。比起只看腳邊的狀況，眼睛適應黑暗，能夠大致掌握周邊整體地形反而更好走。

我在途中回收了上次和龜川、折笠二人組搬過來的食品和燃料。村民本來還擔心會不會被狐狸亂翻，還好我用石頭固定得很好，所以物資都完好無缺。加載回收的行李之後，雪橇變得更重了。

幾乎一如我的預期，在出發後七個小時抵達梅罕冰河。岸冰周邊到處都是因為潮汐壓力破壞或堆積海冰形成的粗冰地帶。我硬是在粗冰地帶中開出一條路，千辛萬苦地分次把雪橇搬到岸冰上，以冰螺絲和冰用營釘確實固定帳篷。

氣象預報顯示明天會颳強風，但是當我抵達冰何時，竟然無風到令人毛骨悚然。完全沒有風。甚至寂靜到令人恐懼。天氣會對人類的心理產生關鍵性的影響。人類，應該是說我這個人，往往會用當下的天氣狀態評估隔天的狀況，所以有時候會因為太悲觀或太樂觀導致預測失敗。

譬如黃金週要去攀登北阿爾卑斯山，我家在東京，早就已經熱得像夏天，所以便判斷只要帶薄衣、薄睡袋就夠了，結果山上還像冬天一樣，差點沒冷死。然而，我每年都重複相同的失敗。從探險、登山二十年也沒改掉壞毛病來看，這種失敗是個性問題，一輩子都改不了。不過，現在天上的星星閃耀也沒有風，我樂觀地想著或許是氣象預報有誤吧？應該是這樣，哎呀，真是太好了。

話說回來，我忘記問候我的狗了。

「接下來的旅程會很漫長，烏雅米莉克，拜託你了。」

我這樣對牠說並且摸摸牠的頭，牠就像平常一樣躺下，擺出撒嬌的姿勢，好像是在說：「好舒服啊，老爺，再摸摸我的肚子吧！」

我這次的確規劃了長期旅行，而且還是長達四個月以上的壯遊。

這次的極夜探險先由肖拉帕盧克出發，然後從攀登眼前的梅罕冰河開始。冰河的海拔高低差約有一千公尺，地形十分陡峭，就連村民都敬而遠之，的確是很難對付的冰河。登上冰河之後，就會抵達內陸冰床。冰床上雖然也有高有低，但基本上大致平坦，幾乎可以說是雪和冰的沙漠。朝北方走穿越冰床之後，就會進入名為英格菲爾德（Inglefield Land）的凍原荒野，那裡的地形也沒有什麼起伏，幾乎是完全平坦的二次元平面空間。接著，穿越凍原之後，終於抵達格陵蘭與加拿大埃爾斯米爾島之間的海域。

抵達大海之後，要先前往位於海岸線上的阿烏納特，那裡有當地居民獵北極熊時使用的無人小屋。小屋距離村落一百二十公里，到那裡大約需要兩週或者最慢二十天的時間，我預計大概會在新月時期，月亮將沉未沉的時候抵達。抵達小屋之後休息到月亮再度露臉，於一月上旬繼續上路。從小屋沿海岸線往東北方前進約五十公里處，有個叫做依努費許亞克的地方，那裡有非常破舊的小屋。截至目前為止是旅程的前半段。

我在阿烏納特和依努費許亞克兩處的無人小屋中，儲存了為這次極夜探險準備的充足物資（事前配置的食品和燃料）。我之前提到在這四年期間，一直在為極夜探險做準備，這些準備大多都是指事前設置物資之旅。

物資設置之旅幾乎在二〇一五年春季至夏季進行。那一年的四月到五月期間，我和狗一起拉著雪橇，按這次規劃的路線攀登冰河、穿越冰床，將一個月份的食品和燈油燃料、子彈搬到依努費許亞克的無人小屋。第一次的物資設置之旅，花了將近一個月的時間。

然而，一個月份的物資不足以應付長期的極夜探險，所以夏季海冰溶解時，我決定用皮艇載運物資。這次的皮艇之旅有從日本過來的山口將大一起幫忙，兩個人搬運了將近三個月份的物資到阿烏納特，然而這趟旅程卻災難不斷。

皮艇旅程中，最令人恐懼的就是遇到海象襲擊。我想應該有很多人覺得海象笨笨的很可愛，對牠的印象就是個溫柔的海中巨獸。我太太的娘家在大分縣，附近有一座水族館，自從她和女兒一起在那裡看過和平的海象表演秀之後，無論我怎麼解釋海象是隨時有可能會襲擊人類的猛獸，她仍然堅持「什麼？那麼可愛的動物被你說成這樣，太過分了！」，完全不把我的話當一回事，甚至把我當成完全不懂得愛護動物的近代殖民主義者，到底是什麼情形啊？海象就是令我陷入這種窘境的動物。

如果要形容的話，海象就像是非洲的河馬。在人們心中保持著動作遲鈍的無害形象，但實際上擁有兇猛的一面。在北極海域上乘著皮艇獵捕鯨魚的獵人，經常被海象拖進海裡，最後行蹤不明，這一點就足以證明牠有多兇猛。海象襲擊人類後會做什麼？會吃掉人肉嗎？還是像我們人類踐踏螞蟻一樣，不為什麼而殺生呢？沒有人知道答案。

聽大島先生說，北極的海岸線上偶爾會發現被海象襲擊後死亡的海豹屍體，這些屍體被牙齒咬出大洞，脂肪都被吸光。所以海象應該也會把人類拖進海裡，然後用牠龐大的身體壓制，以利牙穿刺人體，靠強大的肺活量像戴森吸塵器一樣咻咻咻地吸起脂肪和人肉吧！不過，這是否為真，沒有人知道。實際上，被海象襲擊之後大海只會被鮮血染紅，被拖走的人類再也回不來，所以無從得知海面下發生什麼事。

不幸的是，我和山口君乘皮艇出發前，離肖拉帕盧克頗遠的兩個南方村落發生可能和海象有關的海難事件。內容都是皮艇上的獵人被拖進海中死亡。當然，村民也擔心我用皮艇運物資的計畫，大家都說「太危險了，放棄吧！」，紛紛勸我改用快艇。然而，我認為用自己的力量搬運物資也是旅行的樂趣和冒險的醍醐味，再加上為了這次旅程已經花超過五十萬圓的巨資購買皮艇，其實我也無路可退，於是斷然拒絕村民的好意，按照原定的計畫出發。

然而，就結果來看，村民的意見是對的。從村落出發後的第四天，發生了意外。當時大海風平浪靜，海面像油脂一樣反射光線。氣氛非常和平，時間像往常一樣流逝，完全沒有要發生大事的徵兆。但是，原本看起來穩固而安定的世界，因為山口君的叫聲而開始出現裂痕，然後脆弱地瓦解。

「糟了！」

他突然這樣大喊。一回頭我就看到他座位後方出現一隻土黃色的年輕海象，彷彿瞪大眼睛的妖怪海坊主一樣，陰森地露出利牙。看到牠的那一瞬間，我剛才覺得萬無一失的安全世界嘎啦嘎啦地瓦解。我心裡完全沒有出現「拯救山口君」這種值得敬佩的念頭，一回過神來發現自己已經以驚人的魄力划動船槳試圖逃走。如果在陸地上遇到北極熊，我還能用來福槍威嚇，採取相應的措施，但是大海限制了我的行動，海象會潛到海底然後突然冒出來，我們除了逃走沒有更好的辦法。

總之，瞬間的恐懼讓我的身體自行反應，拚命地划槳。然而，當我開始不顧一切地向前划時，發現有一道巨大的波浪快要追上我。不會吧……我戰戰兢兢地回過頭，原本應該在山口君後方的海象，目標轉移到我身上，扭動著龍一般的龐然巨體，在海上捲起不自然的波浪，正朝我這裡襲來。

我更加恐懼，嚇得縮成一團。想起胸部被利牙刺穿、脂肪被吸光的海豹屍體以及遭海象拖入海中最後只剩下鮮血浮在海面上的獵人。我會被殺死、我會被殺死，我不想死啊！我一心只想著這些並用盡全力划槳。大概在我划了五百公尺後，回過頭發現海象不知道跑去哪裡，大海再度回歸寂靜。結果山口君的皮艇有部分被海象的牙齒咬裂，想辦法修理好之後，我們又能繼續這趟旅程了。

除了那起海象襲擊事件之外，我們還遇到被流冰圍困兩個星期、海象在冰海中再度出現等驚悚的狀況，所以當時的皮艇物資運送之旅可以說是驚險萬分。不過，正是因為有春季和夏季兩次的物資設置之旅，才能讓我在二〇一五年結束旅行時，成功分別把物資運到兩個小屋。

然而，在那之後我得知一項令人難以置信的消息。二〇一六年四月，結束設置物資之旅回國後約半年，肖拉帕盧克的大島先生用國際電話聯絡我：

「角幡君，不得了了。聽說你搬到阿烏納特的物資，全部都被北極熊吃掉了。」

我為這項消息的真正意義感到震驚。

發現物資被襲擊的是丹麥的特種部隊——天狼星雪橇巡邏隊，他們在巡邏途中經過阿烏納特的小屋，發現小屋的門已經全毀，裡面的食物不見蹤影都被吃掉了。被海象襲擊差點死掉的海上之旅到底有什麼意義？千辛萬苦運送的物資被吃光，讓我震驚到一段時間都提不起精神。

我聯絡天狼星巡邏隊發現小屋遭破壞的人，進一步詢問詳細的狀況，得知食物被吃得亂七八糟，殘骸都埋在雪裡，除了子彈和乾電池以外沒有找到其他東西。之後，碰巧我的冒險家朋友荻田泰永，打算在春季時從加拿大的埃爾斯米爾島徒步旅行至肖拉帕盧克，所以我請他繞到小屋幫我確認狀況，雖然找到燈油和部分裝備，但食品已經全軍覆沒。用皮艇在冰海中航行，遇到海象襲擊，又遭流冰圍困，前後花了六十天終於千辛萬苦地搬完三個月份的物資，卻因為北極熊一時興起的突襲而化為泡影。

當然，很多人得知這件事情之後都來問我會不會取消極夜之旅。然而，我腦海中完全沒有浮現中止計畫的念頭。畢竟已經為了這個計畫投注了那麼多時間、人力和金錢，而且我仍然期待，在完成「看見極夜探險後的太陽」這樣某種層面上屬於頓悟般的行為之後，或許能夠發現探險的新樣貌。極夜裡存在著真正的未知。任誰都無法想像，在歷經數月的黑暗之後，那個世界升起的太陽會發出什麼樣的光芒。我希望能夠體驗一次超越想像的真正未知。

更何況，我本來就已經有心理準備，可能會發生這種情形，所以除了自己的物資以外還偷偷設下保險措施。其實在我之前有位奇特的英國冒險家，也一樣想要在極夜期間旅行至北極點，他的隊伍也打算把食品和燃料等物資放在依努費許亞克。然而，他們僅因為海冰的狀況不佳這點小事，就輕易中止計畫，物資也就這樣放在原地。

二〇一四年我在當地聽到這個消息後，便前去拜訪停留在卡納克的探險隊，直接和對方交涉希望能把那些物資當作極夜探險時的緊急備用品，而且他們也同意了。接著，在隔年二〇一五年，我從卡納克運物資到阿烏納特時，也步行繞到依努費許亞克，確認他們的物資站位置。

英國探險隊的計畫是四個人一起到北極點，規模非常龐大，所以物資的量也是多到我一個人不可能消耗完。八個塞滿食品的六十公升大塑膠桶，四袋二十公斤裝的狗糧，汽油也是多到我懶得細數的程度。不同於我這種完全自己來的獨行俠，他們有贊助人提供資金，物資都是用船運過來的，所以包裝也非常堅固。

塑膠桶確實密封，不需要擔心味道洩漏，狗糧沒開封還用動物最討厭的黑色塑膠袋包了好幾層。這些物資都有用岩石確實覆蓋，不必擔心會被野生動物吃掉。雖然靠別人的物資不是什麼光彩的事，但我也沒別的選擇了。得知存放在阿烏納特的物資被吃掉時，我就已經下定決心要用英國探險隊的物資完成極夜探險了。

因為發生這些事，所以這次從肖拉帕盧克的村落出發時，剩下的物資就是依努費許亞克的小屋裡我自己運過去的一個月份的食品和燃料（燈油）、狗糧，再加上英國探險隊的食品和燃料（汽油）、狗糧，在阿烏納特被北極熊襲擊後剩下的一些燃料、子彈、電池等非食品的物資。除此之外，還有我從肖拉帕盧克出發時，用雪橇載了兩個月份的食品和燈油、四十天的狗糧，這些量已經足夠達到在冬季旅行了。

因為物資充足，所以我打算在越過冰河和冰床、抵達依努費許亞克的物資站之後，就靠那裡的物資好好休息。畢竟我要度過冬季黑暗、嚴寒的極夜期間，持續旅行四個月，如果每天都行動，體力也會吃不消。從村落到伊努費許亞克至少要花二十天至一個月的時間，光是這樣體力就會消耗不少。如果可以的話我想橫越加拿大前往北極海，考量旅途遙遠，在依努費許亞克休息三週，待體力徹底恢復之後再上路才是聰明的選擇。

大量使用食品和燃料讓身體休息，等到一月底再重新出發。到那個時候，太陽接近地平線，白天應該會變得比較明亮。雖然距離太陽升起的時間還很久，但也已經過了極夜最恐怖的黑暗期。依努費許亞克到北極海，往返將近一千公里，其實我也不知道能走到什麼地步，總之只要體力和物資沒問題，我打算盡量往北走。我想在北方欣賞極夜後的太陽。如果可以按照計畫，在北極海附近看日出的話就太好了。

以上就是我這次旅行計畫的概要。

*

在這段漫長的旅程中，最可能面臨死亡的地點，就是現在我眼前的梅罕冰河。

距離村落只有十五公里的冰河，就是極夜探險中最初也是最大的難關。當然，以極夜這個黑暗的特殊空間來思考，之後的冰床和凍原也是難以預料的危險之地。不過，它的危險之處在於可能會因為不知道自己身在何處而回不了人類世界，也就是伴隨異常狀況而發生的間接風險。

相對而言，冰河的風險更直接，簡而言之它的危險性在於人可能會隨帳篷被暴風雪吹入海底。因為對這種情況感到不安，所以在出發前一想到要攀登梅罕冰河我就很憂鬱。「要是沒有攀登冰河這項挑戰，旅程一定會輕鬆好幾倍」這個念頭不知道浮現了多少次。

過去很多探險家留下紀錄，顯示從格陵蘭冰床吹往冰河的暴風雪有多恐怖。譬如以第一位到達北極點而聞名的美國探險家羅伯特．埃德溫．皮里（Robert Edwin Peary），曾在卡納特附近的冰床上碰到強烈暴風雪，伊格魯（以雪塊堆積而成的雪屋）慘遭破壞，導致他差點死亡。冬季格陵蘭的暴風似乎會因為焚風現象而變得更加強勁，根據皮里著作中的描述，這個時候氣溫突然提升到零下五度，猛烈的暴風開始吹起，伊格魯在半夜崩塌。

三名隊員想辦法從崩塌的雪堆中逃出來，轟隆隆的暴風讓人甚至聽不到旁邊的人在說什麼，只能暴露在暴風之中苦撐。明明身在二月天的冰床上，卻碰到焚風引起氣溫上升，使得周圍下起雨來。之後一行人好不容易往下走到海岸線的探險小屋，發現小屋周邊的伊格魯也被破壞殆盡，現場一片狼藉。

活躍於二十世紀初的丹麥、因紐特人混血探險家努德．拉斯穆森（Knud Johan Victor Rasmussen）也曾紀錄焚風現象引起暴風的慘況。拉斯穆森在一月底碰到暴風雪，位置在北緯七十六度附近的冰河。毫無預兆突然吹起暴風，他在雪橇上被風吹倒。以跪姿起身後，看到好幾個雪橇被大風一吹，瞬間就像碎屑一樣疊成一座小山的奇異光景。隊員們拚命到冰河末端的背面避難，雪橇和狗都固定在冰上。過了三十分鐘，他們就親眼看到海冰出現巨大的裂縫，更恐怖的是數小時後，剛才用狗雪橇奔馳而過的海冰整個破裂。

可怕的冬季暴風雪——最慘的就是在冰河途中或山麓碰到這種強烈暴風雪。肖拉帕盧克的大島裕雄先生曾說，從冰床吹到冰河的風會像瀑布一樣一鼓作氣往下，所以越往下走風速就會越強。根據這些探險遊記和大島先生說的話，我就已經知道在冰河碰上這種暴風雪會很慘，本來是想提前搬運物資，好在正式出發的時候減輕雪橇重量，盡快攀登冰河。

然而，實際上提前搬運物資的計畫，因為岸冰結凍的狀態不佳而失敗，眼下雪橇上堆滿二個月份的物資。在這種行李沉重的狀態下，不知道要多久才能登上冰河。梅罕冰河的海拔高低差至一千公尺，而且途中還有一段連續陡坡的難關，需要時間和勞力才能克服。而且，天氣預報指出明天風勢又會增強。雖說考量之後的旅行計畫，選擇這個時間點的確是迫不得已，但我竟然挑了一個暴風雪來襲的時候，在最危險的冰河山麓紮營。

所謂的探險就是衝出傳統社會體系外的領域，在未知的混沌中旅行，所以無法按照計畫行動本來就是理所當然。我甚至可以說，如果一開始就打算規劃一個沒有意外的旅行，那麼從這一刻起就不能算是探險了。但若要說實話，我真心希望旅程可以像剛出發時那樣平穩、一切可以照計畫進行，這就是人類的矛盾心態啊。

抵達冰河山麓時完全沒有風，所以我的心理狀態也受到天氣影響變得非常樂觀，心想：「哎呀，天氣預報大概不準，真幸運！」吃了晚餐後就鑽進睡袋。然而，比起我用肉眼觀測天氣，網路上的氣象預報正確多了。

咻——

完美的寂靜之中，突然颳起一陣風，吹動了營帳。我有不好的預感。那陣風是老天爺在警告我：暴風雪要來了！暴風會照預定計畫吹過來喔！

風聲消失，四周再度恢復寂靜。

我觀察了一陣子，但周圍依舊一片沉寂。正當我心想剛才的風是不是錯覺的時候，咻——吹來比剛才更強勁的陣風。哇啊，不會吧。接著，咻——唰——咻咻——唰唰——咻咻咻——唰唰——陣風越來越強，而且間隔也越來愈短，帳篷上下左右大幅搖動。

一般而言，極地的暴風雪會以相同的力道往同一個方向持續吹拂，不知道是不是因為冰河下方屬於特殊地形，這種風吹的方式和平常很不一樣，風勢非常紊亂。有時候是彷彿能引發雪崩的暴風，會從頭上往下吹，感覺帳篷快要被壓垮，沉寂一陣子之後，強烈的陣風從右邊吹來，變成龍捲風咻咻迎面痛擊，接著又從下往上吹。我無法想像風速到底幾十公尺，瞬間的暴力陣風，斷斷續續地從各個方向襲來，右、左、右、左、刺拳、鉤拳、直拳使得帳篷激烈擺動。

當然，和這個地球等級的威猛自然現象相比，我只是水蚤般的渺小生物，如字面所示，只要風一吹我就倒了。除了祈禱帳篷不要被吹壞以外，我什麼也做不了。這是極地專用的特製帳篷，不會因為一點暴風就被吹壞（店裡的負責人是這樣說的），不過這句話的可信度有多少我就不知道了。我縮在睡袋裡，靜靜等待陣風消停。

到了早上帳篷搖得更厲害，所以我決定到外面查看狀況。外面完全漆黑，除了頭燈以外什麼都看不到。帳篷的營繩如我所料被斷斷續續的暴風吹鬆，我重新固定營繩之後馬上躲進帳篷裡。不久後，暴風從斷斷續續的陣風變成瀑布般的暴流。

鑽進睡袋之後，我只聽到轟隆隆的聲音。冰河深處持續傳來宛如大地崩裂般，喀喀喀的巨大爆裂聲。雖然不知道是從哪裡傳來的聲音，但在黑暗的深處，我看不見的某個地方一定出現了超乎想像的颶風暴流，風的巨瀑打在距離我帳篷五十公里半徑內的某處。幸運的是我紮營的地點剛好避開暴流中心。唰啦啦啦、唰啦啦、唰啦啦啦——斷斷續續地襲擊營帳的強風，應該只是巨瀑的泡沫而已，如果我紮營在巨瀑的中心，一定早就被壓成碎屑、下場悽慘。令人感到絕望的巨響，迴盪在伸手不見五指的黑暗空間中。

我沒心情煮水、吃飯，恐懼得在睡袋裡縮成一團。傍晚時我決定再度到外面查看狀況，打在冰上的營釘已經脫落，所以我重新打好營釘，並且以不會鬆脫的方式再次牢牢固定營繩。

之後，風勢變得更強了。強風毫無間斷地來襲，彷彿壓縮空氣般的固態氣體不斷從各個方向攻擊，試圖殺死我。營帳前後左右、旁若無人地搖晃，呈現隨時都有可能被吹毀的狀態，嚇得我魂飛魄散。而且，到了深夜零時，帳篷搖晃得更厲害，我再度決定到帳外查看。周邊發出宛如大地崩裂的喀喀巨響，暴力的狂風肆虐，在什麼都看不到的黑暗狀態中，讓強風和聲響顯得更加恐怖。

我已經用絕對不會鬆脫的方式固定營繩，沒想到還是鬆開了，我只好再度固定。狗用軟弱的眼神看著我。雖然我問牠：「還好嗎？」但就算不好也只能請牠繼續撐下去。就在我打算回帳篷，不經意把頭燈照向大海時，看到令人難以置信的景象。

難道冰層已經消失了？

從營帳到岸冰的邊緣只剩三公尺左右。昨天這一帶的海面都是結冰的狀態，我從村落出發後就一路走在結凍的海面上，而現在那些海冰看起來一片漆黑……難道海冰已經崩裂，露出海水了嗎？在猛烈的暴風之中，我慎重地像蜈蚣一樣沿著岸冰往大海的方向爬行，雖然試著用頭燈照亮前方，但光線完全被黑暗吸收，看不清楚狀況。再加上狂風強烈吹拂，讓我嚇得無法靠近邊緣。然而，冰層如果還存在，照理說應該會反射燈光，一片漆黑應該就表示海冰已經被暴風吹裂了吧？

除了巨響和暴風，又增加了令人不安的元素。現在本來應該是小潮時期，就算漲潮也不必擔心海面會高過岸冰。我當然也是基於潮汐時間的判斷，才會選擇在岸冰上紮營。然而，海冰崩毀的話就另當別論了。營帳的旁邊、那令人厭惡的黑暗之中，大海張開漆黑的嘴巴。光是這樣的情況，就已經讓我感受到被大海吞噬的恐怖了。

海水會不會真的湧上來？如果因為氣壓降低，導致海面上升形成滿潮，大海可能就會吞噬掉這頂帳篷。話說回來，岸冰真的沒問題嗎？岸冰是在漲退潮之下，在岸邊形成的固定冰層，有別於海冰那種只是大海表面結凍的不穩定冰層。兩者雖然不同，但是我覺得如果是這種程度的暴風，就算再堅固的岸冰也有可能被吹離陸地進而瓦解。

極度混亂的黑暗之中，沒有什麼是絕對的。之後，四周開始響起咻——咻——彷彿用鞭子抽打帳篷的可怕聲響。雖然不清楚是怎麼回事，不過感覺風向變得更加紊亂，開始從岸邊颳風，海面上的波浪被暴風吹散，海水跟著被吹到帳篷這裡。我很確定，海冰已經瓦解了。

在危險的狀況中，我反而膽子變大，甚至有一瞬間根本不在乎自己的性命。暴風吹不停，但我好像也漸漸習慣暴虐的狂風，在睡袋裡沉沉入睡。我不知道自己睡了多久。突然感覺到帳篷外側被柔軟的黏稠物推擠，壓迫到睡袋。

我心想：這是什麼東西？伸手一壓，發現有一種黏稠的觸感。

那一瞬間，我知道自己一定臉色蒼白。糟了。真的滿潮了。用手壓的時候，感覺到黏黏、稠稠的質感，那應該是呈現冰沙狀的細冰，怎麼想都是海水結凍時特有的狀態。現在已經不是討論探險的時候。完了、完了，我覺得自己完蛋了。現在如果不趕快逃走，一定會沒命。暴風仍然轟隆作響，唰——唰——海水不斷潑在帳篷上，但我得想辦法離開，否則就會沒命。我心跳加速，呼吸也變得紊亂。我一直告訴自己要保持冷靜，迅速套上雨具和毛皮鞋後便衝出帳篷。

黑暗的空間裡，壓縮後的空氣仍然以驚人的氣勢往下猛吹，猛烈的狂風和飛散的水滴讓現場一片混亂。不過，我藉著頭燈的光線環視周遭後，瞬間覺得有點安心。壓迫帳篷的不是滿潮，而是瓦解的浪尖不斷被風吹動，使得潮水潑在帳篷上並且結凍，還累積了不少的量。儘管如此，這個狀況還是很糟。

暴風吹不停，潮水也到處飛散，因為這場狂亂的暴風，使得周圍都漸漸凍結。雪橇的滑軌埋在冰裡，和岸冰融為一體，把手的部分像樹冰一樣凍結成一條巨蛇的尾巴。帳篷也快要被吹壞了。營繩上有潮水附著，潮水結成巨大冰塊，像火腿一樣掛在營繩上，帳篷本身被堆積在側面的冰沙擠壓，幾乎快要被壓壞了。

狗蜷縮在雪橇旁，身上也都是冰。我瞬間懷疑牠是不是死了。

「喂，你沒事吧！」

我大聲叫，狗就站起來開始在附近走來走去。我沒有時間管狗了。就算我死了，狗大概也會自己回到村子裡。先不管牠，我用鏟子把擠壓帳篷的黏稠海水移開，把營繩上的火腿狀的冰塊清乾淨重新拉緊。氣溫是零下二十度。僅僅十分鐘的工作，因為不斷被海水和冰風雪襲擊，等我回過神來全身已經覆滿凝結成冰的鎧甲。我幾年前曾在 Discovery 頻道看過一部紀錄片，描述捕蟹漁船在暴風中的白令海航行，當時還大笑說：這些傢伙真慘啊！結果我現在跟他們一樣慘。

北極熊毛皮手套和海豹毛皮鞋、上下身的雨具都濕透了，我剝下黏在背上的冰，滾進帳篷裡。收起風錐式的入口之後，覺得一切都無所謂了，把脫下的雨具和褲子全都堆到帳篷的角落，有點自暴自棄地鑽進睡袋。

幸運的是，在那之後風勢就突然減弱，轟隆隆的聲音也明顯變小。連續的暴風已經變成剛開始時分散的陣風，待我回過神來，原本在黑暗深處持續發出暴流風鳴的巨響也已經銷聲匿跡。不久後，風就突然停了，再度回到萬籟俱寂的世界。

*

暴風大約在四十個小時後停止。

我就像戰爭時在防空洞裡躲空襲的國民一樣，慢慢爬出睡袋。看手錶得知現在是早上十點，我先將濕透的裝備吊起來，暖爐火力全開，花兩個小時烘乾。極夜期間沒有太陽，要烘乾物品只能靠火力，突然遇到這種狀況，讓我不禁思考之後到底需要多少燃料。我等衣物烘乾到一定程度的時候才吃早餐，下午一點左右走出帳篷。

狗發現我走出來，便抖了抖身體。牠好像完全沒有受傷，除了全身都是冰之外，其他都和平常一樣。我拆下牠的項圈，牠便開心地在周邊漫步，等我結束工作。南方的天空透著微微的亮光，可以感覺到太陽在遙遠的地平線下方，光是這樣就已經很亮了。以岸冰的邊緣為界，海冰已經完全流走，黑暗的海面微波蕩漾。現在平穩的海面，不知道什麼時候又會颳起暴風。

在微暗的天色中，凝望搖曳的海面，我強烈地想著必須趕快離開這個危險的地方，撤下帳篷在前往冰河途中找到安全的營地。我把狗毛上的冰清乾淨，接著開始撤營帳。雪橇上都是冰，帳篷的雪裙也完全被冰覆蓋，所以撤營帳花了不少時間。我用一種叫做「特烏」的尖鐵棒，破壞帳篷和雪橇周邊的結冰，而且帳篷的細營繩和固定行李在雪橇上的織帶等繩索類的東西也全都結凍，和岸冰融為一體，所以這些也都必須一一挖出來才行。

就在我努力破壞結冰處的時候——

「咦？」

我不禁發出疑惑的聲音。

好奇怪，天體觀測用的六分儀原本固定在雪橇上，但是現在不見了。我在附近找過一遍，還是沒有看到。糟了。該不會是被風吹走了吧？我回到雪橇邊，確認固定六分儀的皮帶釦，發現原本牢牢固定的皮帶釦已經鬆脫。

昨天深夜到外面確認的時候，六分儀還好好固定在雪橇上，所以應該是在風速最強的那段時間，因為瞬間強烈的風壓吹開皮帶釦。這狀況實在太令人傻眼，讓我啞口無言。

天體觀測是這次探險中代替ＧＰＳ的導航工具，屬於非常重要的裝備。應該是說天體觀測不只是重要工具，不依靠ＧＰＳ這種高科技，以天體觀測的方式旅行也是這次極夜探險的主題之一。我在這種冒險旅行中不想使用ＧＰＳ，是因為如此一來我就無法掌握自己的旅行。

在冒險和登山等地理性質的移動行為中，自己靠地圖和指南針確認位置，也是富有創造性的莫大喜悅之一。以經驗和技術為基準，解讀現場的地形，對照地圖推測現在位置，如果正確的話就能獲得單純的喜悅，這樣的喜悅會提升冒險的樂趣。尤其極地的移動距離長，如果定位失敗，不知道自己在哪裡，就會有直接的生命危險，因此定位也可以說是維繫生命的過程。

然而，使用ＧＰＳ靠機械判斷位置，就等於把管理自我生命的基礎拱手交給機械，如此一來反而會搞不清楚自己到底是為什麼而旅行。使用ＧＰＳ的確安全便利，而且我們現代人的確把便利和安全視為最大價值，然而，在冒險過程中便利性和安全性不見得最重要。冒險的意義和樂趣不在於結果，而是靠自己的力量能做到什麼程度、能否靠自己的力量維繫生命等過程。既然如此，使用ＧＰＳ依靠機器判斷行動就等於失去冒險的意義，所以我希望不要使用。至少我自己是這麼想的。

失去定位的過程，就會喪失感知外部世界的機會。用衛星導航來當作例子解說就非常淺顯易懂了。使用衛星導航會讓人記不得路，同樣的路明明已經開過好幾次，但是沒用導航就馬上迷路。我想應該每個人都有過類似的相關經驗，這就是用高科技取代人類天生知覺的結果。

科學技術的本質是人類身體機能的延長，開發某種技術後，人類就會把自己身體原有的機能轉移到該技術，把工作交給科技。如此一來，操作效率得以提升、工作速度變快，社會也能因此得到發展，然而就個人層面來看，人類減少弄髒雙手的操作機會，也失去以前透過操作過程能和外部世界的連結點，所以會變得無法感知外部世界。

過去開車必須看地圖、確認周圍環境，透過這些過程讓駕駛人記住道路。換句話說，以前的做法能夠把外界融入自己的身體，形成自己的世界觀。然而，衛星導航完全省略了這些過程，所以駕駛人才會失去和外界接觸的機會，導致記不得路。便利使得人類失去和外界的連結點，過去原本能夠感知的外界隨之脫離，導致人類世界變得貧乏。

失去六分儀對這次的極夜探險而言是致命的失誤。畢竟這次探險的目的並非抵達某個目的地，而是用自己的身體感知極夜世界，以這些感知到的資訊為基礎，了解何謂極夜。用身體感知極夜並且化為自己的世界觀，就必須在黑暗中靠自己的力量定位，透過確定位置這個過程，增加和外界的接觸點。

如果用GPS，我在帳篷裡邊吃洋芋片邊按個按鈕就會出現正確的座標，如此一來便會失去和外界接觸的機會。也就是說，在這趟旅程中，我會錯過我想了解的極夜本質以及黑暗中旅行的困難和恐懼。如此一來，便完全無法達到探險的目的。果然還是要堅持天體觀測，在寒冷和狂風中觀測星星，增加與極夜的接觸，用手工計算位置，同時擔心結果可能不正確。透過這些過程，才能親身體會什麼是極夜。

因此，我無論如何都不用GPS，堅持使用六分儀觀測星辰以手工的方式定位，這幾年我自學天體觀測的方法，請教前南極越冬隊長和前國土地理院的天體觀測專家，每次到極地都會在極寒的狀態下練習觀測流程，不斷持續訓練。除此之外，雜誌和網路媒體事前採訪時，我還單手拿著六分儀擺姿勢，讓記者寫下〈角幡先生用天體觀測挑戰北極探險〉之類的報導。

而且，弄丟的六分儀是日本國內唯一的六分儀廠商TAMAYA觀測系統股份有限公司特別為這次探險開發的產品，也就是堪稱「角幡特製品」的祕密兵器。再加上臨行前TAMAYA的員工還為我舉辦送別會。結果這麼重要的六分儀竟然在出發十五公里處就被風吹走。截至目前為止的努力到底是為了什麼……我除了震驚還是震驚。

既然已經不見了，那也沒辦法。我呈現半放棄狀態，決定樂觀面對。就算沒有六分儀，對我來說不用GPS的條件仍然沒有改變。應該是說，失去天體觀測的手段，只能完全依靠地圖和指南針，可以讓我經歷更困難的定位過程，將會大幅增加我和外界的接觸點，或許會因此發現更深奧的極夜性質。這說不定算是一種僥倖。

話雖如此，我仍然覺得自己很不走運。

我從二〇一二年十二月開始規劃這場極地探險，但途中一直處於很不走運的逆境之中。我陸續碰到旅行途中被當地政府強制遣返、物資被北極熊襲擊、行李沒辦法事先運上冰河等衰事。失去六分儀讓我黯然傷神，不是因為定位會變得困難或者對TAMAYA的工作人員感到抱歉，而是莫名感覺到這一連串的衰運仍然揮之不去。

*

這天我開始攀登冰河。剛開始我沿著冰河和旁邊土石堆積處之間的積雪傾斜面前進，但因為坡度太陡，我把行李分批，和狗一起用雪橇重複來回搬運。

月亮很快就浮上夜空，美麗的光線照射暗夜中的大海。月光在黑暗的大海上，劃出條黃色的直線，然後隨著波浪輕輕搖擺。雖然只是弦月，但和之前的黑夜比起來已經夠亮了。我的視線一口氣變得寬廣。這天我持續搬運行李的工作直到深夜，在冰磧地形（moraine）的途中紮營，翌日終於抵達冰河。

冰河上只有一點雪，藍色的裸冰露出表面。我分批拉兩架雪橇，和滑溜又凹凸不平的裸冰苦戰，沉重的雪橇很難前進。狗的腳爪在裸冰上很難施力，每次休息的時候都累得四肢癱軟、倒頭就睡，一臉「這一點也不好玩」的不滿表情。

開始攀登之後的第三天，冰河上的積雪開始變多，填滿裸冰凹凸不平的速度也稍微變快。天氣晴朗無風，走出帳篷後沒多久月亮就升起了。

月亮升起之後，極夜世界就會從黯然無色的鬱悶世界轉變成壯麗絕美的空間。之前連影子都沒有的單調空間，出現黃色光線的那一瞬間，突然變得一片光明，就連冰河上細長的積雪皺褶都照得一清二楚，皺褶下出現陰影，能讓我看清腳邊的路線狀況。積雪和冰層透出偏藍的色調，原本被沉默環繞的死亡空間，變成一個彷彿置身其他星球的幻想空間。那一瞬間讓我覺得極夜旅行就是宇宙之旅。

然而，我也曾經被月光的明亮迷惑，得到慘痛教訓。

那天受惠於月光，我關掉頭燈像尺蠖蟲❷一樣緩慢地分批搬運兩架雪橇。有月光時關掉頭燈反而能看得更遠，比較好走路。之後積雪增多，也變得比較好攀登，眼睛適應月光微亮的狀態後視線變好，所以我攀登的方式也隨時間經過變得越來越大膽。

當然，我所謂的大膽並非全裸露出生殖器攀登的那種大膽。之前擔心會找不到雪橇，所以一定會在看得見另一架雪橇的範圍內行動，但現在月光明亮，我想大概沒什麼問題，所以後來選擇攀登到看不見另一架雪橇的位置，再回過頭去拉另一架雪橇，就只是這樣而已。然而，光是這樣的掉以輕心，就讓我差點必須中斷旅程。

那是行動開始五個小時後發生的事情。我把其中一架雪橇放在冰河的斜坡上，往下走兩百公尺去拉另一架雪橇。找到下面的雪橇之後，我和狗再度開始攀登。然而，途中我又像平常一樣腦海裡浮現各種念頭，雖然內容早就忘了，但我大概是想起一些可有可無的事。想到一半我突然回過神來，心想「糟了、糟了，雪橇應該在前面才對」我環視周遭，都沒有看到應該在那裡的雪橇。「好奇怪，應該在這附近才對」我心裡這麼想，但仍然持續前進，一直走到我確定絕對沒來過的平坦處。

我歪著頭想：太奇怪了。已經走過頭了……雪橇上堆滿行李，高度達一公尺以上，之前距離一百公尺都能看得一清二楚，現在卻完全沒有雪橇的蹤跡。我順著雪橇攀登的痕跡往下走，但積雪很堅硬，雪橇的痕跡中途就消失了。沒有雪痕的話，就只能憑記憶和感覺去找。我沒辦法拉著雪橇四處尋找，只能把狗拴在雪橇上留在途中了。

我以留守的雪橇為起點，先往斜坡的左邊走一百五十公尺，但是沒有找到。把頭燈照向當作起點的雪橇，狗的眼睛反射出藍色的光線，所以我還能知道位置，不過如果再離遠一點就會看不到起點的雪橇，大概這個距離就已經是極限了。我再度回到起點，朝另一個方向走一百五十公尺，還是沒有找到。往上走去剛才找過的地方看，仍然無功而返。我也試著往左上方走，還是沒有雪橇的蹤影。

剛開始我還覺得很快就會找到，沒把這件事放心上，但怎麼找都找不到，讓我不禁開始焦慮。而且我運氣真的很差，帳篷、防寒衣、暖爐、睡袋等防寒的必要裝備都在弄丟的那一架雪橇上。剩下的雪橇只有狗糧和燃料等無法單獨派上用場的物資。氣溫零下二十度，拉著雪橇的時候還會熱到出汗，但沒有防寒衣身體就會漸漸冷卻。

難道雪橇沿著斜坡自己滑走，陷進某個低窪處了嗎？考量這一點，我認為應該再往下找比較好，所以我把起點的雪橇稍微往下移動。之後，我在周圍找了好幾次，都沒有找到另一架雪橇。到處走的時候我已經感覺到寒氣漸漸滲入體內。

❷尺蠖蟲：尺蛾科幼蟲的統稱。

「喂，找不到啦！」

我向狗搭話，結果牠發出打呼聲，正在悠哉地打盹。我打從心底想揍扁牠，但是拿狗出氣也沒用。

身體冷卻之後，我的焦慮漸漸變成不安。找了兩個小時都沒有找到，怎麼想都不對勁。難道雪橇真的自己滑行，因為力道太大墜落山谷了嗎？這種寒冷的天氣裡，在沒有防寒衣、暖爐、睡袋的狀態下睡覺，很有可能會死。如果是這樣的話，找不到雪橇就只能撤回村落，一旦回到村落，就要面對天色太暗可能會弄丟兩架雪橇，最後讓我必須終止這次探險。

準備了四年、讓我到處吹噓是人生最大規模的旅行，因為弄丟雪橇而計畫告終，這樣不是太糗了嗎？如果回國之後報告這段事情的始末，大家一定是表面上安慰我，但私底下嘲諷不已，一想到這裡我就無力地笑了。無論如何，現在已經冷到我必須判斷是否要回村落了……

考量寒冷的程度和回村落的時間，我頂多只有兩個小時可以繼續找雪橇。月光美得冷酷，對我的焦躁漠不關心的超然態度令人莫名火大。最後我期待狗或許會聞出雪橇的蹤跡，所以決定繼續往下找找看。我牽著狗往下走五十公尺左右，雖然和狗鼻子一點關係也沒有，但我確實看到前方的積雪上有凹凸分明的陰影。該不會是……我壓下加速的心跳，快速靠近一看，弄丟的雪橇就在那裡。

「哇！哇！哇！」

因為太高興讓我大叫好幾次，我抱著狗大喊：這樣就可以繼續旅行了！雖然花了將近三個小時才找到，但雪橇其實就在原本攀登路線的右方三十公尺處。

這麼近我竟然都沒發現……

*

這天我繼續攀登一個小時，隔天十二月十一日也繼續攀登冰河。零下二十四度，連氣溫也開始越來越有冬季北極的感覺了。前一天晚上鑽進睡袋後還有一陣子覺得溫暖，但是到了清晨，晚餐的能量消耗殆盡，同時肌膚也感到陣陣寒意。出發後過了一週，可能已經開始耗損體力了。

我在離開日本前就積極吃甜食，睡前吃泡麵，送行會也指定吃烤肉，努力讓身體堆積脂肪。這次的體重增至八十公斤（平常是七十二公斤），所以剛出發時完全不覺得加入大量沙拉油的特製巧克力和加入早餐拉麵、晚餐火鍋裡的海豹脂肪有什麼美味之處，甚至吃不完每天規定的攝取量，但是現在漸漸覺得這些食物變好吃了。

我在中午十二點起床，下午四點出發。因為要配合月亮的動態，所以才會這麼奇怪的時間開始行動。極夜之旅不太會以太陽為基準的二十四小時活動。雖然不能完全無視太陽時間，但像現在這樣有月亮的時候，以月亮升到高點的時間為中心規劃行動時間比較合理。在太陽消失的極夜世界裡，唯一能代替陽光的只有月光。當然，月亮也和太陽一樣，會在南中時刻升到最高，能夠照亮大地讓視野變得更好。剛好這個時期正要進入滿月，到了半夜月亮會升得更高，所以晚一點起床，才能長時間享受月光。

月亮和太陽不同，動態非常複雜，不會每天都在同一個時間出現在正南方。南中時刻幾乎每天都會往後延遲一個小時。查詢海上保安廳的計算網站後，得知二〇一六年十二月十一日，北緯七十八度、西經七十度周邊的月亮南中時刻是晚上十一點四十五分，隔天是凌晨十二點四十六分，再隔天則是凌晨一點四十七分。

因為月亮的南中時刻會像這樣往後延遲，所以我的行動時間每天都要往後延一個小時，起床時間也必須跟著延後一小時。換句話說，被月亮支配的極夜世界並非一天二十四小時，而是以一天二十五小時的方式運轉。

剛開始走的時候，月亮還躲在右手邊的山後，待升至稜線上，月光就遍照大地，映照出整個青藍色的冰河。天氣清朗無風，我繼續用尺蠖蟲的爬行方式交替拉著兩架雪橇。一步一步拉著重達將近一百公斤的雪橇，攀登已經凍成緩坡的冰河。後面傳來狗的喘息聲，我知道牠正全力拉著雪橇。我回過頭，在快要看不到後面雪橇的時間點停下腳步，走回去拉後面那架雪橇。

我們一直重複這樣的過程，所以從開始攀登到現在已經第四天，還沒走到冰河的一半。後面還有坡度更陡的難關，不過至少還要再一天才能走到那裡。幸好最近一直保持晴朗無風的天氣，而且已經碰上一次暴風雪，我想應該沒有人會衰到攀登冰河時碰上兩次暴風雪，這莫名的安心感讓我悠哉地繼續前行。接下來的路還很長。我心想一開始就乾著急也沒有用。

然而，世界上的確存在著會遇到兩次暴風雪的衰人。

大約在開始步行三小時後，前方冰河兩旁的山上，開始出現奇妙的白色霧氣，沿著山谷緩緩地、悠悠地往下降。剛開始我本來還想說冰河上也會起霧，但看樣子不太像。白色的霧氣就像雪崩前揚起的雪煙一樣非常緩慢但充滿力量地流向冰河。霧氣抵達冰河，感覺有點像回彈似地散開，我想起大島先生曾經告訴我：「發生強烈暴風雪的時候，雪煙會從冰床上像瀑布一樣一口氣往下衝。這種時候就會吹起強烈的風，就算待在家裡也會覺得好像快要被吹走。」

莫非，現在這個景象就是大島先生說的……前一秒還完全無風，等我回過神來白色霧氣就樣煙幕一樣籠罩在我四周，而且微風開始拍打我的臉頰。那陣軟風在三秒之後變成風速三公尺的輕風，五秒後變成風速四公尺的微風……風勢越來越強，一轉眼就達到風速八公尺的清風了。當然，這種程度的風勢完全可以行動，但是再這樣下去不知道風會大到什麼程度。我馬上找到平坦而堅硬的雪面，停下雪橇開始紮營。

帳篷是冬季的極地之旅中和暖爐同等重要的裝備。這些裝備絕對不能被風吹走，強風時必須慎重地按順序紮營。因為風雪變強，所以我把雪橇安置在上風處，從雪橇拉細營繩連結帳篷，以免被風吹走，釘上營釘之後我還用雪壓住外緣的雪裙。拉撐支撐桿的時候也放慢速度。如果勉強立起來，支撐桿很有可能會因為風壓而斷裂，所以必須刻意放慢速度才行。

就在我紮營的時候，風勢突然轉強。很快就變成風速十五公尺的強風，雪不斷飛進我的眼睛裡。不知道是不是錯覺，我總覺得地吹雪的雪量比平常還多。衝進帳篷之後，我先把毛皮鞋和風帽毛皮中的大量雪花清乾淨。幸好，無論風勢多強，只要躲進帳篷裡就能安心了。雖然位於冰河正中間風勢會很強，但有別於幾天前在冰河底部遇到由上往下衝擊的斷續爆裂陣風，現在只是普通的同方向穩定強風，所以我心想那就這樣悠哉地休息到明天，非常放鬆地鑽進睡袋。

……然而，我再度小看現況了。到了晚上風勢更強勁，讓我陷入擔心帳篷會不會被吹走的恐懼之中。帳篷外轟隆隆的聲響，彷彿來自地獄的低吼，地吹雪到處肆虐。我張開眼睛，凝望著黑暗。我聽到地吹雪撞擊帳篷的聲音。極夜的黑暗中有時會傳來彷彿巨大的吊車在附近港灣動作的匡噹聲，現在傳來這種金屬般的謎樣爆炸聲，讓我的心臟凍結。

那到底是什麼聲音？

我很明顯地感覺到自己就在上次暴風雪時遠遠聽到的狂風暴流的正中央。不經意地抬頭一看，發現帳篷的支撐桿已經快被折斷，我從睡袋裡伸手從內側撐住。如果是在陽光燦爛的永晝季節，恐懼和不安或許會減少一半，但現在正值關閉在死亡黑暗的極夜世界。夜晚的黑暗會讓所有聲音的效果加倍，使得暴風雪的聲音比實際強烈數倍，煽動著我的深層恐懼和不安。

風的壓力漸漸變小，一回神發現我已經在睡袋裡睡著了。

之後，雪堆在帳篷的入口處，壓迫到我的腳，讓我再度轉醒。

曾在冬季登山的人就會知道，如果睡著的時候發現雪壓到帳篷，一般不會想到帳外剷雪，所以會先在睡袋裡從帳篷內側或推或踢，想辦法把雪清開，不過累積的雪量意外地多，所以這些雪完全踢不動。

說實話，我心裡覺得好麻煩。

外面依然不斷傳來轟隆轟隆的聲音，讓我很猶豫要不要離開睡袋。從舒適的環境前往明顯會令人不快的地方，需要很大的決心。外面的狀況越悲慘，人類就越會從現實逃避，覺得什麼都好麻煩，甚至連保護自己的生命都覺得麻煩。心想現在沒問題之後也會一直都沒問題，就這樣用隨便的判斷方式逃避。至少我自己經常這樣，而且真的很常。

這種時候我也很想暖呼呼地繼續睡，我有一瞬間差點就真的自以為沒問題要繼續睡了，但我突然想起以前曾經看過一份遇難報告，內容是有人在冬季登山，帳篷被大雪壓扁，登山者已經變成一具屍體，那樣的人一定是在這種時候覺得很麻煩，拖拖拉拉不肯出去，結果風雪就在這段時間以超乎想像的速度堆積，最後就真的被雪淹沒死亡了。想到這裡，我決定至少確認一下現狀，接著便打開頭燈。

然而，當我照亮帳篷內的瞬間，心裡就覺得這下糟了……帳篷的面積只剩下一半。接著我心想：「為什麼會這樣？」如果是隨風起舞的地吹雪，在截至目前為止的極地之旅中已經見怪不怪了，而且這些雪頂多積在下風處的入口周邊，從來不曾圍住整個帳篷。我為了先確認帳外的狀況，穿好防寒衣打算拉開風錐式的入口。

然而，風錐式的入口已經完全被埋在雪堆中，無法取出打開入口的繩子。我緊張地想著這下完蛋了。曾經有人因為入口被埋住，只好用刀割開帳篷，結果在暴風雪之中亡故。我好幾次拚命用盡全力想推開雪堆。試過用手推、腳踢、肩膀撞擊。持續攻擊一段時間之後，重量壓力漸漸減輕，終於能拉出繩子打開入口了。

打開入口的瞬間，積雪大量衝進帳篷裡。我硬是推開積雪到帳外一看，頓時目瞪口呆。帳篷已經有一半埋在雪裡，周圍的積雪儼然變成一座高台。也就是說，帳篷差點就要被雪埋起來了。現在這個狀況分秒必爭，我馬上拿出鏟子剷雪。積雪量很驚人。冰床上有大量積雪，不知道是不是都被風吹來這裡了。雖然不是很清楚狀況，但是大顆粒的雪乘著強烈的狂風打在我身上，狀況就像以豪雪聞名的冬季劍岳一樣。

此時，我的狗沒用地嗚嗚叫。與其說牠在叫，不如說牠在哭，那是以前從沒聽過的叫聲。我恍然大悟地朝狗的方向看過去，發現連結在雪橇上的牽繩被雪埋住，導致牠無法動彈。連狗都差點被活埋。我慌慌張張地拆掉牽繩，狗瞬間衝刺消失在黑暗的風雪之中。

我覺得難以置信。這是怎麼回事？牠逃到這暴風雪之中的某處……

「烏雅米莉克！烏雅米莉克！」

我朝著狗消失的方向叫了好幾次，但我的聲音被暴風雪的聲音蓋過了。喂喂，真的假的？牠該不會是受夠了暴風雪想逃回村子吧……我呆呆地望著狗消失的暗夜。沒有狗的話我無法拉這麼重的雪橇，而且如此一來我連繼續旅行的念頭都沒有了。畢竟人類根本不可能在沒有狗的狀態下完成極夜之旅。

再說，我和這隻狗之間的關係難道薄弱到，因為這點考驗就結束了嗎？內心湧起各種錯綜複雜的情感。過了一、二分鐘之後，黑暗深處出現反射頭燈的兩個小小藍色光亮，正以猛烈的速度靠近我。

「喔喔喔！你回來了啊！」

狗衝到我面前時緊急煞車，伸出前腳向上仰躺，一臉高興的樣子吐著舌頭發出喘息聲，像是在說：「老爺，快像平常那樣摸我的肚子吧！我不是要回村子，只是終於從被活埋的恐懼解脫，實在太開心，所以才會到處亂衝。這種程度的暴風雪對肖拉帕盧克的狗來說只是日常啦！」

我把狗晾在旁邊，開始除雪工作。我先剷除入口周邊的雪，不過只清除附近的雪沒辦法改變整體狀況，所以我暫時回到帳篷換上行動服，開始正式剷雪。下風處兩側的狀況特別慘，就算拚命把雪剷起來，剛才除完雪的地方又馬上堆滿雪。半吊子的除雪根本沒用，所以我決定剷掉帳篷周邊兩公尺寬的雪。

這次的除雪工作完全就是賭上性命，是為了活下去。

唰唰唰——雖然是地吹雪肆虐下的重勞動，但可能是因為危機就在眼前使得腦下垂體分泌大量的腎上腺素，我反而非常聚精會神。在風雪的攻擊之下，挖出帳篷、破壞已經變成冰牆的雪，擴展空間做出通風的通道。尤其從入口到冰河下方的部分徹底挖深，打造通風道，如此一來應該不會再積雪才對。剷雪剷到一半我甚至還覺得自己根本就是剷雪天才，活力充沛地不停剷雪。

然而順著帳篷繞一圈回到最初剷雪的位置，發現還是被雪淹沒，和剛開始一樣。我目瞪口呆，心想果然一切還是徒勞無功。已經除雪四個小時了，還是這樣。這種狀況睡在帳篷裡等於是自殺行為，只能繼續剷雪直到暴風雪停歇，但這實在不可能做到。雖然在暴風雪之中不太想這麼做，但現在也只能移動帳篷了。

我把帳篷內的裝備收進袋子裡，用細營繩綁在一起以免被風吹走，再把這些裝備拉到帳篷外。接著剷開周邊的雪挖出營釘、摺疊營帳。然而，雪不斷積在摺疊好的帳篷上，因為雪的重量讓帳篷動彈不得。動作不快一點的話，雪會越積越多，雖然拚命剷雪，但旁邊馬上又積雪，我已經快瘋了。總算想辦法把帳篷移動到地吹雪形成的高台上。雪橇已經完全埋在雪中，沒辦法當作紮營的固定點，所以必須非常仔細，搭出絕對不會被吹走的營帳。如果帳篷被這場暴風雪吹走的話，一切都完了。

把雪堆在上風處的雪裙以增加重量，確實打好營釘。我將支撐桿穿過套管，慎重地調整呼吸，不慌不忙地慢慢以專用的扣帶架起支撐桿。帳篷一立起來就迎上強烈的風壓，幸好雪裙上的雪和營釘固定得很牢，所以整體很穩定。紮營結束後，我把行李放進帳篷，終於可以在帳內喘一口氣。看手錶發現已經花了七個小時，不禁令我嘆了一口氣。

翌日，暴風雪已經停了，所以我去把雪橇挖出來。兩架雪橇都完全被淹沒，只有把手前端凸出大約十公分，所以我以它為中心挖掘。花了兩個半小時回收雪橇，我和狗再度開始攀登冰河。

波麗亞之神的發現

我在十二月十四日成功登上冰河。那是從村落出發後的第九天，包含中途停留的時間，光是攀登海拔一千公尺左右的冰河就花了一整個星期。

這一個星期的每一天都很充實，看到三次死神的側臉。如果是日本國內的冬季登山，我可能會在部落格寫下〈這座山不得了〉之類的報導，向其他人吹噓一下，讓大家為我按讚，然而，很遺憾的是在漫長的旅程當中，這些只不過占整個行程的一成而已。

雖然很辛苦，但總算是度過旅程中的一個難關，終於登上令人害怕的梅罕冰河，讓我的心情安定不少。出發前很害怕暴風雪來襲，實際上還真的遇到兩次，幸好我毫髮無傷地完成這個行程，想到這裡就覺得我的旅程還算順利。再加上現在正值月亮又圓又明亮的時期。距離月亮下沉還有十天，目前的目標就是在月亮下沉之前越過冰床和凍原，抵達阿烏納特的無人小屋，現在出發還來得及。

翌日，我醒來的時候因為霧氣使得視線不佳，所以我覺得乾脆留在原地休息。晚上，話雖如此這裡一直都是晚上，所以晚上這個詞好像沒什麼意義，總之是二十四小時制的晚上八點或九點左右，天氣恢復晴朗，所以我到外面和狗一起玩。

二〇一四年冬季，我第一次來到肖拉帕盧克時，這隻狗才一歲，牠還沒拉過雪橇，甚至沒離開過村子。以人類的角度來看，就是個中小學年紀的小孩子。明明牠年紀還小，為什麼我要選牠呢？首先牠體型大，看起來很有力氣，而且個性沉穩感覺很好照顧，再加上牠還小尚未接受拉雪橇的訓練，就像《源氏物語》裡的光源氏把幼女培養成自己憧憬的女性一樣，我可以從頭開始教，把牠塑造成我喜歡的樣子。

然而，最重要的決定性關鍵，在於這隻狗長得非常可愛。我是個比起內涵更重視外表的人，總是靠第一印象選擇東西和交往的對象。雖然牠最近三番兩次和其他的狗吵架，已經天不怕地不怕，一歲的時候真的長得很可愛，可以說是村子裡的第一美犬。（其實牠的妹妹更可愛，但母狗一旦懷孕就沒辦法工作，所以我只好放棄。）

狗是要預防北極熊襲擊的工作犬，看臉選擇感覺很愚蠢。其實我對看臉選狗這件事，就像男人被問到基於什麼原因選擇結婚對象時無法斷言「因為她個性很好」一樣，都有一種心虛的感覺。然而，當我讀了有關狗的書之後，就知道看臉選狗並不愚蠢，從人類和狗的進化史觀點來看，這是非常合理的選擇。

應該是說，區別狗和狼最大的特徵之一就是狗的幼態延續（neoteny）。所謂的幼態延續是一種生物學用語，指的是幼兒期的特徵一直保留到成年期，一般認為這在進化上大多屬於有利的現象。狗和狼相比之下，頭顱較小但臉寬、牙齒小、鼻子短。不僅如此，狗就算上了年紀還是很愛胡鬧，保留孩子般的特徵，明顯是狼幼態延續化後的動物。為什麼會這樣呢？因為幼態延續化對狗來說比較有進化上的優勢。

狗是在舊石器時代後期，狼和人類接觸後，判斷加入人類、和人類一起行動，才能在生存競爭激烈的荒野中生存，自行選擇變成家畜被人類飼養的特異動物。從這一點來看，狗之所以選擇幼態延續也是因為讓人類覺得可愛，在自然淘汰上比較有優勢，反之從人類的角度來看，以前的史前人類選擇狗的時候其實也是看臉選的啊！既然如此，我看臉選擇狗，反而是舊石器後期以來人類原有的正統行為，非常自然而且合理。

這天我和狗再度追溯人類與狗的進化史，終於抵達進化史的起點。

清晨（雖然一直都處於黑夜狀態），我難得到帳外如廁。我的帳篷底部有一個可以用魔鬼氈開關的洞，平常我都把糞便排在帳篷內的洞裡，不過這天無風、天氣穩定，所以就想到外面舒舒服服地排泄。我脫下長褲露出屁股，迅速蹲下開始如廁。不經意望向背後，看到幼態延續化後可愛的狗臉朝著這裡，對我的臀部投以奇妙的熱切視線。我突然意會到，牠是想吃我的糞便。

不只我的狗，犬族整體都一樣，牠們基本上都非常愛吃人類的糞便。這次我每天準備八百公克的狗糧，但牠好像覺得不夠，每次我收帳篷的時候，牠都會衝到排便口附近挖開堅硬的雪層，像豬一樣大口大口吃掉糞便。我每天都會著迷地看著牠吞食糞便，一副很美味的樣子，所以這個時候我一看到狗的視線，馬上就察覺牠的意圖。

說實話，我這天刻意到帳外如廁，其實也是想看看如果在狗面前排便，牠會有什麼反應。在狗充滿期待的視線下，我從肛門大量排便以回應牠的期待。然而，此時發生超乎預料的事。狗突然從背後靠近，鼻子湊到還沒完全解放完畢的肛門口，一副忍不住的樣子，大口吃掉我排出的糞便。而且在我如廁完畢之後，還覺得不夠似地，竟然以充滿慈愛的舌技舔著我的菊花。

「啊！」

我不禁發出難為情的聲音。因為狗預料之外的行為，讓我既狼狽又激動。那一瞬間我很猶豫是不是該讓狗繼續這種沒格調的行為。但是，我又反射性的感覺到自己違背道德，身為近代人類的道德感湧現，只好用手趕走牠：「喂，夠了！不可以這樣，到旁邊去。」狗一臉不滿的樣子，拚命把舌頭伸向我的菊花，我單手抵擋狗的攻勢，直喊：「不可以、不可以，不能這樣！」

黑夜中，在我屁股周圍數公分的地方悄悄開始攻防戰。

擦完屁股之後，我有點後悔。在關鍵時刻，現代人的道德感跑來攪局，如果我剛才隨牠去的話，或許我和狗就會穿越三萬年的時空，回到克羅馬儂人馴服狼犬的瞬間。

翌日，我也刻意到外面，在狗面前排泄，但我的狗已經沒有任何反應了。我之前很嚴格訓練牠，只要我制止過一次牠就不會再犯。本來已經下定決心今天要讓牠舔個過癮，結果狗完全無視我的舉動，讓我內心感到難以言喻的羞恥。

＊

我和狗再度開始行動。抵達冰床之後都是沒有斜坡的平坦雪面，所以基本上都穿著滑雪板行走。

雖然是一片平坦的冰床，但從梅罕冰河到一百公里外的阿烏納特無人小屋已經有固定的路線。登上冰河後，先沿著右手邊另一條冰河的邊緣往正北方走七公里。我以前曾往返這條冰河很多次，所以幾乎完全掌握了路線的特徵。平常的話，大概前進七公里之後，就會看到右邊的大冰河上出現冰隙，接下來只要參考冰隙的位置，從正北方轉向北北西三百三十五度即可。在冰床上朝這個角度前進，最後就會在恰到好處的位置下切冰床，進入凍原地區。

然而，這次是極夜時期，所以看不見右方冰河上的冰隙地標。我本來還期待，等月亮出來應該就能看到，但很遺憾的是根本看不到。月亮出現後周圍的雪面反射月光，不用開頭燈也能看到腳邊的雪地狀態，讓我覺得黑夜裡的月光是能照亮一切的偉大存在，然而，右邊那條大冰河上的冰隙只是稍微離得遠一點就看不見了，這讓我有點意外。

因此，剛開始沿著大冰河邊緣前進的七公里，只能完全憑感覺走。雖然只是短短七公里，但本來應該要慎重地走才對。如果不能朝著正北方前進，然後準確無誤地轉向三百三十五度，進入凍原的起點就會錯誤，導致之後的定位全都亂掉。所以我本來是希望這裡的位置一定要正確，但看不見地標，也就沒有所謂的對錯，我以步行速度和時間為基準，非常概略地估算距離，判斷轉彎的位置。

轉彎的地點附近揚起地吹雪，所以不得已得停留一天，翌日才再度繼續前行。

前方左手邊有另一條大冰河的源頭，往下走穿越山谷中的雪波區（sastrugi，強風切削雪面形成巨大的風紋），再度攀登陡峭的斜坡。雲層太厚遮住月光，使得周圍暗到看不清地形，不過從轉彎點前進一段路之後，我感覺應該沒錯，所以姑且判斷路線沒有偏移，決定直接前進。穿越雪波區之後，開始攀登陡峭的雪面，因為沉重的雪橇讓速度大幅減緩。我和狗都大口喘著氣，身體十分疲勞，持續詛咒這個地形幾個小時之後，坡度終於減緩了。

結束激烈的攀登，終於能喘一口氣，但是真正的難關還在後面。接下來的冰床完全沒有地形特徵，完全是平坦的冰雪沙漠。如果是明亮的季節，還能看到西南方向的群山，可以靠地景確認大致的方向，但現在是極夜期間，完全看不到周圍景色。原本還期待能藉月光看到一點身影，但和冰隙一樣，距離太遠完全看不到。

雖然已經克服梅罕冰河這個難關，但接下來的冰床和凍原也是不遜於冰河的困難關卡。冰床和凍原都沒有明顯的地形特徵，只有平坦、無表情的二次元平面空間。在黑暗而且沒有地標的地方，地圖幾乎派不上用場，而且六分儀已經被吹走，我手上沒有任何能判定方位的儀器了。

這代表什麼意思其實很顯而易見。我在真方位角（true bearing）朝三百三十五度的方向前進，接下來絕對不能走偏。應該是說，越過冰床之後，進入凍原地區，屆時必須改朝正北方前進，如果順利的話就會進入接近阿烏納特無人小屋的山谷，但如果在冰床就走偏，之後就會一直朝錯誤的方向前進，最後偏離導向小屋的山谷，很可能會從奇怪的谷口進入海岸線。

海岸線到處都是類似的地形，很多位置其實都朝同一個方向，到時候可能會連自己在小屋的東側還是西側都搞不清楚。一旦搞不清楚自己的位置，就很有可能回不了村落，如此一來，這一切就都結束了。所謂的結束，就是指死亡。

因為有這樣的疑慮，所以我希望盡可能在月光尚存的時候抵達小屋。只要抵達小屋就能完全確定位置，在那之後只要沿著海岸線向北走即可，不必再擔心定位會有問題。已經不需要猶豫了。雖然月光無法完全照亮世界，但在極夜之中的行動只能依賴月光。現在已經接近冬至，正要進入極夜中最黑暗的時期。

本來就已經很黑暗的世界，越靠近新月時期月亮漸漸不再露臉，便會陷入伸手不見五指的漆黑，更令人擔心會迷路。我希望無論如何都要在尚有月光的時候，穿越宛如二次元無間地獄的麻煩冰床和凍原，盡快抵達讓精神能夠稍微安心的無人小屋。按這次的朔望日期來看，十二月二十四日月亮會完全消失。而且，現在已經是十二月二十日了。

咦？已經到十二月二十日嗎？我再度確認日期，心裡非常震驚。稍早之前我還覺得時間很充裕，一回過神來才發現距離月亮下沉只剩下五天。就在我稍作停留、被狗舔屁股的時候，時間就這樣不斷流逝，而且當初因為配合月亮的時間，所以設定一天有二十五小時，不知不覺中那些時間已經追過二十四小時制的日期了。

時間流逝得比想像中還快。時間流逝表示月亮缺角的面積越大，月光也越來越弱。月齡已經超過二十。月亮的朔望週期平均是二十九點五天一個循環，所以月齡二十的話，以人類一生活到八十歲來看，等於已經年過五十。月亮的死期越來越近。再不快點行動，月亮就要沉下去了。我突然開始覺得焦急。

那天我在深夜零時起床，吃完早餐準備完成後，於凌晨三點出發。

旅程開始之後，陸續碰到暴風雪和艱辛的冰河攀登，每天都很忙碌，根本沒時間得什麼胃痛、神經不安等極夜病，但我仍然持續失眠，那天晚上也一直睡不著。到了起床時間，我打開頭燈後，發現帳篷的布料因為我從鼻子吐出的氣息而結霜，變得一片雪白。

不只如此，北極真正進入嚴寒時期特有的「霜柱」像孑孓一樣緩緩降下來。活動身體的時候會一直掉在臉上，是一種讓人冷到不爽的霜。看著因為我的鼻息而搖晃的「霜柱」，我徹底感受到接下來真的要開始變冷了。不出所料，我到外面查看溫度計，已經零下三十二度，這是旅行開始之後第一次碰到低於零下三十度的氣溫。

一樣都很冷，但零下二十度和零下三十度有很明顯的區別。在很少出現零下氣溫的東京生活，零下二十度、三十度都在自己的極限之外，所以往往會一概而論。然而，兩者的確截然不同，零下二十度左右還算在日常寒冷的延長線上，但零下三十度左右就明顯超過人類的生理極限，寒冷的程度甚至會讓人感覺到再這樣下去肉體能量就會消耗殆盡，不久之後可能會死。

不過，很不可思議的是，經過一週之後身體已經完全適應，到零下四十度左右都沒什麼感覺，在風速十五公尺的近距離風雪之中，也能毫不恐懼地行動。就像攀登喜馬拉雅山適應低氧環境一樣，人類的肉體機制似乎可以適應某種程度的寒冷，一旦適應就比較不會感覺到肉體和精神上的壓力。適應的階段也和低氧環境很像，零下三十度是第一道關卡，完全適應需要大約一週的時間。

這天是第一次碰到零下三十度，所以身體還沒完全適應。行動時，我走兩個小時就穿上訂製的厚重防寒衣休息十分鐘，休息時不斷攝取行動食品和茶飲，休息結束開始走路我也會繼續穿著防寒衣，冷到一段時間都不想脫下來。

天氣冷的時候足部的寒意很難退去，只要拿下北極熊毛皮手套手指就會馬上凍住，所以絕對不能掉以輕心。鼻子和臉頰都因為凍傷而刺痛。不只如此，雪橇的滑板也變得很重。雪橇之所以能滑動，原理和越野滑雪一樣，都是靠摩擦熱溶解滑板表面的雪，藉此達到潤滑油的功效，所以氣溫太低的時候雪不會融化，就像在沙子上拉雪橇一樣。

月亮已經缺了很大一角，月光的力量減弱。冰床表面被風侵蝕，巨大的雪波擴散到整片大地。黑暗之中拉著兩架沉重的雪橇，前進、休息、前進、休息，我和狗就這樣一一越過這些雪波。

我的狗在一天中的前半段喘著氣努力工作，到了後半段聽不到證明牠努力工作的喘息聲，我馬上就知道牠在偷懶。我知道現在剛入冬，而且牠還沒經過足夠的訓練，但是在極寒的極夜之旅中，沒有什麼比不拉雪橇的狗更令人火大了。雪橇上還堆著狗糧，疲倦和寒意讓我更難壓抑對狗的怒氣。只要沒聽到狗的呼吸聲，我就會回頭大罵：「你這傢伙！還不快點拉！」因為我是打從心底發火，所以表情一定也很恐怖。

我一生氣狗就會很害怕地拚命拉雪橇，但是仍然會在途中精疲力竭，每天的後半段拉雪橇的力氣就會變弱，當天行動一結束就馬上趴在地上。牠比平常還沒有活力，甚至讓我懷疑牠該不會是得了「極夜病」。

那天在前進七個半小時後，開始出現輕微的地吹雪，因為已經看不見星星，所以我決定停下腳步。星星是指示方向的標誌。看不見星星的話，很難直線前進。隔天更冷，氣溫達到零下三十四度，但穿上我為了禦寒而自己做的海豹毛皮褲之後，下半身就變得很溫暖，總算從足部冰冷的狀況中解脫。這天也是走七個半小時才結束行動。我打算旅行四個月，所以必須避免長時間行動，盡量在保留體力的狀態下前進。

結束一天的行動進入帳篷後，我一定會馬上為暖爐點火。如果沒有先開暖爐，做事做到一半手就會冷到動彈不得。先用暖爐烘手，再把黏在防風衣內側的霜雪拍下來，仔細清除毛皮鞋上的雪。結束之後再穿上帳內用的防寒衣，換襪子改穿帳內鞋。脫下來的手套、毛皮鞋、被汗水浸濕的行動服都用洗衣夾吊在帳篷上，把暖爐移到衣物下以便烘乾。

之後再喝點咖啡或湯，融化雪水準備晚餐。在鍋中加入即食米飯、培根、海豹的脂肪、乾燥食品，再用咖哩或泡菜粉等調味料調味，這些就是我的晚餐了。如果有抓到野兔之類的獵物，就會吃獵物的肉，原本準備的食物就轉為備用糧食。順帶一提，早餐是泡麵加肉、脂肪、乾燥食品，行動時吃的食物有巧克力、能量補充食品CalorieMate、堅果、果乾等，以每天五千大卡的攝取量為基準，準備我的糧食。

吃完晚餐之後就是烘乾衣物的時間。極夜期間如果不每天烘乾的話，衣物就會一直維持潮濕的狀態。衣物潮濕會造成生活上非常大的壓力，所以我會花時間充分烘乾衣物。吃完晚餐後，邊寫日記邊用暖爐烘著掛在天井的衣物約三十分鐘，如果這樣還是沒乾，我最後會穿上潮濕的行動服或防寒衣，從頭罩上登山用的簡易帳篷，從裡面用暖爐的小火烘乾。這麼做會讓簡易帳篷內的溫度上升，潮濕的衣物就會冒出蒸氣，很快就乾了，不過這也是容易造成一氧化碳中毒身亡的危險行為，所以我都會小心注意通風。

十二月二十二日，終於過了冬至，迎來曆法上的極夜折返點。這是極夜期間最暗的一天，表示接下來天色將會越來越亮。冬至那天不只一片黑暗，也代表距離地平線很遙遠的太陽，將以這一天為界慢慢接近地平線，可以說是可喜可賀的日子，所以以前的探險隊在船上過冬時，會在冬至這一天慶祝，紀念太陽的重生。

然而，對正在黑暗冰床上前進的我而言，無法想像何時才會復活的太陽就像不存在一樣。實際上，我來到極夜世界將近兩個月，已經對太陽會升起的光明世界印象模糊。比起太陽，我更關心月亮。更何況，等月亮完全消亡之後，我就要面對真正的黑暗、真正的極夜了。根據我在這趟旅程中使用的海上保安廳網站「月出月沒・過中天時刻及方位角、仰角計算表」，這天的月齡為二十二點六，過中天時的仰角只有八度，也就是二十四小時中月亮只會露臉十小時。

滿月過中天時的仰角為三十度，二十四小時都會出現在空中，從這一點看來，不到一週的時間月亮就急速衰亡了。再兩天就看不到月亮，所以現在已經是將死之前，月光就像快要消失的炭火餘燼一樣剩下衰弱的力量。

可以的話我原本想趁有月光的時候，抵達阿烏納特的小屋，但如今看來是無望了。只好配合實際狀況下修自己的心願，不敢奢望能夠順利抵達小屋，但求能在剩下的兩天能夠穿越冰床。

除此之外，還有其他疑慮。從冰床下切凍原時，最後下坡的部分非常陡峭，平常會積雪形成陡坡，但沒有雪的話就會露出藍色的裸冰，呈現冰壁的狀態。現在還是初冬時節，想必雪量不多，所以呈現冰壁狀態的可能性反而比較高，我很擔心這一點。

如果是冰壁的話，就要搭配冰螺絲和繩索把雪橇和行李整個往下吊，不僅如此，還有可能因為天色太暗沒有發現冰壁而墜落。二〇一四年二月第一次在冰床上旅行時，我在比這次更靠東邊的位置往下切，但藍冰形成冰壁，完全只能靠攀冰的方式前進。在黑暗之中靠近這樣的冰壁非常危險。因為有這層疑慮，所以冰床邊緣最麻煩的部分一定要在有月光的時候通過才行。

按照過去旅程的經驗，我預測從登上冰河的位置穿越冰床需要四、五天。雖然走得很慢，但昨天和前天應該已經縮短不少距離。每天至少都走了十公里。而且前天的後半日我似乎感覺已經進入下坡地形。開始下坡就表示已經通過冰床中間最高的地方，在那之後又走了一天半，就距離來看今天穿越冰床應該也不奇怪。說不定今天就可以平安突破冰床這道關卡。

我懷抱著些許期待，在冬至的凌晨四點十五分展開行動。

*

出發時的氣溫是零下三十四度，幸好幾乎沒有風。我氣喘吁吁地拉著沉重的雪橇，呼出來的氣黏在毛皮帽上瞬間結凍，嘴巴周圍出現白色的冰霜，汗水也在衣物內側結露。

我繼續朝三百三十五度的方位筆直前進穿越冰床。如果方位正確，我就會剛好從比較好下切凍原的地方離開冰床，再從這個點朝正北方走就能抵達接近阿烏納特小屋的山谷。然而，若角度往東偏，從冰床下切凍原的最後一段陡峭斜坡很可能呈現冰壁狀態，反之，若角度偏西，可能就會遠離阿烏納特的小屋走到奇怪的地方。

而且，如果這個階段角度就偏移，誤差會影響到後面的路線，讓我無法抵達接近無人小屋的山谷，走到奇怪的地方最後連自己都不知道自己在哪裡，完全陷入混亂狀態。在黑暗之中想回村落也回不了，最後可能會因為缺糧而死。所以，三百三十五度絕對不能有任何誤差。

當然，在黑暗之中保持一定的方位前進，絕對不是一件易事。為了確保方向正確，我數度停下腳步，打開頭燈從腰包掏出方位指針確認角度。我看著指針，身體盡量正確朝向三百三十五度的方位，然後抬頭看星星，再度確認哪一顆星最接近前進的方向。接著盡可能不偏不倚地朝著那顆星星走，如果覺得好像有點偏移，我就會停下來確認指針的角度。一整天都不厭其煩地重複這個循環。我一直看著星星，全心全意確保方向沒有誤差。

有趣的是，每天這樣專心看著星星，心裡就會浮現每顆星星的故事。而且，對正在冰床上移動的我而言，星星是指出方向也就是掌握我性命的重要存在。因此星星突破凝結氣體、粉塵、岩石的無機物界線，在我面前是屬於某種意義上具有生命的有機體。

因為是活物，所以每顆星星都有自己的個性，其中也有角色強烈的星星。譬如夏季大三角的天琴座貝卡星（Vega，又稱織女星）。貝卡星的性別很顯然是女性。而且是非常漂亮的美女。她很有氣質而且高貴，像個容貌秀麗頭戴寶石皇冠的女王。

為什麼是女性呢？其實我也不清楚。只不過貝卡星是北極的星群中亮度最強，而且在恆星中與御夫座的卡佩拉星（Capella）一樣亮，宛如雪白的冰一樣閃耀，她鑽石般的美麗，令人聯想到凱特．布蘭琪那樣外表端莊的金髮白人美女。實際上，貝卡星在日本也是每年七夕時讓牛郎星焦急等待的女性星座。這顆星大概自古以來，無論男女老幼都覺得像女性吧！

然而，對我來說，貝卡星不是織女那樣優雅的女人，而是古怪的可怕女人。可能是因為以前在冬季的加拿大北極圈旅行時，經常從有貝卡星的西方天空中吹來強風吧！貝卡嘟起嘴吹出寒冷的暴風，感覺隨時都有可能揮舞皮鞭，是個像虐待狂一樣的美麗冰雪女王，君臨整個夜空。

貝卡星如果是夜空中的女王，那麼在相反位置的御夫座卡佩拉星就是男王。星星的王者通常是指恆星中亮度最強的天狼星，但天狼星的赤緯角度太低，在北極的星空中不常露面。因此，卡佩拉星雖然說是王者，但也只是在看不見天狼星的星空中代理王位，換句話說這並非擁有歷史正統性的王權，而是像宰相、內閣總理大臣那樣的政治權力者。

內閣總理大臣……安倍嗎？話說回來，卡佩拉率領的御夫座可連成漂亮的五角形，自然而然就讓人想到圓桌→會議→小房間（cabinet）＝內閣。而且卡佩拉雖然很亮，但顏色不像參宿四、大角星或者畢宿五等星星一樣燃燒能量顯得通紅，而是呈現平凡的黃色。就某種意義來說，卡佩拉雖然握有權力，但對人類而言仍然是缺乏魅力的星星。不知道為什麼，我從以前就不喜歡卡佩拉星，在發現這顆星星對權力虎視眈眈時，我感覺自己好像明白原因了。

當然，將卡佩拉喻為政治權力者是因為他擁有軍隊這種實際的暴力裝置。卡佩拉率領的御夫座＝內閣逆時針繞一圈，移動到天體上方時，獵戶座就像被奮力拉起一樣出現在地平線上。獵戶座在夜空中擁有壓倒性的存在感。

在希臘神話中，俄里翁是海神波賽頓的兒子，也是優秀的獵人，其實這算是很理所當然的描寫，畢竟任何人看到獵戶座都會想到獵人有力的弓箭，也就是所謂的武力。率領獵戶座機甲師團的是超新星爆發前的紅色巨星——老將參宿四（Betelgeuse），負責殿後的則是白色戰將參宿七（Rigel）。

話雖如此，即便貝卡星再美麗，卡佩拉多麼像個囂張的獨裁者，畢竟只是俗世的王者。在天體這個宇宙中，統率世俗王者的仍然是北極星（Polaris，音譯為波麗亞）。北極星是二等星，亮度較低，尤其出現薄霧的時候，不注意找肉眼是看不清楚的。就這個層面的意義來說，算是很麻煩的一顆星，但仍無法改變北極星是宇宙中心的事實。

無論再怎麼明亮、英勇地逞威風，所有的星星也只能以北極星為中心逆時針旋轉，一天之後又回到原點。永遠只能在同一個位置繞圈圈，從這一點來看，這些星星就像人類一樣是虛幻無常的存在。然而，北極星不同。北極星是掌管所有星星動態的固定點，也是超越時間和空間的天體主軸，他是超越生死無常的永恆存在，就像神明一樣。

北極星＝波麗亞神光是一點薄霧就會隱身在御簾之後，感覺有點不可靠，而且還要透過被稱為指極星的北斗七星和仙后座才能找到。這兩個清晰的星座會在波麗亞神附近、非常高的位置旋轉，從北斗七星長杓前端的天璇、天樞拉出延長線，再利用仙后座W形狀內側的三角形畫出四角形，拉出對角線後和北斗七星前端的延長線交叉，波麗亞神就一定會坐鎮在交叉點上。從這一點來看，北斗七星和仙后座就像在波麗亞神身邊侍奉的大天使米迦勒和加百列一樣。

這樣看來，我漸漸了解天體就像一個以北極星為中心的曼陀羅結構。北極星＝波麗亞神就像大日如來一樣，是確實位於宇宙中心的存在，鄰近的高處有大天使守護，在那之下就是世俗人間，可擬人、充滿人性化的虛幻群星各自發展出自己的故事。夜晚的天體就像完整的曼陀羅一樣，讓人了解到俗世的架構。

一直看著星星旅行的時候，我內心擅自形成像這樣其實根本無所謂的壯闊銀河物語。肉體一直在活動，但頭腦很空閒，所以往往一回神就發現自己已經開始在想這些故事。伴隨著這種真實的體驗，我覺得自己可以理解古代希臘人看著星空編織出神話的感覺。在沒有書、漫畫、智慧型手機的時代，人們只能看著星星度過漫長的黑夜，一直看著星星就會發現星星的顏色、亮度、配置都不一樣，很容易變成擬人化或故事化的對象。

個性多彩多姿的群星當中，我最喜歡的就是女王貝卡。貝卡不只美麗，在我步行的時候還會在恰到好處的高度指引我方向，真的很好用。這次旅行時，風沒有從貝卡星的方向吹過來，就像是冰雪女王拿下假面一樣。在店裡揮舞皮鞭的女王，私底下其實和普通女生沒什麼兩樣，貝卡以溫柔的ＳＭ女郎面貌和我相處，讓我覺得特別開心。因此，我邊走邊在心裡想著：「貝卡真好，這次真的喜歡上貝卡了。」

我就這樣每天接收星星傳遞給我的心靈訊息一邊前進，然而，最關鍵的冰床一直沒有結束的跡象。平常的話，接近冰床結束的地方坡度會開始慢慢下傾，積雪量變少，出現凹凸不平的裸冰地區。然而，坡度一直沒有下傾，始終保持平坦。好奇怪，差不多該開始下坡了啊……雖然心裡很疑惑但也只能繼續走，狀況仍然維持不變。

如果是平常明亮的季節，冰床雪面的遠方可以朦朦朧朧地看到凍原的丘陵和山谷，可以靠地景掌握大致位置，然而已經大幅衰減的月光能量不足，前方只有陰森森的黑暗籠罩著整個空間。

一天的行動結束後，我進入帳篷內，把牢牢黏在全身衣物內側的霜雪清除，告一段落之後泡了杯咖啡，開始看地圖。本來期待今天會走到冰床盡頭，但顯示冰床尾聲的下坡仍然沒有出現，連一點感覺都沒有。我的結論是昨天和前天的步行距離可能計算有誤，實際上並沒有想像中前進那麼多。我心想明天再走一天應該就能穿越冰床，便鑽進睡袋了。

翌日，我放棄配合月亮的時間，決定回到一般的太陽時間。雖然月亮仍然有露臉，但光線幾乎是有等於沒有，既然如此，在太陽過中天的時刻步行或許天空還可能有微光，所以我決定期待陽光。

接著，我就像昨天一樣，一直看著星星前進。很遺憾，到了太陽過中天的時刻，天空也沒有像我期待的那樣露出微光，還是一片黑暗。世界一整天都被極夜的黑暗包圍，唯有星星閃爍。我一邊看著星星一邊妄想。我在黑暗、寒冷、什麼都沒有的空間，持續單調的肉體運動，所以一回神就會發現意識游離，自己的思考已經脫離現實。

出發後正面的星空中，最顯眼的就是御夫座的卡佩拉。他是政治性支配群星的北極權力者，夜空的總理大臣。卡佩拉仍然散發著擁有強烈爭權意志的平凡光芒，讓我覺得很煩。凝望著以卡佩拉為中心形成五角形的御夫座內閣，我模模糊糊地想著，如果御夫座是內閣，就表示位於內閣府所在地，應該是永田町、霞之關那一帶吧？

御夫座代表永田町、霞之關一帶的話，獵戶座是軍隊，隸屬防衛省，地點位於市谷。看著御夫座和獵戶座，我發現自己正把星座的相對位置換成東京地圖，埋頭編造毫無意義的妄想故事。

我家當時剛好位於市谷的集合住宅。獵戶座＝防衛省並非靠新宿區那一側，而是偏向靖國通對面的千代田區。正確來說，御夫座在永田町、霞之關附近，從那裡經過文藝春秋大樓，穿過麴町大道，沿日本電視台大道朝獵戶座前進就會碰到靖國通，抵達 JR 市谷車站前，從那裡右轉一段路就到我家了。

那附近有沒有什麼像我家的星星啊？我在星空中探索，找到很符合特徵的星星——雙子座的北河二（Castor）和北河三（Pollux）。雙子座除了這兩顆星星以外，其他亮度都很暗，是個看起來好像只有兩顆星星的樸素星座，但端正地位於御夫座左下方，算是顯眼的星座。不可思議的是，這兩顆星星和貝卡星一樣，不知道為什麼我從以前就覺得很有女性感，在我心裡屬於女星。家有妻子和女兒兩個女人等著我回家，所以雙子座的確是具有象徵性的星星。我很高興有這樣的發現。

從那天開始，我就把雙子座稱為「我家星」。每次看到雙子座，我就會想起市谷的妻女。巧合的是「我家星」每天都會在我早上出發的時候出現在我眼前，就像我早上離家通勤去上班一樣，只是我平常並沒有通勤上班就是了。

首先，我以「我家星」為標記，朝三百三十五度角開始前進。在我行動的時候，天體會漸漸朝逆時針方向旋轉，「我家星」就會慢慢往右上方移動，我拿來當作標記的星星也會換。接替雙子座＝我家星成為標記的是大天使米迦勒和北斗七星。北斗七星從長柄前端數來，依序是天樞、天璇、天璣、天權、玉衡、開陽以及瑤光等七顆星。若套上東京相關地圖，應該屬於銀座那一帶，所以我按順序往右移動，把標記依序換成七顆星，邊前進邊幻想自己是喝遍銀座七間酒店的人氣作家。

接著在北斗七星後出現的是我覺得群星中最帥氣的星星，被火焰包圍的赤紅色恆星——大角星。最後，那位美麗的女王貝卡會在絕佳的位置出現。到了深夜便可以用貝卡當作路標，就這個時間來說，比起叫她貝卡，用小貝卡稱呼會更貼切。造訪銀座七家酒店，最後來到這裡，「有指名哪位小姐嗎？」、「嗯，就小貝卡吧！」、「指名要另外加兩千圓喔！」、「啊，我知道了。」就像這種感覺，最後還成功把貝卡帶出場，以受歡迎的男人形象結束一天的行動。

姑且不論那些幻想，這天走了又走，冰床還是沒有結束的跡象。本來覺得也差不多該在今天結束，結果還是一樣。而且，隔天也抱著今天應該要結束的心情出發，但冰床還是整天都維持平坦的狀態，不要說結束了，連結束的跡象都沒有。

我怎麼想都覺得不對勁。今天已經是十二月二十三日了。過去我曾在冰床上走三次同樣的路線，每次都是三、四天就穿越冰床。雖然那的確是在明亮的季節走，而且雪橇上的行李也比較輕，所以我本來就想到這次會比較花時間，話雖如此，僅僅五十公里左右的距離，最差應該五天就足夠走完。現在已經走了整整六天，仍然完全沒有下坡的跡象。

翌日，我仍然繼續走。邊走我邊回頭好幾次。雖然覺得背後的雪面有點下傾，但也有可能不是。說不定，現在還在上坡。月亮已經消失，天色暗得讓我沒辦法用視覺判斷冰床的斜坡。肉體並沒有感受到雪橇變重，所以我想應該是微微向下傾的坡度。如果我的感覺是對的，那這種感覺從十二月二十日越過冰床最高點之後就一直持續，表示已經持續下坡四天了。但我覺得不可能。如果連續下坡四天，早就該走出冰床了。

早該結束的冰床，遲遲不結束，讓我陷入混亂，已經沒有餘裕看著星星陷入愚蠢的妄想了。

難道是前進的方向，已經偏離正確角度？無法擺脫這層不安，我數度停下腳步確認指針的方位。不只用指針，我還從腰包取出地圖，確認設定好的三百三十五度方向有沒有錯。一天確認五次、十次。看地圖看到都要看穿一個洞了。實際上因為拿出來好幾次，地圖折線的地方的確已經破損。然而，無論我怎麼看，看到連地圖都破洞，也只能再度確認設定好的三百三十五度方向正確，而且自己的確朝著正確的三百三十五度方位前進。

也就是說，我的確幾乎按照正確的指針方位前進，而且每天走七個半至八個小時。體感速度大約有時速兩公里，所以一天至少都有走到十公里才對。再加上這個速度持續了一個星期。以單純的計算來看，推測的移動距離為七十公里。這樣竟然還沒辦法穿越五十多公里的冰床。這一點在計算上，怎麼想都很矛盾。既然如此，就理論上來說，表示方位並不正確。我的方向錯了。

想到這裡又退回原點，我再度查看指針和地圖，但方向的確是對的。

走到一半，我突然搞不清楚到底怎麼回事了。難道自己不是搞錯指針或三百三十五度之類的事情，而是犯了更加基礎的錯誤？譬如弄錯南北之類的……還是說，我不是從肖拉帕盧克出發？怎麼可能！但是途中有幾天弄錯南北方向導致走反，倒是滿有可能的。我心裡甚至湧現這種令人難以置信的不安。

黑暗奪去我的視覺資訊，在心裡釀成平常根本不會湧現的不安，而且令人無法控制。在這個完全混亂，只有一片混沌的黑暗世界中，所有用語言形成的理論都無法通用。而且，指針本來就不能說是絕對準確。指針充其量只是人類發明出來的測量機器，故障或失準也不是完全不可能。

此時，唯一能相信的就是空中發出微光的北極星了。

我數度抬頭看北極星。

現在大概位於北緯七十八度，北極星也在七十八度的高度閃爍。其實北極星在我頭上，但也不是正上方，而是從天頂十二度朝正北方傾斜，所以只要看著北極星就能確認正北的角度。

我好幾次停下腳步，高高舉起右手對著北極星，面對北極星傾斜的方向，盡量正確地垂直放下手臂以確認正北方的角度。接著，再次確認自己要前進的三百三十五度角方位。結果，我只知道自己前進的方向的確無誤。指針沒錯，我幾乎是朝著三百三十五度前進。

然而，即便已經用北極星確認，仍然無法消除不安。如果方向正確，風景應該早就開始改變了才對。我用力盯著四周，期望能夠獲得一些天色明亮時能見到的凍原丘陵或山谷等視覺資訊，但冰床的遠處完全被黑暗吞沒，消失在無盡的黑暗之中。

因為太過不安，我又再度抬頭望著北極星，確認方向沒有錯。只要覺得不安，我就會抬頭看北極星，舉起右手再放下，然後又再停下腳步看星星……一路上不斷重複著這樣的循環。

此時，北極星就像宇宙的主軸，不動如山地鎮守在天空的中心，對我來說北極星已經完全化身為波麗亞神了。北極星以天空之神的姿態，在秋季指引出正確的方向，而我遵從著祂的指引並且感到安心。與其說是抬頭看，不如說是屬於崇拜神靈的行為。

抬頭看著波麗亞神，確認正確的方向之後，我心中甚至浮現某種擁有絕對力量的心境。也就是說，我發現下述的事實。

以前在明亮的季節中旅行，我對自己的步行速度很有自信，在極地步行時也以這種感覺計算距離、決定推測位置，而且實際上截至目前為止都沒有太大誤差，旅行都很順利結束。那些經驗成為我在這片廣袤大地中，不依靠GPS步行的自信泉源。

然而，那也不過是把凍原中的丘陵和冰床周圍的群山等遙遠的地景當作路標，下意識把那些路標當作支撐點，再從路標的方位推測自己的位置而已。也就是說，我並不是完全按照自己身體的感覺做推測。因此，像這次旅程中被黑暗剝奪視覺資訊，必須完全靠身體的感覺判斷時，我的推測便開始失靈，一直誤判自己的速度很快，但實際上我並沒有走得那麼快。

既然北極星以波麗亞神之姿明確指引我方向，會錯的只有我自己的體感了。我的身體步行時感受到的速度感，因為黑暗這個特殊環境而錯亂。既然如此，若要消除「走不完冰床→路線是否有誤→會不會犯下搞錯南北向這種既基本又無可挽回的大錯」這種三個階段的不安，就要承認之前的判斷都是靠自己毫無根據的體感，必須全面推翻才行。

以自己的感覺為基礎所做的判斷就是錯誤的根源，如果不能砍掉重練，就找不到正確的路線。也就是說，我必須誠心相信北極星＝波麗亞神指示的方位，某種程度上只能盲目相信、皈依波麗亞神，按祂的教誨前進。若不這麼做，我就無法封鎖內心的不安。

我面臨必須在極夜的黑暗中捨棄自我，只能相信星星的狀況。或許，我這時候體驗到的，正是信仰的原始型態。

某天，我看到不明的火球。

我到底在哪裡？有朝正確的方向走嗎？就在我邊想著這些事情邊看前方星星的時候——左前方數公里處，瞬間出現圓形火焰般的紅光，熊熊燃燒似地透出強烈的光芒。我反射性地認為那應該是流星。而且實際上我經常看見流星，一天至少會看到五、六次漂亮的流星劃過眼前。然而，那火球就在冰床上閃閃發光，位置很奇怪，色調也很不自然。

火球在黑暗中發出爆炸的光芒，像火焰燃燒似地發亮，數秒後就消失不見。

因為光線消失，所以我自動判定那一定是村民的燈。我覺得一定沒錯。雖然我不知道原因，但應該是村裡的某個人有事要前往阿烏納特的小屋，所以駕著狗雪橇過來。火球一定是村民掛在雪橇後面把手上的燈籠，雪橇進入冰床的山丘陰影中，所以燈火才會消失。

得知火球的真面目之後，我非常開心。表示前方有村民。那位村民和我前進的方向相同，而且之後火球又再度出現，表示對方應該也發現我了。當然，在這種黑暗的狀態下，村民一定會靠GPS行動。村民過來的時候，請他告訴我GPS的座標好了。如此一來，我就能從不知道自己在哪裡的不安中解脫了。現在這個世界，果然還是需要IT的力量，GPS比波麗亞神可靠多了。我內心其實抱著這不切實際的期待。

然而，火球在那之後就沒有再出現了。我好幾次都邊走邊往看見火球的方向望去，但再也沒看到亮光了。

*

直到十二月二十四日行動結束前，冰床才終於開始下坡。隔天坡度停滯，到了二十六日越來越陡峭，讓我感覺到終於要看到盡頭了。右前方的凍原地區依然被無盡的黑暗包圍，什麼都看不到，但腳邊原本堅固的雪面變得像滑雪場給高級滑雪者用的不平整斜坡一樣，呈現凹凸不平的裸冰帶，這表示已經進入冰床末端了。因為堅持相信波麗亞神指引的方向無誤，終於讓我走出來了。

我拉著雪橇，傾斜三百三十五度角沿粗糙的陡坡向下走。雖然之後有可能會碰到令人擔心的冰壁，但這已經是最後的下坡了。坡度越來越陡，而且斜坡下仍被黑暗吞沒，完全看不到冰床的終點。我一邊走一邊擔心末端的裸冰會不會是冰壁，其中一架雪橇在凸起處交錯的時候失去平衡往旁邊倒，掛在把手上的袋子掉落，沿斜坡唰地快速滑出去。

糟了！我反射性地拆掉連結雪橇的扣環，一鼓作氣衝上去追掉落的袋子。袋子外側採用滑順的塑膠面料補強，所以下滑的力道始終沒有減緩，一眨眼就消失在黑暗的另一頭。我也慌張地追了五十公尺，但突然想到鞋子沒有裝上冰爪，如果滑倒的地方剛好是冰壁，有可能墜落數十公尺摔死，想到最壞的可能性，我馬上急踩煞車。

袋子裡裝的是龜川和折笠兩位攝影組讓我保管的單眼相機、保溫瓶和防寒手套，雖然不足以致命，但也是非常重要的裝備，絕對不能弄丟。我再度回到雪橇，裝好腳上的冰爪，雪橇也掛上斜坡用的煞車繩，在心裡發誓一定要找回袋子，打開頭燈照亮裝備袋消失的方向，慢慢開始下坡。

儘管已經用燈照亮，但雪面太堅硬完全看不出來痕跡。光線的盡頭仍然是什麼都看不見的黑暗。我只能順從重力，慎重地筆直向下走。結果不知道為什麼，袋子在下坡七、八十公尺處靜止。我不禁開心地大喊：「喔耶！」同時也疑惑為什麼裝備袋會在這裡停下來，難道只有這裡比較平坦嗎？我覺得很不可思議。

靠近一看，發現裝備袋靜止的地方果然很平坦。為什麼只有這裡是平的？冰床的斜坡中間，怎麼會有這種平坦的地方呢？我再度感到疑惑並檢查周圍，發現腳邊的雪面混雜著碎石。

碎石？冰床上出現碎石？難道是……我終於反應過來向前方跑去，裝備袋停下的位置前方是平坦的地面，露出碎石和岩石。

那裡已經不是冰床，而是凍原地區了。

「喔耶！冰床終於結束了！」

原本以為還要繼續下坡的我，發出開心的吶喊並擁抱我的狗。搞不清楚狀況的狗，對於我的興奮只感到困惑。什麼事都沒發生。我為了追滑落的裝備袋而下坡，但心裡一直怕冰床末端的斜坡下會是冰壁。因為天色太暗完全看不到前方，所以根本不知道那裡就是盡頭了。

暗夜迷路

我之所以對極夜的世界有興趣，其實是受到一本書的影響。那本書就是艾普斯雷・薛瑞—葛拉德（Apsley Cherry-Garrard）撰寫的南極探險的經典著作——《世界最險惡之旅（上・下）》（馬可孛羅出版）。這本書記錄英國的英雄探險家羅伯・史考特（Robert Falcon Scott）探險過程並鉅細靡遺地記錄他遇到的悲劇，可以稱得上是歷史名著。

一九一一年，史考特和四個夥伴一起前往當時全世界從未有人抵達的南極點，試圖成為第一個抵達南極點的隊伍。他們克服嚴酷的寒冷以及險峻的冰河攀登，終於在一九一二年一月十七日抵達夢想中的南極點。然而，等著他們的是帳篷和挪威國旗等已經有人到達的各種證據。其實，同時期挪威的探險家羅爾德・阿蒙森（Roald Engelbregt Gravning Amundsen）也以南極點為目標探險，他的探險隊先抵達了南極點，創下世界第一的偉業。

而且，阿蒙森還留下對史考特而言無疑是勝利宣言的殘酷的信件。在失意中踏上歸途的史考特探險隊，還碰上更悲慘的災難。因為不合季節的寒冷與暴風雪肆虐，使得隊員們苦於手腳凍傷和體力消耗，接二連三在雪原上倒下。而且，最後在抵達放置食品和燃料的物資站前，史考特探險隊的三名隊員精疲力竭，在帳篷中嚥下最後一口氣。

真的是世界上最糟糕的旅程。我是在大學時代和探險社的夥伴一起坐火車從北京到四川省成都的時候讀到這本書，但我當時覺得書中描繪的史考特探險隊員很奇怪。書中描述他們對苦於凍傷、一一倒下的同伴死亡這件事感覺不怎麼悲傷，反而非常平淡，就像在談論路邊的石頭一樣。

不僅如此，最後甚至還預料到自己終將死亡的命運而且也坦然接受，我可以感覺到他們本來就抱著很有可能會死的覺悟進行探險。而且從他們的態度中，可以感受到已經對死亡毫不在乎，就某種意義上來說就像壞掉的人類一樣陰森，令我毛骨悚然。我因為閱讀這本書，而產生所謂的「極地觀」，認為極地就是那樣讓人強制接受死亡的可怕土地。

然而，這本書對我的影響不只如此。一般而言大家都會認為是因為探險隊在第一個抵達南極點的競爭中失敗，而且包含隊長在內的五名抵達南極點的隊員全軍覆沒，這種結局的確是史上最糟糕，所以這本書的書名才會是《世界最險惡之旅》。我剛開始也這麼想。

然而，仔細讀完之後，發現不只如此。其實，在史考特等人前往南極點之前的冬季，本書的作者艾普斯雷・薛瑞—葛拉德共三名隊員，為了拿到能解開當時生物學謎團的皇帝企鵝卵，毅然決然拚死拉雪橇從遠征隊的基地前往距離一百二十四公里外的海岬。南極的冬季當然是一片漆黑的極夜世界。其實在黑暗中拉雪橇旅行，才是作者艾普斯雷・薛瑞—葛拉德將書名定為《世界最險惡之旅》的原因。

這支隊伍的雪橇之旅只是以羅斯島這個小島為舞台，往返約為兩百五十公里，耗時一個月的小規模旅行，但就內容來說的確很符合「世界上最險惡」的主題。首先，最糟糕的是寒冷。他們在零下四十度甚至五十度左右的罕見極寒天氣中行動，毛皮鞋中的雙腳冷到結凍，為了解凍必須走好幾個小時。帽子和頭部因為結凍而黏在一起，所以進到帳篷內要經過一段時間才能把帽子拿下來。身體如果亂動，一不小心就連毛皮衣都會以奇怪的形狀凍結。當然，隊員也經常苦於手腳的凍傷。他們經歷的就是這麼異次元的寒冷。

然而，艾普斯雷・薛瑞—葛拉德也描述這趟旅程中最糟糕的不是寒冷，而是黑暗。我之前也提過，極夜的黑暗根據緯度高低截然不同，一樣都是極夜，但緯度低的地方白天也很明亮，而這支探險隊旅行的地點是南緯七十七度三十分～五十分和肖拉帕盧克差不多高緯度的地方，白天也不會有太陽光干擾，是真正的極夜之地。再加上出發時間是在冬至之後的六月二十七日，回程為八月一日，整段旅行剛好在極夜季節中最黑暗的時期。

而且，很理所當然的是他們的裝備中並沒有頭燈或手電筒等靠電池發光的照明燈具，只能依靠月光和燭火，也就是說他們的條件和舊石器時代後期的人類沒什麼兩樣。因此，他們看不到雪橇的拉繩，也不知道暖爐放在哪裡。看指針前一定要先找到火柴盒，因為什麼都看不到，所以早上起床之後，需要四～五個小時的時間做準備才能出發。

艾普斯雷・薛瑞—葛拉德這樣寫道：「從埃文斯角（Cape Evans）到克里齊爾角這段旅程，總共耗費了十九個可怕的日子，沒經歷過的人絕對無法體會。試圖再嘗試一次的人簡直愚蠢透頂。這種感覺筆墨難以表達。（中略）我曾經痛苦到覺得如果能死得痛快，那死也無所謂了。（中略）讓我們如此痛苦的罪魁禍首就是黑暗。」（此處採用日版譯文）

面對這樣極度酷寒與黑暗的狀況，他們一天頂多只能前進十公里。不要說十公里了，有時候甚至只能前進三、四公里。帳篷被暴風雪吹走，完全找不回來，真的是直接面對死神。我認為這趟旅行雖然只是往返兩百五十公里、耗時一個月的小規模之旅，但以當時的裝備要在這種極寒的黑暗極夜世界中旅行，這兩百五十公里為期一個多月的路程，對人類生物而言或許已經到達生理極限了。

史考特分隊前往極限世界的紀錄，讓大學時期的我留下深刻印象。既驚訝於地球上竟然會有這種宛如冥界般的黑暗空間，也覺得世界上竟有奇特的人為了獲得皇帝企鵝卵以求科學大幅進步的崇高目標而前往死亡的世界，我除了感到難以理解之外，也留下些許毛骨悚然的印象。

然而，那些衝擊經過十年、十五年的漫長潛伏期之後，當初在那些壞掉的人類身上感受到的毛骨悚然，轉變成純粹的好奇心，好奇他們究竟經歷過的黑暗世界究竟是什麼樣子。當然，我自己累積的登山和探險經驗，也讓極夜從異次元世界轉為真實的探險對象。在閱讀之中感受到的極夜世界，讓我留下深刻印象，不知不覺間極夜的形象由負轉正，讓我開始覺得極夜充滿未知的魅力，令人嚮往。

當然，在我決定自己探險極夜世界後，也開始查詢有沒有除了史考特探險隊以外可供參考的紀錄。然而，我始終沒有找到像他們一樣在最黑暗的時期到極地旅行的紀錄。譬如植村直己在知名的北極圈一萬兩千公里之旅中，也曾經有兩次在極夜時期乘著狗雪橇在北極圈移動。

第一次（一九七四～一九七五）在北緯七十度至七十三度周邊，第二次（一九七五～一九七六）在北緯六十八度到六十九度附近，冒險的地點都是相對低緯度的地區，所以他沒有經歷過像史考特支隊那樣的黑暗世界。實際上，植村的著作中幾乎沒有提到極夜黑暗所形成的不安和恐懼，我也曾在冬至時期花一個月的時間，到植村兩度過冬的地點——加拿大的劍橋灣周邊徒步旅行，但這個程度的緯度，白天有四、五個小時天色明亮，其實沒什麼極夜的感覺。

另外，完成繞北極圈一周壯舉的南非冒險家邁克・霍恩（Mike Horn），也曾在二〇〇二年十二月下旬，從北緯七十三度的北極灣（Arctic Bay）拉雪橇南下，但那裡還不算高緯度地區。接著，邁克・霍恩在二〇〇六年冬天，與被譽為地表最強極地冒險家的挪威籍博爾格・奧斯蘭（Børge Ousland）組隊，完成在極夜期間徒步抵達北極點的大冒險。

這大概是北極點冒險史上，數一數二困難的豐功偉業，但從極夜的黑暗這一點來看，他們出發時間為一月二十二日，於三月二十三日抵達目的地，這個時間應該已經進入天色明亮的時期了。和這種現代冒險相比，《世界最險惡之旅》的史考特企鵝探險隊應該體驗了更深層的黑暗空間。

不過，也不是沒有能和他們並駕齊驅的極夜之旅。那是比史考特探險隊更早之前，要追溯到十九世紀末第一個抵達北極點的知名美國探險家羅伯特・皮里留下的極夜狗雪橇旅行紀錄。皮里初次抵達北極點的時間推測為一九〇九年四月（順帶一提，現在認為皮里並沒有抵達北極點的論點變得比較有力），但在進行這次的終極極夜之旅的十年前，也就是一八九八年到一八九九年期間，他便已經開始嘗試遠征北極點。

那次的旅程是這樣的：皮里在一八九八年夏天，搭蒸汽船北上到加拿大最北部的埃爾斯米爾島，但在七十九度三十分的達維爾角被流冰困住，不得已只好停止前進。然而，充滿抵達北極點野心的皮里，並不是因為這點阻礙就放棄探險的男人。

他為了更往北極點前進，自秋季到初冬都讓從格陵蘭同行的因紐特人不停狩獵，以囤積麝香牛和海象等獵物的肉。接著，在極夜越來越黑暗的十二月至一月期間，把物資搬運到約三百三十公里外的康格爾基地，那裡有一個以前遠征隊建造的探險用小屋，試圖把根據地拉得更近。

當然，如此高緯度地區而且又是在冬至期間旅行，人類從未體驗過的旅程需要戰略。根據萊爾・迪克的著作《麝香牛之地》可知皮里這個時候正在進行一個前進方法的實驗，這就是現在廣為人知的「極地登山法」。他先是利用十一月下旬的月光，讓因紐特人拉兩架雪橇先走，請他們在中途建伊格魯（冰屋），並且把物資從達維爾角搬到一百公里外的海岬。

接著，在月亮消失的黑暗時期修繕雪橇和裝備，待月亮再度露臉，皮里探險隊兩名隊員便於十二月二十日和四位因紐特人從達維爾角出發。即便是白天也無法享受太陽光的完全極夜期間，再加上路線狀況非常惡劣，使得他們的旅行困難重重。埃爾斯米爾島到處都是斷崖絕壁，因此海岸線沿岸的岸冰非常狹窄，而且非常崎嶇。這種地方就算走在岸冰上，途中也一定會碰到因潮汐壓力沖上岸的巨大海冰，硬是截斷前進的路。

如此一來，就必須從岸冰移動到海冰上，但岸冰和海冰之間會因為潮汐而分裂，所以到處都是大顆粒的粗冰。他們在顯然難以前進的困難冰況中，僅靠月光並用斧頭鑿碎冰雪前進。

「勞倫斯角北部的岸冰狀況很差，使得我們很難用雪橇前進，酷寒的北風讓他們數度停下腳步。皮里決定和兩位因紐特人、幾頭獵犬在佛索斯角附近等待。就在糧食快要用盡，月光急速衰退之中，皮里一行人搖搖晃晃地越過粗冰地帶抵達白路德角，他們在雪地上的凹洞中睡了幾個小時，接著便穿越富蘭克林灣（Leddy Franklin Bay）那段凹凸不平的多年冰（multiyear ice）。十八個小時後，在抵達富蘭克林灣北側前殺了一隻狗當作食物，其他衰弱到不行的九隻狗便和壞掉的雪橇一起留在原地。」（《麝香牛之地》筆者譯）

一月六日皮里終於抵達康格爾基地，但他強行完成極夜行的代價不小。十個腳趾中有八個凍僵，在北緯八十一度四十五分這種極北之地，只能在沒有醫療設施的簡陋木屋中接受截肢手術。

雖然旅行本身完全是靠擁有極地生活技巧的因紐特人，但就人類在極夜黑暗中行動這一點來看，皮里探險隊的旅程的確足以角逐人類史上最佳探險的寶座。我目前在格陵蘭西北部的黑暗中徘徊，而這位皮里展開極夜行的舞台就在隔著海的對岸。也就是說，我和他一樣，同時期在很近的距離甚至是幾乎同緯度的地方、同樣的黑暗狀態中前進。皮里和夥伴一起從達維爾角出發後的一百八十年又六天，我終於穿越黑暗的冰床抵達凍原地區。

*

冰床突然結束，我心中終於有點安心地看著黑暗的天空。沒有月亮、陽光只剩下殘渣，眼前的凍原充滿深不可測、無止盡的黑暗。

令人不可置信的是，原本預計四、五天就能穿越冰床，這次包含停滯的時間在內竟然花了十天。

在冰床移動時，我對自己是否朝正確的方向前進始終感到不安，總之能從這份不安中解脫，讓我很安心。

然而，雖說是從不安中解脫，但那也只是解除自己搞錯南北向這種大範圍的不安而已，如果說到有沒有正確朝阿烏納特小屋前進這種小範圍問題，我就真的不知道了。換句話說，我認為自己朝著三百三十五度前進，但我並不知道自己是不是真的朝三百三十五度前進。因為就算我是朝三百五十度或三百十五度前進，都能穿越冰床。也就是說，我仍然不知道自己身在何處。

然而，我在這裡怨嘆不知道身在何處也沒有用。總之，我以朝三百三十五度下坡為前提，開始為接下來的路定位。

在凍原上前進約三十公里後，就能抵達阿烏納特的小屋。按平常的路線，從下冰床的地方朝正北前進就會看到被我稱為「凍原中央高地」的較高海拔的丘陵地，所以我決定先朝那裡走。抵達「中央高地」的最高處之後，從西邊的下切山谷往下走。山谷會漸漸變寬，右手邊會出現柔和的弧線，那裡就是有無人小屋的海岸。我要往那裡走，但是這個山谷最後會有瀑布，所以必須橫越海岸前左手邊的小山坳，沿著支流下坡才行。

過程有點複雜。從地圖看凍原地區就知道是由山谷和丘陵地組成，地形特徵乍看之下豐富，但其實非常平坦。譬如說，在地圖上顯示有河川流入山谷中，但其實平坦到你看不出來哪裡是山谷。天色明亮的時期就已經這樣，更不用說連月亮都不露臉的極夜，而且還是冬至，換句話說這裡就是地球上最黑暗的空間。要在這樣的狀況下走完複雜的路線，幾乎是不可能的任務。應該是說，我也搞不清楚自己在哪裡，連現在是不是真的朝正北方走就好也不知道。

話雖如此，不走也不行。月亮已經下沉，看日曆已經是新年了，月亮在一月二日前都不會出現。出發前本來打算像皮里一樣，沒月亮的時期乾脆不前進，直接停在原地，但行程已經延誤，沒辦法說這種話了。

下冰床後往前走一段路，發現前方的雪面都像道路一樣非常堅硬。用頭燈照亮周圍，發現這裡有點像河階地形，看樣子像道路一樣的雪面應該是某個山谷的源頭。兩岸的河階被風吹到露出充滿碎石的地表，看樣子應該很難拉雪橇。

相對之下，山谷走起來很舒適，所以我自然而然地選擇往山谷走。山谷的寬度大約有五公尺，而且很巧的是有一段路筆直朝向北方，和我要走的方向一致，正好派上用場。

這個小山谷到底通向哪裡呢？當然，我很在意這一點。可以的話，我希望就這樣一直配合我的方向。丹麥．格陵蘭地理測量局製作的二十五萬分之一的地圖顯示，這裡有三座朝北的山谷，而這座山谷應該就是其中之一。

其中有兩座山谷相鄰，而且這兩座山谷都是最後向西北方 Force 灣匯聚的大山谷源頭。我以前在天色明亮的時候曾經經過這個源頭，如果我不在這兩座山谷的其中之一，那就表示路線大致正確。也就是說，我在冰床上的確是按三百三十五度的方位前進。因此，就這樣沿著山谷朝北前進，然後在支流與主流會合處朝正北方走，應該就可以抵達我的地標——凍原中央高地。

另一方面，如果我是走進剩下的那一座山谷，那就麻煩了。剩下的那一座山谷，在另外兩座山谷的東方十五公里處，是Tufts川的源頭。從Tufts川筆直向下走就會抵達阿烏納特小屋東側的海灣，但這個海灣的地形非常複雜，我可以斷言，在黑暗之中走到這裡一定會混亂到搞不清楚自己在哪裡。

當然，這個山谷距離正確路線的另外兩座山谷有十五公里遠，如果我走到Tufts川的源頭，就表示我在冰床上不是按照三百三十五度的方向前進，而是以三百五十五度朝東偏二十度走過來，我應該不至於在誤差這麼大的狀態下穿越冰床才對。然而，我對自己的定位仍然沒有自信，甚至覺得誤差的可能性也不全然是零。

朝正北方下坡走了一段路後，山谷數度左右彎曲，砂石表面變成淺灘，漸漸看不清周圍的河階了。用頭燈照向周邊也看不出來山谷朝哪個方向走。找不到山谷的話，就沒有其他地形的線索了。我看著地圖叨念著各種可能性，但結果因為天色太暗什麼都看不到，只好在不知道自己位置的狀態下登上碎石河階，硬拉著雪橇往正北方走。

我在途中紮營過夜，翌日我抱著能看到「中央高地」丘陵稜線的期待，在天色最亮的午後離開營帳。本來以為陽光可以讓我稍微看出地形，但走到帳外發現距離地平線很遙遠的太陽只發出極為薄弱的微光，只有南側部分冰床有點光亮，實際上仍然是一片黑暗。尤其是我要前進的北方完全籠罩在黑暗中，什麼都看不到。

氣溫零下三十五度。接連幾天都低於零下三十度，我想身體應該已經適應，所以這天我把毛皮褲換成比較好活動的 Gore-Tex 材質長褲，但還是覺得冷，腳趾一直暖不起來。之後開始下起小雪，連星星也看不見了。

持續下坡一段時間後，突然開始爬坡，我把雪橇分兩次拉。然後，感覺再度開始下坡時，這天就結束了。我進入帳篷便脫下行動服，拍掉汗水在內側結露而形成大量的霜，稍事休息之後攤開地圖檢討目前的位置。

進入凍原之後，地形從下坡變成上坡，現在又開始下坡。我在地圖上尋找符合條件的地形，發現我平常走的正確路線附近就有這樣的高低起伏。而且，行動時我經常會注意背後的地形，感覺整體是朝西緩下坡的樣子，而且這和正確路線的條件沒有衝突。果然幾乎是走在正確路線上沒錯吧……稍微多了一點自信之後，我便鑽進睡袋。

然而，隔天出發後，馬上就陷入混亂。如果昨天我的推斷正確，那麼這天出發之後應該會下坡一小段，然後再度變成上坡才對。但實際上並沒有如我所料。不知道為什麼，出發之後就一直走下坡。奇怪，難道我真的沒有走在正確路線上嗎？

昨天下坡後接著上坡。今天則是一直維持平緩的下坡。我數度拿出地圖，想找出有沒有符合這種地形的地方。然而，正確路線周邊沒有類似的地形。我試著用手錶上的高度計測量，但顯示的高度令人摸不著頭腦，一點用也沒有。高度計簡單來說只是把氣壓變化轉換成數值以顯示高度，所以在低氣壓或高氣壓的環境下馬上就失靈了。

完全看不到周圍的地形，也無法參考高度計。黑暗之中，就算打開頭燈也只能看見有照明的地方，無法掌握整體地形。因為看不出地形，上下坡都只能靠我腳底的皮膚觸感和雪橇的輕重等身體感覺來判斷。然而，一旦陷入混亂，我就連自己身體的判斷正不正確都失去自信。雖然腳底感覺是下坡，但實際上有可能是上坡。感覺像是上坡的地方，其實也可能是下坡。再加上正確路線附近並沒有找到符合條件的地形，我真的是走進流向西側Force 灣的大山谷水系嗎？還是其實是在東側的 Tufts 川水系呢？兩種可能性都必須一併考量。

這兩座山谷的下坡的方位不一樣，所以如果以山脊傾斜的方向為基準判斷，就可以知道自己在哪一座山谷中，實際上，若是天色明亮的季節就能馬上判斷了。然而，現在的狀況是在黑暗之中被平坦的地形包圍，光靠雪橇的重量和腳底的感覺判斷山谷的走向實在很困難，而且如此一來就算我走進這兩個錯誤的山谷，自己也沒辦法發現走錯。也就是說，一旦我走進奇怪的地方，就會一直在搞不清楚位置的狀況下前進。這樣真的能走到小屋嗎……

我在黑暗之中，試圖辨認地形，於是再度看向地圖。我拚命地重複這些動作，周圍的各種地形平坦地被黑暗吸收，因為地形實在太模糊不清了，讓我開始覺得地圖上的每個地方都和眼前的風景吻合。

我到底在哪裡？感覺自己好像在夢幻境徘徊。現在感覺像下坡，但實際上可能是上坡；我覺得地形是右邊高、左邊低，但可能其實剛好相反。連月光都沒有，前方還籠罩著一層薄霧，完全無法掌握距離感。我進入的世界充滿不確定，沒有一件事是確實的，無論我怎麼走、怎麼用眼睛確認，外面的世界仍然像用手推門簾一樣毫無感覺。朦朦朧朧地什麼都搞不清楚。我就像靈魂出竅的人一樣，覺得只有自己擁有實體，周圍都是一片虛幻，就這樣看著指針持續朝正北方走。

在冰床上只要朝固定的方位前進即可，所以星星能夠發揮神明般的力量，但凍原比起看星星，更要看地形。我在旅行開始前也覺得，最慘就是看著指針走，總有辦法走到，但實際執行之後發現自己實在太天真了。如果我光憑指針和星星，在凍原上筆直前進，就會因為離開山脊出現石頭地而拉不動雪橇。

再加上格陵蘭的地形在海岸前數百公尺處都是斷崖，所以我最後肯定會碰上這些斷崖。如此一來，為了找地方下切，我必須在到處都是石頭的凍原地區四處徘徊，搞不好在抵達物資站之前就耗盡手上的糧食曝死荒野。因為海岸邊到處都是斷崖，所以從平坦的凍原內部能直接走到海邊的路線不多，為了踏上正確的路線，我必須觀察地形，隨時掌握自己的所在之處。

這樣不清不楚的前進，如果走到奇怪的地方怎麼辦？想到這一點我就覺得非常害怕。天色這麼暗，又從奇怪的地方走到海岸的話，我可能連自己在阿烏納特的東邊還是西邊都搞不清楚，如果是這樣的話，我只能從海岸線朝東走五十公里，前往依努費許亞克的物資站了。

無論定位再怎麼混亂，我也肯定會走到依努費許亞克的西側，所以只要沿著海岸朝東走就一定能抵達依努費許亞克。然而，走到依努費許亞克之後，是否真的能找到物資站又是另一個問題了。在天色這麼暗的狀態下，很可能在找到物資站前就因為糧食用盡被迫撤退。原本估計從村落到阿烏納特只需要兩週的時間，但現在已經是第二十三天了。

我一直以自己走錯路線為前提，用腳底的感覺掌握雪面的傾斜角度。譬如說，假設我是在 Tufts 川水系，就距離上來說差不多要進入支流附近，這種時候腳邊的雪面應該會朝我傾斜，但現在傾斜方向不對，所以不是這個水系。如果不先模擬最差的情況，就難以應付在黑暗空間中判斷地形的工作。

之後地面不斷持續高低起伏，根據腳底的感覺應該已經橫越好幾個小山谷的源頭。我持續提升腳底觸感的敏銳度，試圖判斷雪面的走向。後來腳邊的地形變成少雪的碎石堆，眼前的黑暗深處出現堆積許多碎石的小山峰。

靠近山腳下，發現腳邊的雪面上有野兔的糞便和足跡。正在思考的時候，兩隻野兔從我眼前閃過，消失在黑暗之中。看到這座小山峰和野兔的痕跡之後，我突然喚醒了過去的記憶。這個感覺，該不會是進入凍原中央高地了吧……

我曾經在明亮的季節三度橫越中央高地，這座小山峰的碎石和野兔糞便分布的方式、地面的碎石等感覺，和潛藏在我腦內深層的中央高地的記憶影像高度一致。雖然只是一種感覺，但我對這感覺很有自信。

看著地圖，我找到一條線。假設我從冰床末端，穿過這條線抵達中央高地的其中一角，那就符合我之前腳底感覺到的高低起伏地形。雖然這和以前在明亮季節時走的正確路線相比，往西偏移了兩公里，但完全在可以修正的範圍內。

很可以啊！

腳底的感覺、記憶、地圖三者一致，讓我變得正面積極。因為接二連三的幸運，讓我懷著愉悅的心情搭帳篷，就在這個時候，那一對野兔再度出現。

是獵物。野兔離我二十公尺左右，距離很近。然而，這是我第一次在黑暗中瞄準獵物。我靠頭燈的光線照亮獵槍前端的準星和覘孔，確保兩個點延伸到野兔身上，微調獵槍瞄準獵物。不習慣的話真的很難，好在中途已經練習過幾次，算是很順利就瞄準獵物。扣下扳機之後，槍聲刺破寂靜在黑暗中迴響。幸運的是子彈打中腿根，野兔就像短路的機器人一樣，失控地跳起來。我再度瞄準往右邊逃走的野兔，扣下扳機之後便命中要害，野兔當場翻肚一動也不動了。

聽到槍聲的狗，因為有新鮮的肉可以吃，興奮地衝到野兔屍體旁汪汪叫。經過近百日的旅行之後，這隻狗已經知道，只要槍聲響起就表示可能會吃到美味的肉。我制止狗的動作，當場把獵物的皮剝下來，用刀分解兔肉，把內臟和頭給狗吃。我的狗在黑暗中目光閃閃，開始美味地享用大餐。

*

在那之後的地形感覺也都不錯。我從右邊穿越前幾天看到的小山峰，繼續往北前進，左手邊出現往西側下坡的小山谷。之後東側又模模糊糊地出現另一座小山峰。有這麼多山峰，表示這裡一定就是中央高地。穿越混著碎石的雪面之後，那個朝西下坡的山谷又出現了。如果我的地形判斷沒錯，只要下切這個山谷就會進入正確路線，也就是進入前往阿烏納特的山谷。

我的推測應該有七成是對的，但仍然沒有自信斷言百分之百正確，所以安全起見我繼續北上。之後混著碎石的地面漸漸變成雪面，不久後便通過兩側有山脊、宛如大門一樣狹窄的地方。看樣子我應該是進入某個山谷了。隔天出發時，我確認後方南側的狀況，發現昨天那個像門一樣的地方，被地平線下透出的微微陽光照射，朦朧地露出樣貌。

感覺好像在哪裡看過這個景色，但我也不是很清楚，所以就這樣離開了。接著，我沿著昨天進入的山谷雪面下坡。前進一段路之後，感覺山谷寬廣無邊，天色黑暗又開始下雪，我再度陷入搞不清楚自己位置的狀況。我本認為自己走在夏季應該會有水流的山谷，但這座山谷實在太寬廣，所以我不知不覺走上岸，努力登上山脊。沿岸的斜坡非常平緩，甚至不覺得自己在攀登山谷。

數度在岸邊的斜坡迷途，讓我有一種該不會這裡已經不是山谷的錯覺。我將頭燈調到最亮，想找出山脊的位置。山谷的水流處雪質堅硬，和其他粗糙的雪面不同，只要看習慣就能區分。如果沒發現自己脫離山谷，一定會走到奇怪的地方，我很怕最後會一路走向海岸的斷崖。所以，現在必須確實找到山谷。

集中精神開始走，後面傳來狗的喘息聲。在下著雪的一片黑暗中，我用頭燈照亮雪面的一點，伴隨著很有節奏感的狗的呼吸聲，持續單調的肉體運動。黑暗的封閉空間、只能看見頭燈照明區域的狹窄視野、單調運動的持續作用等條件，讓我的精神越來越專注，意識陷入輕微的出神狀態，就像為了生存而除雪時那樣專心前進，反而莫名有種快感。

同時，我的確感覺到自己已經進入極夜世界的深處。

自從在冰床上前進之後，就一直有種寬闊無邊、單調而且完全不確定的感覺。因為黑暗剝奪了視覺資訊，讓我感受到自己存在的基礎開始動搖。就像是從日常生活中無意識地享受著一切、毫不動搖的世界漂浮、漂流出來一樣。從這些感覺中感受到自我生命的虛幻和不安。這或許就是極夜世界的本質。我邊走邊想著這些事情。

人類本能上對黑暗會有恐懼，一般認為是集體而無意識地殘留著原始時代被野生動物襲擊的記憶，不過我想應該不是這樣，只是單純覺得看不見四周威脅到自己生存的基礎而感到不安，所以才會心生恐懼。

就和這個現實世界中的萬事萬物一樣，人類的存在也需要有時間和空間的穩固基礎才能安定下來。而安定需要光。因為有光才能對照自己和周圍的風景，讓自己以客觀的物體之姿在空間中占有一席之地。若能看見周圍的山，就能定義出自己站在這座山和那座山中間，客觀而實際地掌握自己目前的空間位置。而且，若能實際掌握空間，就能計畫未來的行動，譬如現在位於這座山和那座山中間，那今天就沿中間的河川往下走去海邊釣魚。

如果能像這樣具體預測未來，至少在預測的時候可以想像自己還活著，這段期間就可以從對死亡的不安中解脫。只要有光，人類的空間、時間等存在基礎都能安定，也令人安心、平靜。光能夠帶給人們看見未來的能力以及心靈的平穩。人類把這些稱為希望。也就是說，光是未來，也是希望。

空間領域是心靈平靜的源頭，然而，一旦沒有光，就無法掌握空間的真實樣貌。看不見周圍群山的樣貌，當然也就不知道自己現在具體的位置。不知道自己的位置，不久的將來就會走到錯誤的地點，最後甚至可能會面對回不了家的危險，結果就是無法具體預測自己的未來，無法想像自己明天還活著。簡而言之，不知道自己在地圖上的哪個位置，表示不知道自己將來會在哪裡，因此這不單只是失去空間上的存在基礎，也同時失去時間上的存在基礎。也就是說，黑暗會奪走人類的未來。

黑暗之所以伴隨著死亡的恐懼，應該是因為喪失對未來的感覺吧。黑暗在人類的歷史中經常和冥界或死亡相關，這種恐怖的本質並非來自黑暗，而是因為自己心裡模模糊糊建構的生存預測準則被黑暗消滅。

自從在冰床上前進之後，我就不覺得有光的日常很理所當然，完全斬斷安穩的世界，就像漂浮在半空中的靈魂出竅者一樣，一直覺得自己處於一種外質（ectoplasm）狀態。

就像斷了線的風箏，雖然還活著，但我就像幽靈一樣，並非出於我個人意志漂浮著。或許這種感覺就是極夜的本質，也就是所謂的極夜性。極夜的極夜性並不存在外界的黑暗現象中，而是存在於受外界現象影響的自我心理狀態。簡而言之，對極夜感到適度畏懼、不安，開始依靠月光，將北極星視為至高無上的依靠，透過腳底觸感等平常絕對不會意識到的身體感覺掌握地形，拚命掙扎求生，這就是完全融入極夜世界的證據。

就某個層面而言，我很感動。這種持續的不安就是探險很順利的象徵。

這次我雖然暫且把地理目標訂為北極海，但真正的目標並不是到達某個地方，而是要了解極夜世界本身。

探險和冒險的核心就是脫離社會系統。離開由常識、科學知識、習慣、法律、科技等各種要素交織成的網，衝出肉眼看不見的人類世界現有體制。這就是冒險的本質，在社會系統外側探索就是所謂的探險。過去的探險經常被限定在地理探險，前往地圖空白處或發現未接觸過的部落，都被認為是探險。實際上，地圖是一種可視化的媒體，將人類世界的系統以空間的方式呈現，地圖外側就等於社會系統外側，所以那的確是冒險，也是探險。

然而，進入二十一世紀第十六年，真正的地理空白幾乎消滅，百年前未曾和外界接觸的部落，現在也會送智慧型手機給孩子當生日禮物了。肖拉帕盧克的因紐特人都在用臉書，我沒有用臉書，反而被他們問：這麼方便的東西，你為什麼不用？在這種時代不可能從事地理探險，就算真的去做也不有趣。

不，其實說不定很有趣，但掛著作家、探險家的頭銜，身為行動者、表現者的我，就算執著於以前的地理探險也不會有新的探險表現，所以就這個層面來說非常無趣。那有沒有什麼和過去的地理探險相關的新探險主題呢？思考這個問題的時候，靈光一閃想到的就是極夜世界的探險。

對於生活在每天白晝有太陽、晚上有人工燈光、隨時充滿光線的現代人來說，持續幾十天處於二十四小時黑暗的極夜世界，是個令人難以想像的世界，完美位在社會系統的外側。絕對是個讓人摸不著頭腦的世界。

極夜世界之中，除了極夜本身就是未知之外，還有附帶在極夜周圍各種對現代人而言的未知事物。現代人經常籠罩在光明之中，透過人工產生的能量享受文明生活，因此知覺能力和敏感度都已經鈍化，越來越不懂晝夜、日月、星辰和光影等現象和天體本質的意義。搞不好還會認為生活中沒有這些東西也無所謂。

然而，現代系統中被認為並非本質的光明、黑暗和天體，在極夜世界裡則是本質性的存在，掌握著旅程是否能繼續的關鍵，甚至掌握了我的性命。如果我能在這次旅行中，順利抵達現代系統的外側，進入極夜世界，那應該就能了解對現代人而言毫無意義的晝夜、日月、星辰以及這一切創造出的光明和黑暗的意義。

探索在系統內部無法了解的事情就是極夜探險，也是我這次旅行的目的。系統外側的領域沒有說明書和標準答案，只有一片混沌，實際上這次的極夜世界的確如我想像，呈現一片混沌。證據就是我自己就陷入混沌，甚至混亂之中。渴望光線，所以依賴天體的光芒。在現代系統中毫無意義的黑暗和天體的光芒讓我有所反應，的確就是我脫離社會系統進入極夜世界的證據，就這個層面的意義來說確實可喜可賀，我所謂的探險順利就是指這個意思。

然而，理念上固然令人開心，但現實中則是一片混亂，呈現不穩定以及不愉快的狀態，所以我身為一個生命個體，擁有不想死的本能，可以的話也想盡快脫離這種極度混沌的狀態，進入可預測未來、適度管理自我的安心領域。雖然我知道自己進入極夜世界後感到混亂，但又很想盡快掌握自己所在位置抵達小屋安心休息，這種矛盾的心情混雜在我的心中。

那天直到很晚，我才真正進入可以預測未來的狀態。山谷依然廣闊，寬廣到讓人懷疑這裡到底是不是山谷。我拿出腰包上的方位指針，確認山脊的方向，大概是真方位角三十度左右。

咦？我突然發現一件事。當時其實我認為自己位於前往阿烏納特的正確山谷，也就是主流河谷的偏東三公里處。我對這個假設很有自信，但如果是進入這條支流，山脊應該會幾乎朝向正北，也就是零度的方位才對。我用指針確認過好幾次，都是三十度。

這太奇怪了，我再度環視周圍山谷的樣貌。包圍山谷兩側的山脊線在遠處溶入一片灰暗中。看到這一幕，我彷彿被電擊似地靈光乍現。難道我已經位在前往阿烏納特的正確主流河谷裡嗎？如此想來，一切都合乎邏輯了。三十度這個角度和主流河谷的流向一致，在黑暗中微微浮現的寬闊山谷樣貌，也和過去三次經過時的記憶一模一樣。最有說服力的是這天早晨回頭時看到的風景。那個兩側宛如門一般狹窄的地方，就是從阿烏納特攀登主流河谷時，每次都會看到進入中央高地的顯著特徵啊！

已經沒有什麼好懷疑的了。我昨天剛好就走進正確的山谷。地面的角度一直很模糊，進入凍原之後也因為月亮消失呈現一片黑暗，在這樣的狀態下試圖掌握地形，讓我持續在混亂中前進，所以才會自認為一定偏離正確路線。然而，實際上我幾乎是完美地順著漂亮的路線走進正確的主流河谷。

接下來只要最後不出錯就圓滿了。我聽大島先生說，沿著主流河谷向下走就是會碰到海岸線前的瀑布狀地形，那裡很難走。因此，為了抵達小屋，正確的路線是在海岸線前左彎跨越小小的山坳，再從支谷下切，我過去也一直都是走這條路線。這座支谷的入口是很明顯的雙股狀，天色明亮的時期不用怕會漏看，但在極夜的黑暗中真的能找到嗎……

那天，我在雪面乾爽的山脊上離開營地。

走一段之後，眼睛就適應黑暗，看得到紫色天空中主流河谷右側的稜線。應該是因為我一路都在黑暗中拚命確認位置，所以專注力提升，意識也變得敏銳了吧！平常我的記憶力很差，但看到這個輪廓的時候，我覺得自己看過那道山脊，記憶很鮮明地浮現。看地圖追溯記憶時，地圖上也顯示往支谷移動的山坳入口在這附近，於是我便確信判斷沒錯。

我將頭燈調整至最亮，邊走邊注意入口所在的左岸，接著便出現印象中的雪面。我放下雪橇和狗，穿著滑雪板往上走去確認。稍微往上走雪面就像道路一樣，兩側出現岩石，往右劃出弧線而且一片平坦。最後連向山坳，之後幾乎轉向正北方，變成下坡的地形。這就是前往阿烏納特的支谷入口沒錯。

我覺得這真的是奇蹟。在極夜之中，而且沒有月光的最黑暗狀態下，竟然讓我發現這個小小的入口。回到顯得有點興奮的狗身邊，和牠一起拉雪橇攀登雪面。跨越山坳之後，我沿著堅硬的雪面一路下坡。關掉頭燈讓眼睛適應之後，感覺到周邊的風景彷彿有點融化似地浮現在黑暗中，左手邊的遠方出現類似斗壁（headwall）的斷崖。與其說是看到，不如說是大概掌握到遠距離的輪廓。

無論如何，我對這個地形有印象。一直活動身體變得很熱，衣物都被汗水浸濕了，但我不在意，繼續往下走。我看到野兔挖過的雪面蓬鬆凍結的痕跡。最後是陡坡，我脫下滑雪板，在雪橇上加裝控制用的煞車繩後才走下海岸。頭燈的光線盡頭，可以看到一對野兔逃走。

下切海岸之後，就看到岸冰像高速公路一樣完美而平整。照亮海面發現那些因為潮汐漲退而雜亂的冰層堆積在深處，如亡靈般蒼白地浮在海面上。這是我久違的海域。環視陸地這一側可以看到平坦的雪原深處有一座很特殊的圓形山峰聳立。

毫無疑問，那裡就是阿烏納特。如果那不是絕對、完美、百分之百的阿烏納特，我甚至可以以死謝罪。

岸冰上有好幾條野兔的足跡平行排列。和之前的內陸凍原鬆軟難走的軟雪不同，這裡的雪面堅硬又光滑，走起來非常舒適。我和狗都在充分享受久違的堅硬地面之中朝東前進。前進三十分鐘左右，黑暗的另一頭模糊而陰森地浮現充滿人工感的四角形剪影。那就是無人小屋了。看著越來越靠近，輪廓越來越清晰的小屋，我激動地認為這就是神一般的定位啊！

完美！實在太完美了！我覺得自己搞不好是天才。自從大學加入探險社，在伊豆七島的神津島迎新宿營，體驗沒有帳篷在山中度過三天兩夜的定向運動之後已經過了二十年。這段期間我都只靠地圖和指針從事探險、冒險、登山等活動，當我在面對極夜的冬至這種地表最糟的黑暗狀況以及毫無地形特徵的冰床與凍原，外加手上只有每隔一百公尺畫上等高線的二十五萬分之一地圖等最艱困的環境，這二十年間的活動終於以神一般的精準定位開花結果。

我很興奮。竟然能夠這麼完美地抵達小屋，這次我真的是聰明到家了。

此時，我的確這麼想。

微笑的月亮

新年的一月一日我抵達阿烏納特的無人小屋。我本來以為從村落到這裡只要兩個禮拜的時間就能到，實際上花了二十七天，幾乎是兩倍的時間。抵達小屋之後我先去確認被北極熊破壞的物資。

阿烏納特有新舊兩個無人小屋。新的小屋入口堅固又有汽油暖爐，現在也是肖拉帕盧克和卡納克村民獵北極熊時偶爾會用的小屋。另一方面，舊小屋的入口只有用合板釘起來，裡面空蕩蕩的什麼都沒有，二〇一五年我用皮艇運物資過來存放的地點是舊小屋。

我會把物資放在舊小屋是因為前一年我把二十公斤的狗糧放在新小屋儲備物資，卻發生被卡納克的獵人隨便拿走的悲慘事件。按時間軸整理的話，我是從二〇一四年二月至三月第一次來到格陵蘭，當時和狗一起從冰床到依努費許亞克、阿烏納特一帶，完成四十天的偵查之旅。

雖然極夜已經結束，太陽升起，但畢竟是嚴冬最寒冷的季節，而且我的狗還沒有拉雪橇的經驗，所以那趟旅程非常辛苦。即便如此，我在賽普坦巴湖成功用來福槍獵到一頭麝香牛，所以狗糧還有剩，抵達阿烏納特時我把狗糧放在新小屋裡，並且用英文寫下「極夜探險用物資，嚴禁使用，角幡唯介」，準備把狗糧當作正式的極夜探險物資。

然而，翌年二〇一五年春天，我再度和狗一起拉著雪橇搬運物資行經冰床時，遇到出門獵北極熊的肖拉帕盧克村民大島育雄先生，他告訴我去年我留做物資的狗糧整袋被偷走了。雖然說是一袋，但重達二十公斤，是二十五天份的狗糧。而且是在嚴冬時期辛苦耗費人力搬運過去，聽到這個消息我真的很失望。

大島先生說，去年我回國後就有一群卡納克的年輕人去獵北極熊，應該就是他們拿走物資的。之後，我到小屋實際確認，發現除了狗糧以外連子彈都被拿走。當然，我是個外國人，只不過是借用當地人的小屋而已。而且我自認是對因紐特狩獵文化充滿敬意的多元文化主義者，不但寫了很多相關文章，也希望和當地人建立友好關係，屬於自由主義擁護者。然而，這種時候我真的很想詛咒卡納克的那些傢伙，屁孩們最好都被北極熊吃掉！

因為有這些往事，所以我強烈認為在小屋存放物資的時候最需要注意的不是被野生動物襲擊，而是人類未經允許使用物資。因紐特人是自由狩獵文化的繼承者，這一點很棒，但是我深切地感受到有時候太過自由擅自拿走別人的狗糧這一點真的要注意。

因此，隔年夏天我和山口一起用皮艇運物資的時候，把物資站設在舊小屋而非新小屋。當地居民幾乎沒有使用舊小屋。雖然大門是用合板釘起來的，但從奶油、海豹油脂醃漬的狗糧等當地居民的物資毫髮無損看來，應該不用擔心被野生動物襲擊。

然而，就結論而言，這個選項還是背叛了我。如同我之前提到的，設置好物資站回國之後，大島先生再度和我聯絡，告訴我丹麥的雪橇部隊天狼星發現舊小屋遭到破壞，我的物資幾乎全軍覆沒。天狼星部隊告訴我，小屋入口的合板被破壞得亂七八糟，裝滿食物的背包都被拉出來淹沒在雪中，雖然很遺憾，但最好放棄那些物資。

最有可能的嫌犯就是北極熊。事後回想起來，物資中有村民自製的鯨魚、海豹、海鳥等大量肉乾，那應該是最大的失敗原因。肉乾會發霉所以不能密封，簡單放在透氣的運動背包裡，緩緩飄出對北極熊來說就像是在指引美食位置的味道。

因為有這樣的來龍去脈，所以我在抵達阿烏納特之後馬上先到放置物資的舊小屋查看。此時我最關心的是還剩下多少燈油。在北極探險中，除了食品之外，燃料也是左右生存的重要元素。應該是說，燃料可能更重要。食物的話還可以獵野兔或麝香牛想辦法撐過去，但沒有燃料的話就沒辦法融雪，連水都喝不到。

根據天狼星部隊的報告，舊小屋入口處的合板被剝下來，食物完全被吃光，內部一片空蕩蕩，但我在入口附近的雪地下還有找到燈油的塑膠桶，頓時鬆了一口氣。至少北極熊沒有連燈油都吃掉。

我把燈油挖出來，還剩下二十公升左右，雖然有點變黃，但用在火爐上應該是沒問題。在沒有太陽的極夜世界中，每天都需要用火爐烘乾衣物，一天平均消耗四百毫升的燈油，有二十公升的話就等於五十天份，很夠用了。再加上從村子運過來的燃料，已經足以應付這次的旅行。

回收燈油後，我走進新小屋。小屋裡有天狼星部隊幫我收回的來福槍子彈四十發以及頭燈與單眼相機兼用的電池一百顆，還有一點五公斤的馬鈴薯泥。確認完物資之後，我在小屋內搭起帳篷，在裡面用火爐徹底烘乾睡袋和衣物。雖然每天都有烘，但裝備不可能完全乾燥。尤其是睡袋總是因為汗水而潮濕。

在冬季的極地旅行中，如果持續使用沒乾的睡袋，裡面就會出現拳頭大的冰塊，變得凹凸不平。因為睡覺的時候身體散發出的汗水，會在睡袋最外側和外面的空氣接觸，然後凍結成冰。為了避免這種狀況，我這次特別訂製本體和外罩分離的睡袋，如此一來就能輕鬆拆下會結冰的外層，每天早上用火爐烘乾。儘管如此，過了一個月之後睡袋吸收了汗水還是變重了。

除了睡袋之外的毛皮手套、毛皮鞋、寒衣等需要烘乾的衣物還很多，而且之前走在凍原的碎石地上，所以雪橇需要修整，滑軌也需要重新刨過。因此，我決定在月亮露臉前的這三天，在小屋內好好休息。

我看著在帳篷中冒出蒸氣的睡袋，心想這下總算是度過旅行中最難的關卡了。

這次的旅行是以北極海為目標、長達四個月的大規模旅程，其中最困難的一段，就是從村落前往阿烏納特的前半段。換句話說，如果我死在這次旅程中，最有可能的死亡時間點第一名就是在冰河上碰到因焚風現象而威力增強的暴風雪，差點連帳篷一起被吹到海裡的時候；第二名則是在毫無地形特徵、可能無法定位的冰床和凍原等二次元空間中差點迷路致死的時候。我平安度過那些關卡。在冰河遇到兩次暴風雪，又在冰床、凍原上弄丟六分儀，再加上正值沒有月光的冬至這種最糟糕的黑暗狀態，即便如此我仍然沒有迷路，順利抵達小屋。

我已經度過最黑暗、最慘的部分，接下來可以放鬆地走。之後只要沿著海岸線走即可，就算天色暗也幾乎不會迷路。更何況，只要再走四、五天，就能抵達依努費許亞克的物資站。抵達依努費許亞克之後，我打算盡情大吃物資站的食物，大肆消耗燃料，休息三週左右讓體力恢復。有時間的話，就去獵野兔或海豹大口吃肉。如果沒有充分休息，就無法完成四個月往返北極海的漫長旅程。慢慢休息到一月底，雖然還在極夜時期，但白天應該已經夠亮，到那時候再前往伊努費許亞克。

就距離來看後半段路程比較長，但天色變亮之後就和一般的極地探險別無二致，因為極夜狀態下的不安和恐懼消失，只要在體力許可的範圍下盡力北上即可。接下來只是漫長的、和平常沒什麼兩樣的極地旅行而已。因為這樣，我從之前的緊張感中完全解脫，終於能放鬆下來。

我放鬆心情在帳篷中滾來滾去，之前因為擔心電池不夠，衛星電話幾乎只能用來發簡訊，這次則打電話給妻子報告近況，也想聽聽女兒的聲音。小屋裡有看起來像是肖拉帕盧克村民大島育雄先生以前帶來的二十二年前的《寶石週刊》，我讀著〈村山首相罹患感染性腹瀉尚未痊癒〉、〈大聯盟野茂英雄的「挫折」劇本！〉等專題報導，深切感覺到時代的流動。

我就這樣身心舒暢地在小屋中放鬆休息，不過有件事讓我很在意。我覺得這裡暗得有些異常。

今年的冬至是十二月二十二日。早在十天前就已經過了最暗的一天，雖然月亮還沒露臉，但白天的正午前後，太陽也該從地平線下微微透出光，天色應該要變得微亮才對。而且肖拉帕盧克的大島先生也曾告訴我，過了聖誕節天空就會越來越明亮。然而，我現在完全沒有那種感覺。應該是說，來到阿烏納特之後，天色反而變得更暗了。暗到我覺得有點奇怪。

照理說，在我抵達的隔天，一月二日月亮就該再次升起。原本期待月亮出來之後，天色會變得亮一點，但實際上月亮仍然沒有出現，天色一直很暗。

不過，我知道看不見月亮，是讓阿烏納特顯得異常黑暗的原因。簡而言之，問題出在地形。格陵蘭西北部的地勢以冰床和凍原為中心，陸地在正中間，而阿烏納特在陸地的北側。因此，地平線下微微透出的陽光會被南方的冰床和凍原等陸地擋住，無法接收光線。所以白天很暗，月亮也比表定時間還晚升起。也就是說，阿烏納特和依努費許亞克北側區域，會比肖拉帕盧克更暗，即便過了冬至仍然會有一段時間處於黑暗狀態。

說實話，我沒想到北側和南側的黑暗度差這麼多。完全是預料之外。極地探險史上最黑暗的皮里探險，舞台在艾爾斯米爾島的南岸，或許天色沒有這麼暗。眺望沉重的阿烏納特暗夜，我心想這裡可能就是地球上最黑暗的地方了。

*

在這黑暗的阿烏納特，讓我經常聯想到過去在這片土地上生存的因紐特人所見的風景。阿烏納特和依努費許亞克的小屋至今仍無人居住。不僅如此，近年來這一帶已經很少當地居民過來狩獵，呈現超越無人、接近空虛的無來狀態。

舉例來說，這三年來（二〇一四～一六年）最常造訪北方區域的人就是我了。自二〇一四年第一次來到格陵蘭，屈指一算我已經來阿烏納特和依努費許亞克三次，這次是第四次。相對而言，來過這裡的當地居民只有二〇一四年拿走我狗糧的那一批卡納克北極熊獵人以及二〇一五年曾經來過的大島先生。

當然，以前並不是這樣的。這個北方區域並不是單純為狩獵而準備的基地，以前有很多因紐特人整年定居在這裡。直到阿烏納特以東超過一百公里、名為卡卡依喬的地方，這片北方區域的海岸線至今仍留下無數苔蘚與岩石組合而成的半穴居傳統住宅。我貯存物資的依努費許亞克舊小屋也是夏季時為了狩獵而移居至此的住宅，直到一九九〇年代中期都有人使用。不只居住的痕跡，當地還留下他們度過艱苦生活的民間傳說，其中之一就是依努費許亞克這個地名本身的故事。

依努費許亞克這個地名根據努德・拉斯穆森的探險遊記《北極海旁的格陵蘭》（Greenland by the polar sea）指出，用當地語言解釋的話，意思就是「Great Blood-Bath Fjord」，擁有足以譯成「巨大血池地獄」的可怕意義。這麼可怕的命名背景，當然也有相應的可怕故事。

故事內容是這樣的：很久很久以前，依努費許亞克東方的卡卡依喬有很多房子，也有很多人住。某天，兩個孩子吵起架來。大概是因為一件小事開始吵架。然而，兩個人越吵越兇，其中一個孩子的祖父插嘴，用鞭子打了另一個孩子。這次換被鞭打的小孩的祖父大怒，意氣用事殺了對方的孩子。當然，孫子被殺的這位祖父氣得渾身發抖，已經無法控制自己，也決定以眼還眼殺了對方的孩子。

因為這起大人互相殺害對方孫子的事件，在定居處引起騷動，居民被迫得決定支持其中一方。居民為了解決問題，先處決殺死無辜兒童的兩位祖父。然而，處決之後天空降下血雨，使得人們陷入錯亂和瘋狂，大概就像聯合赤軍的案件一樣，不斷重複無意義的殺人行為。

人們為了逃離恐懼和憎惡，紛紛逃出卡卡依喬。接著飛快地往南方逃，期間人們的瘋狂仍未停歇，不斷殺人或者被人殺，大海被鮮血染成深紅色，每個海灣都浮著屍體。其中屍體最多的地方就是「巨大的血池地獄」——依努費許亞克。

就像故事中說的一樣，以前北方這片區域有很多因紐特人定居，隨歷史演進，人們紛紛離開這裡，拉斯穆森在一九一七年到這裡探險，當時除了狩獵而隨季節移居的少部分人以外，已經沒有人定居在這裡。

拉斯穆森的這本書也提到一則關於最後定居北方領域的男人軼事。那是一名叫做艾達鴨（毛綿鴨）的男人的故事。我在極夜探險期間，經常想起這名男子的故事。因為被北極大地玩弄的他，人生中充滿極具極夜感的悲歌。

根據拉斯穆森的描述，毛綿鴨本來住在比較南方、獵物較多、與飢餓無緣的美好土地。然而，那裡突然出現奇怪的男人來調戲他美麗妻子。雖然書裡沒寫到男人到底做了什麼，但應該就是摸了人家胸部之類的騷擾行為吧！毛綿鴨為了逃離這個對妻子伸出魔爪的男人，決定全家移居到北方的土地。

然而，那就是命運的分歧點了。

以前的旅行不像現在這麼簡單。毛綿鴨一家人在旅途中因為抓不到獵物，陷入伴隨而來的飢餓之中。當時因紐特社會中，發生飢荒的時候，第一個被犧牲的就是小孩。陷入糧食危機的毛綿鴨夫妻，先沿途把孩子留在路過的空屋中，再用岩石把房子封起來。小孩子搬不動巨大的岩石，所以事實上等於活埋。他們一個又一個地活埋自己的孩子，孩子們紛紛飢寒交迫而亡。最後只剩下一個夫妻倆最疼愛的孩子。夫妻倆只幫這個孩子裹上毛皮，很寶貝地放在雪橇上載著走，但飢餓已經達到極限狀態，使得他們不得不把最愛的孩子從雪橇上丟下並殺死他。

這對夫妻以北方為目標。最後毛綿鴨和妻子都撐過飢餓活了下來，抵達位於阿烏納特以西五十公里處的阿諾伊德，當時有很多人在那裡過著幸福快樂的生活。然而，毛綿鴨夫婦因為飢餓犯下殺害親生子女的罪孽，雖然事出無奈，但之後遲遲沒辦法和其他人交好並快樂地笑著生活。

如果在獵物豐富的阿諾伊德生活的話，應該就不需要再面對飢餓帶來的恐懼，但毛綿鴨和妻子毅然決然越過阿諾伊德，繼續北上到阿烏納特。接著，這對夫妻開始在這片土地上過著宛如修道院般與世隔絕的生活。住在這裡幾年之後，他們斷絕所有人際關係，也不到其他人家裡拜訪。偶爾會有人來拜訪他們，夫妻倆總是陰沉沉的，不說話也不笑。

最後，來找夫妻倆的人發現毛綿鴨和妻子的屍體。貯藏庫裡有充足的肉，於是來拜訪的人推測，應該是毛綿鴨和妻子一直對殺害親生子女的事情很懊惱，因為再也受不了煎熬，所以決定步上孩子們的後路，選擇餓死。這就是阿烏納特最後一個男人悲慘的一生。

根據拉斯穆森的說法，那大概是一百五十年前的事了。假設他在五十歲時死亡，那麼應該生活在一八一〇年代至六〇年代。也就是說，毛綿鴨和一八一八年詢問第一次造訪該地的外人約翰．羅斯的探險隊：「你從太陽來？還是從月亮來？」了解真正的月亮和太陽的男人屬於同時代的人物。

其實毛綿鴨等人生活的一八〇〇年代前期，住在格陵蘭西北部的因紐特人正面對史上空前絕後的苦難時代。與其說是苦難，不如說是他們差點在這個時代滅亡。他們生活陷入困境的最大原因就是地球的氣候變遷。十五世紀之後，地球進入小冰河時期，極北地區的大海冰層變厚，多年冰增加到連夏天海冰都不會融化。夏季若冰層沒有融化，漂流在海岸的漂流木就進不來，居民無法獲取建造小屋的木材或製作皮艇框架的材料。結果使得他們的工具文化極速斷絕、失去傳統，進入十九世紀後不要說皮艇，連製作弓箭的方法都要忘光了。

當時探險家的報告中曾描述他們用簡單的投石器擊中馴鹿，然後聚集在受傷後腳步蹣跚的獵物旁給予致命的一擊，就像飢餓的原始人在狩獵一樣。以前曾定居在依努費許亞克或阿烏納特的人紛紛離去，或許是因為在這種寒冷的狀況下無法在北方生活。

寒冷化以及海冰面積增加，不只讓傳統工具文化崩毀，也讓他們賴以維生的獵物數量減少。如果連夏季都結冰的話就無法生存，所以鯨魚、海象、海豹、以這些動物為食的北極熊、海底生物也紛紛移動到因紐特人無法觸及的區域。當然，動物們可以自由地游泳南下，但很悲慘的是失去皮艇文化的人類無法南下。格陵蘭西北部的因紐特人居住的區域內，西側而海、南側是梅爾維爾冰河，其他則是被冰床這個巨大的自然屏障圍繞，可以說是陸上的孤島。因為這樣的環境，使得文明世界直到十九世紀中期都不知道他們的存在。

文化衰退、資源枯竭，結果當然使得人口變少，他們陷入種族滅絕的漩渦之中。有另一種說法是在毛綿鴨生存的一八五〇年代，這個地區的因紐特人口只剩一百五十人。因為一旦發生飢荒，他們就會殺掉一起生活的狗夥伴，吃狗肉度過飢荒。因為那是一個充滿危機的時代，所以很容易想像毛綿鴨離開夥伴，一家人獨自生存有多麼困難。

當然，即便是在這麼困難而且充滿危機的時代，極夜仍然像以前一樣用黑暗封閉他們的生活。不難想像毛綿鴨不得已殺害親生子女的背後，應該有受到極夜的影響。在沒有陽光的冬季，狩獵方法當然大幅受限，所以在他們的社會中，為預防冬季抓不到獵物，直到秋季都要儲備糧食的觀念很普遍。而且，進入難以狩獵的極夜季節之後，人們會互相拜訪，採取聊天、打鼓跳舞等生活戰略，盡量歡樂地度過這個不愉快的季節。

雖然冬季也不是完全不狩獵，但那僅限於很幸運突然有北極熊造訪定居處或者發現遠方外海有可能破裂的冰出現裂縫等情形。冬季的極夜期間是非常難熬的季節，所以必須在秋季獲得充足的儲備糧食，而他們在技術衰退、失去弓箭、皮艇的狀況下，仍然必須狩獵以獲得食物。

接下來介紹的不是格陵蘭，而是居住在加拿大那一側，屬於北美大陸不毛之地的加里布愛斯基摩人的故事，拉斯穆森曾在《橫越美洲極地》（Across Arctic America）這本探險記中提到在冬季的黑暗來臨之前，因為無法準備糧食而陷入飢荒中的因紐特人驚悚的證詞，充滿淡然而令人起雞皮疙瘩的真實感。

拉斯穆森寫到：「在我來到這裡的三年前，辛普森海峽（Simpson Strait）有十八人死於饑荒。前一年不列顛海岬北側有七人餓死。總共二十五人這個數字看起來不多，但實際上從總人口兩百五十九人的比例來看，單單因為饑荒而死的死者比例實在很驚人。然而，這種事情在沒有馴鹿的冬季經常發生。而且，我也得知在這種冬季發生人吃人的狀況也並不罕見。」（筆者譯）

接著，拉斯穆森還提到當地知名獵人兼巫師的男人說到以下這段話：「很多人都吃過人肉。但都不是因為喜歡吃才吃，只是為了活下去才這麼做。很多時候，他們都為自己做過的事感到苦悶，無法正確理解自己的罪孽。你認識 Itqilik 的兄弟 Tuneq。你見過他和他的妻子，也一起生活過，所以應該知道那個男人個性開朗，總是放聲大笑，對妻子也很溫柔。那是好幾年前的事了，某年冬天狩獵的情況不好。好幾個人餓死，也有好幾個人凍死。還活著的人徘徊在生與死之間，宛如風中殘燭。

此時，Tuneq突然陷入瘋狂。他曾說：『精靈要我吃了妻子的身體。』於是他把妻子的毛皮衣切成碎片，開始吃那些東西。接著切完所有毛皮衣，直到皮膚完全露出來為止，突然他拿刀刺進妻子的身體，然後只吃了自己需要的量，順利地死裡逃生。後來那個男人以有人離世時最好的埋葬方法安置妻子的屍骨。

我們都有過忍受相同狀況的經驗，所以我們沒辦法因為他人有過這種行為就判斷對錯。能吃得飽、吃得滿足的時候，或許很難理解為什麼會做這種事。不過，我可以換句話說：健康、糧食狀況都很好的人，要怎麼樣才能理解飢餓造成的瘋狂呢？我們唯一知道的，就是我們每個人都擁有想活下去的慾望。」

《寶石週刊》看膩又很閒的時候，我偶爾會到外面呼吸新鮮空氣。撫摸著搖著尾巴討抱的狗，撒些狗糧餵牠，然後凝望沉重而壓迫的黑暗宇宙。就算我再怎麼看，也不會出現什麼東西。只能看見一片黑暗與苦悶，霧氣瀰漫只是徒增苦悶的程度而已。

就在這個時候，我會想起那個叫做毛綿鴨的男人的故事。毛綿鴨那個時代的人，抱著什麼心情凝視阿烏納特異常黑暗的極夜呢？我把眼前的現在與毛綿鴨的過去重疊。想像那個詢問「你從太陽來？還是從月亮來？」的男人看過的風景。他們看到的極夜會比我看到得更暗嗎？還是差不多呢？毛綿鴨殺了孩子之後，如何凝望極夜的黑暗呢？接著，極夜結束後看著太陽升起時，他又會想著什麼呢？

毛綿鴨度過的極夜是真正的極夜。然而，那和我現在看到的極夜一樣嗎？還是不一樣呢？如果不一樣的話，是哪裡不一樣呢？

*

我在一月五日離開阿烏納特的小屋。不知道是不是因為低氣壓，這天仍然起霧甚至還下起小雪。濕度高而且氣溫也在零下十八度，要暖不暖的感覺令人不適。不過直到昨天都不見身影的月亮，如今成長到月齡六點八，大概等同人類的二十歲，已經升到南方丘陵的稜線上，終於露臉了。

久違的月光照亮大地，世界突然恢復生機。月亮在經歷新月前後約十天的死亡潛伏期，如今終於復活、重生，蒼白、柔和的慈光照耀著小屋周邊的丘陵、斷崖、海冰。在那之前歷經十天沒有月亮的「真正極夜」，既黑暗又悲慘，世界被一片死亡的黑暗籠罩，甚至無法用肉眼判斷小屋前的海是否結凍，我自己也在不知不覺中變得神經質，經常想起像毛綿鴨那樣的悲慘境遇。

然而，月亮露臉之後不只能看見海冰，還能看見一切。正確而言，並不是真的看見，而是感覺可以看見，但光是這樣就讓我覺得自己什麼都看得見，心情輕鬆愉快，認為接下來應該會很順利。毛綿鴨的事情已經不重要了。

月亮露臉之後，就要配合月亮的運行安排一天的活動，所以再度回到以晚上月亮的南中時刻為中心，一天二十五小時的制度行動。滿月大概在一週後，我應該會在那之前抵達依努費許亞克的物資站。依努費許亞克的海岸線很複雜，如果天色暗，怕會找不到存放物資的小屋。不過，除非天氣太差，否則只要在滿月前後這段明亮的時間內抵達就沒問題。

當然，我也是計算好月亮的圓缺時間才挑在這天出發。簡而言之，在極夜的世界中，月亮決定並支配人類的一切行動。就這個層面的意義上來說，人類無法在黑夜中反抗月亮。北極星波麗亞神藉由光掌控人類視覺與行動，而凌駕於波麗亞神的絕對支配者就是天空之神——月亮。

極夜支配者——月亮，其性別屬性和貝卡一樣，我覺得一定是女性。在人類的神話中，大多把太陽當作男人，視月亮為女人。像日本這樣把太陽神天照大神設定為女神、月神月讀命設定為男神的案例很罕見。月亮漸漸從新月成長，滿月時抵達顛峰，以滿月為界在慢慢衰滅，沉入黑暗最後死亡。消失數日甚至一週左右後，又再度出現並且開始成長。就這樣無止盡地重複循環。對古代人來說，月亮無止盡的循環運動就是生與死的象徵，因此月亮一直被認為是代表主宰植物枯榮以及宛如孕育胎兒的母體般產出蘊含死亡的生命，象徵大地豐饒性以及生命的神祕。

事實上，太陽和月亮在極夜中旅行的我面前，仍然分別以男人和女人的形象出現。不過，對我來說，在談死亡與重生之前，太陽和月亮的運行方式其實分別有男性和女性的特徵，所以我才會有太陽為男、月亮為女的感受。

為什麼我會這麼說呢？因為太陽會照邏輯運行。只要你一直在同一個位置，太陽就會分毫不差，每天都在同一個時刻來到正中央。因為太陽的運行按照規則走，所以能當作各種活動的基準。譬如說，我們可以透過太陽的方位得知時刻，反之，只要知道時刻也能反推出太陽的位置。也就是說，太陽這個傢伙到哪裡都是正確而有規律的存在，就像公務員和銀行員那樣行動。

因為是公務員和銀行員，所以說的話準沒錯，值得信賴。然而，從另一個角度來看，太容易懂就表示單純，秩序和諧就表示缺乏變化。而且從運行的正確度導向必然的性格特徵有種靠理論狡辯的感覺，認為靠理論和裡性能夠單純地解開謎題，這個部分就有點像男人，更進一步來說就是讓人聯想到男人單純又膚淺的思考。

反之，月亮的運行非常複雜。如果沒有事前準備月曆，了解月亮運行的規則，就無法預測月亮的動態。我之前也數度提到月亮的正中時刻每天都會往後延，高度也是每天都有驚人的變化。還會因為陰晴圓缺而出現外觀變化。

因此，如果在什麼都不知道的狀態下，按照月亮的運行而行動，就會驚訝於昨天明明就月亮高高掛，今天同一個時刻怎麼還沒看到月亮的身影？或是昨天明明沒現身，今天怎麼突然就開始發出美麗的光芒？也就是說，月亮不被規則束縛，行動讓人難以捉摸。由此可知，月亮的運行毫無規則、理性，而是偏向感情、情緒化，這一點會讓人聯想到男人眼中不明所以的行為，譬如昨天都還像平常一樣好好的，今天突然說要分手，之後就完全聯絡不上，諸如此類女人經常會做的、令人費解的事情。

再者，光線很美這個單純的理由，也是月亮很有女人味的原因之一。

太陽光與其說是美，不如說是有壓迫感。太陽在一瞬間拚命爆發體內的能量。光是這樣就能讓陽光普照世界的超猛力量，反而讓人感覺到拚命展現蠻力、體育社團性質的愚蠢，就像穿著白色跑衣、滿身肌肉的大猩猩在勃起的狀態下吶喊一樣。簡而言之，就是完全沒有陰影。

相較之下，月光不只美麗，甚至還有光澤。月光雖然沒有驅逐黑暗的力量，但只微微照亮美好的地方，還擁有浮在半空中的迷幻感，雖然不能看見一切，但會讓人產生一種能看到一切的奇妙錯覺。只要雲層厚一點，月光就透不出來，世界也會一片黑暗，從這一點也可以讓人感覺到月亮的孱弱、易碎、虛幻和優雅，光是這樣就很魅惑，而且月光若隱若現更讓人想更進一步，擁有像是用指尖撥弄著什麼的色情感。這個部分也讓人覺得很有女人的感覺。

也就是說，黑暗是被女人支配的世界。獲得偉大女光的月亮幫助，我開始和狗一起拉雪橇。久違的運動似乎讓狗很開心，我離開小屋把牠綁在雪橇上，牠馬上就很興奮地往前衝。我彷彿被狗拉著走似地，從岸冰下切到海冰上，海灣內已經到處都是厚實的新冰，在情色氛圍的月光下呈現一面廣闊的樣貌。在海冰上走一段時間之後，冰面的狀態變差，所以我再度上攀回到岸冰處。

就這樣沿著岸冰走，突然發現地上有奇妙的圓形雪塊。雖然有月光，但天色仍然很暗，我靠很近才發現那不是雪塊而是野兔，便慌慌張張拿起來福槍。雖然抵達依努費許亞克就有物資可用，但物資內的食物幾乎沒有什麼肉類，所以兔肉就成了珍貴的蛋白質來源。如果能現場取得鮮肉，就能節省雪橇搬運過來的糧食，更有餘裕應付意外狀況，所以我不能錯過這個機會。

我用頭燈的光線對準槍枝前端的瞄準器，並且安排在野兔會走進照明區的位置屏息等待。就算已經做過很多次，但要將瞄準器、獵物、照明排成一直線真的很難。在黑暗中慎重決定獵物讓眼睛疲勞，野兔的輪廓開始變得模糊不清。仔細一看，突然覺得那不是野兔，感覺和周圍覆蓋很多雪的岩石沒什麼兩樣。

我心想：什麼，原來不是野兔啊！便把槍從肩上卸下來。然而，此時野兔終於發現我，瞬間伸長脖子。看樣子野兔睡得正熟，所以才會完全不動。我再度重新瞄準，慎重地扣下扳機。野兔隨槍聲翻了個身就這樣死了。我靠近獵物，抓起耳朵朝雪橇走回去，狗興奮地汪汪叫，想要吃掉野兔。我制止狗的行為，當場剝下毛皮分解兔肉，留下肉和肝臟當作自己的糧食堆在雪橇上，其餘的都給狗吃。如此一來，我就多了一天半的糧食。

隔天狀況更好。天氣恢復晴朗，雲霧消散，月光整個照亮我腳邊的雪地。關掉頭燈也能分辨雪面的凹凸和前方的粗冰陰影，路突然變得很好走。究竟是隔了多久才迎來視野如此開闊的日子？上次在冰床上有月亮的時候，天氣很差常常遮住月光，這樣看來應該是從登上冰河之後，時隔二十天左右了吧！如果天色這麼明亮的話，北極熊出現也能分辨，就在我踏著輕鬆的步伐向前走時，發現這次旅程中第一次碰到的北極熊足跡。

在黑暗中實際看到足跡，心情果然還是會受影響。我環視周遭，發現並沒有北極熊的蹤跡。沒有風、沒有聲音，整個世界陷入沉默的黑暗之中。待我再度冷靜下來，凝視無邊無際的黑暗，由衷認為就算月光再亮，北極熊真的靠近時我應該也沒辦法發現。

「喂，沒問題吧？北極熊出現的話，一定要提醒我喔！」

我和狗搭話，但我的狗聽不懂日語，完全沒有反應。

其實這天我的狗身體狀況很不好。我在休息時間尋找需要的工具，隨便把背包中的海豹毛皮切片丟在雪地上。結果狗以為那是我要給牠吃的東西，把毛皮整片吞下去。對狗來說海豹的毛皮是大餐，一個不注意村人用在狗雪橇上的皮鞭也會被吃掉，可是這片毛皮是我準備拿來修理鞋子用的，所以有用化學藥品加工。

不出我所料，狗在那之後就開始猛拉肚子。牠會在拉雪橇的途中停下來，唰地從肛門噴出液狀的稀便，半夜也聽到好幾次宛如蒸汽船鳴笛般的「汪嗚——」叫聲，看起來非常痛苦。這是牠第一次嚴重腹瀉，我也是第一次聽到牠這種奇怪的叫聲，比起擔心牠的身體狀況，我更怕牠會不會突然變身。

離開阿烏納特氣溫馬上降到零下三十度至四十度，符合冬季北極的氣溫又回來了。月亮越來越高、越來越亮，視野變得越來越好了。岸冰的狀態也好到無可挑剔，呈現堅硬的溜冰場狀態，有一陣子是狗獨自拉兩台雪橇。

距離阿烏納特五十公里的依努費許亞克終於快到了。抵達依努費許亞克就有物資了。我很想盡快抵達物資站。只要找到物資，我想這趟旅程就等於完成七成了。當然就距離來看，接下來要前往北極海的路途比較遠，所以抵達依努費許亞克也只不過消化三成的旅程而已，然而依努費許亞克有物資。只要順利發現物資站，接下來只要在帳篷裡吃著物資過生活，用大量燃料暖身子、烘乾衣物，找時間獵點野兔或海豹，就能輕鬆度過夢幻的極夜生活。

為了等待海冰的結冰狀態變好，我必須安排一段長時間停滯依努費許亞克的行程。這次的計畫是打算從依努費許亞克北上兩百公里，橫渡海峽到加拿大那一側，按照事前以衛星圖像分析的結果來看，那片海峽每年都要二月之後才會確實結冰，在那之前行動非常危險。而且該海峽從北極海過來的洋流速度本來就很快。就算結冰，在潮汐大的時候也可能崩毀或流走，在大潮前後橫渡海峽有點恐怖，所以我想避開那段時間。

既然如此，二月中旬之後潮汐較平穩的小潮前後比較安全的時間點，只有二月十七日那一週的時間，無論如何，要前往加拿大就必須等到那個時候。從依努費許亞克到橫越海峽的預定地，預計需要花二十天的時間，從這個時間反推回來，一月下旬之後才能從依努費許亞克出發，在那之前不管喜不喜歡都只能在物資站放鬆休息。

依努費許亞克有兩個物資站。一個是我自己拉雪橇運過來共計一個月份的物資，存放在半島前端的破舊小屋。另一處是英國探險隊的物資站，地點位於距離小屋四公里處的半島根部小海灣，他們用岩石堆砌在海岸附近以保護物資。從阿烏納特的小屋遭襲擊就可以知道，依努費許亞克的物資當然也不是百分之百安全，應該是說我已經做好心理準備，自己運過去的物資應該只有一半的機率還在。小屋的窗戶和入口都已經很舊，雖然有用釘子補強，但北極熊只要認真起來就能輕鬆破壞。

不過，英國探險隊的物資除了用堅固的塑膠桶密封避免食物的味道洩漏，還用了大量的岩石確實覆蓋，所以不太可能會被襲擊。因此，我很樂觀地看待物資的狀況。我確信就算小屋的物資有問題，英國探險隊的物資也一定會留在原地，所以我想盡快抵達物資站，先按照計畫拿下能讓旅程繼續的門票才能安心。

一月八日凌晨，在海岸充滿粗冰狀況下找出僅存的一點路徑，從岸冰下切到海冰。沿岸的海冰在黑暗中發出令人毛骨悚然的嘎嘎聲。從這裡到依努費許亞克的半島還有十幾公里，就快到了。不過，半島之邊有海岸線，地形複雜，就連天色明亮的時候都會迷路。雖然現在有月光，但光量也無法讓人完全掌握地形，在黑暗之中能否順利找到物資站，應該就是這次旅程中最後的難關了。

我先朝依努費許亞克前端有可能被襲擊的物資小屋前進。在天氣晴朗、幾乎是滿月的狀態下尋找小屋，條件好到無可挑剔。依努費許亞克半島前右方的陸地有一個看起來像「偽半島」的小海岬模糊地凸出，遠看難以和真的半島區隔，如果不小心走到那裡就麻煩了。我慎重地用指針確認前進方向並以星星為指標，小心謹慎地朝真正的半島走，以免誤入「偽半島」。

之後在月光的照射下，黑暗的深處模模糊糊地出現像是真正半島的陸地剪影。有這麼強大的月光，再怎麼摸魚都不會弄錯。我朝著陸地的剪影前進，雖然覺得好像有點太早，但我想大概四個小時就可以走到半島前端，於是就接著前往目的地。

不過，抵達之後我發現狀況不太對。看地圖，半島前端附近應該有一個小島，但我找不到。而且我記憶中半島前端應該稍微平坦一點，這裡莫名有點凹凸不平。我半信半疑地在茫茫黑暗中沿海岸前進。結果我神一般的定位能力今晚似乎也是火力全開，剛才不對勁的感覺完全消失，眼前出現半島前端的小屋前那個貌似很深的海灣，果然我的路線是正確的沒錯。

太好了。從前方突出的路地繞過去應該就是小屋了。就在我放心繞進突出的陸地，發現前方的海岸線往奇怪的方位延伸。

這是什麼？我數度確認指針，果然海岸線朝向地圖上絕對不可能出現的方向。我陷入混亂。太奇怪了。我到底在哪裡？難道我是在依努費許亞克海岬的更前端嗎？還是已經走到完全不同的地方呢？

眺望遠方，發現月光照亮的黑暗世界中，浮現圍繞在四周的模糊山丘輪廓。對照地形和地圖，數度用指針確認海岸線的方向，終於掌握現況。看樣子我是走進剛才一直很小心怕會走錯、位於真正半島前方的朦朧「偽半島」了。雖然我確定在這麼明亮的月光下，就算再怎麼摸魚也不會迷路，但完全是錯覺。

我已經推測出大概位置，所以我再度看著指針朝向真正的半島前進。真正的半島和「偽半島」之間的海灣內，海冰因為潮汐漲退整個隆起、下降，呈現凹凸不平的狀態，到處都有冰丘和冰脈，中間的低窪處或破裂的冰層中間堆滿軟雪。因為這樣雪橇變得超重。拚命活動之後熱得我滿身大汗，汗水在防風衣內側結露。我聽到身後傳來狗的喘息聲。我的狗也很拚命。

我上下左右徘徊在黑暗的冰丘、冰脈之中，完全失去方向感，已經搞不清楚狀況，數度登上冰丘試圖找到正確的方位。之後，我看到前方出現一座大雪山。雪山被月光照亮，就像亡靈一樣浮現，方向看起來正好對著半島。我判斷那座山應該是真正半島的一部分，所以決定朝那裡前進。

越往前走，雪山就變得越巨大。之後甚至變得異常巨大，大到怎麼想都覺得很奇怪的地步。我心想：不對、不對這未免也太大了。因為雪山太大，讓我不禁失笑。就像北阿爾卑斯一樣。而且看起來好像滿遠的。半島附近沒有這種大山。該不會我早就穿越依努費許亞克的半島，來到前方的大海岬了吧……？

我內心極度混亂，已經完全搞不清楚這是怎麼回事，總之我也只能按指針的方向前進。然而，當我再走一段路之後，原本看起來很遠的那座超大雪山，突然出現在眼前，一回神才發現腳邊的冰面已經變成砂石地，此時我才知道自己不知不覺中已經走上雪山山麓的陸地。仔細一看，這座雪山非常小，只是由高二十公尺的岩石堆疊成的小山丘。剛才看起來很巨大，原來是月光創造出宛如全像投影的錯覺。

繞過山丘之後出現地圖上顯示的小島，看樣子那裡是依努費許亞克半島的西側。我忠實地沿著海岸前進，海岸線朝地圖所示的方位延伸，我終於能確定半島的確切位置。

出發後已經行動超過十個小時，我終於抵達物資小屋所在的小海灣。我和狗都很疲勞，所以忍不住想盡快確認物資是否還在。畢竟我一月九日從村落出發，現在已經第三十五天，我從村子帶出來的食物和狗糧存量，開始讓我感到不安。總之我想確認小屋的物資是否還在，以便確保一個月份的糧食好讓自己放心。

我身上只扛著戒備用的來福槍，把雪橇留在原地便穿越沿岸發達的粗冰層抵達陸地。一登陸馬上就看到熟悉的景色。以前村民使用過的舊雪橇殘骸埋在雪中，登上放置雪橇的斜坡後就看到小屋被雪覆蓋的屋頂。我快步筆直走向入口。

來到小屋前，乍看之下並沒有被動物襲擊的跡象。我馬上望向大門。小屋的入口呈現隧道狀。深處有一扇小門，我之前運物資過來的時候用細營繩和繩索固定那扇門，這些繩索都沒有變化，大門就像我當初運物資過來時那樣沒有任何變化，完美地封閉著。

「喔耶！喔耶！」

我打從心底感到安心並喃喃自語。總之這樣就確保一個月的糧食了。雖然我覺得不太可能，不過當初想過假設失去英國探險隊的物資，最差還能在這裡獲得活著回村子的糧食。既然知道物資平安無事，可以明天再來拿，但我想說還是確認一下裡頭的狀況，於是抱著輕鬆的心情解開繩索並打開門。

*

小屋中空盪盪的，呈現一片黑暗。用頭燈一照，發現裡頭到處都是以前居民留下的垃圾。奇怪，我心裡馬上有一股直覺。應該是說，我看到準備當作早餐用的韓國製人氣超辣食品辛拉麵的一個空袋，寂寥地掉在地板上。

物資放在行李袋內，不可能沒人來還有空袋掉在地上。我望向放置物資的小屋左側。接著，瞪大雙眼。因為原本應該在那裡的紅色和黑色行李袋已經消失無蹤。難道這裡也被襲擊了嗎？仔細一看，地板上不只有辛拉麵的空袋，還有即食米飯的包裝以及備用的保溫瓶散落一地。那一瞬間，我完全搞不清楚發生了什麼事。入口的大門完美地關著，完全沒有動物入侵的痕跡。

這是怎麼回事？我用頭燈仔細在屋內查看，馬上就被迫發現不容否定的原因。因為我看到天花板被破壞，開了一個大洞的痕跡。我的天啊！北極熊破壞天花板襲擊了這座小屋。果然物資都被吃掉了。

現在放棄還太早，我心想可能還有留下什麼，便像蟑螂一樣沿小屋地上的垃圾往深處爬，結果發現原本裝有五公升燈油的塑膠桶。但很可惜的是桶子上有銳利的爪痕，裡面的燃料已經空了。我還找到兩公升的塑膠桶，裡面雖然殘留燈油，但因為有部分被利爪撕裂混入雪花，看來是不能用了。

天花板大洞的下方有當作鋪設天井材料使用的苔蘚塊，整塊隆起來，我撥開它試圖尋找有沒有剩下的物資。但是下面什麼都沒有。我也翻過散落一地的罐頭類垃圾和舊雜誌，但一無所獲。我再度尋找放置物資袋的周邊，奇蹟似地找到唯一一樣東西，就是以塑膠容器密封的八百克牛脂肪，除此之外所有物資都消失了。

回到雪橇旁，狗已經睡著了。因為這裡存放二十公斤的狗糧，所以本來還想說今天可以讓狗吃到飽，但看樣子是不行了。

那天晚上因為太過震驚，讓我睡不著覺。的確，我本來就做好心理準備，這個小屋有一半的機率會被襲擊。但是我不覺得真的會發生。雖然我嘴上說可能會被襲擊，但心裡一直覺得一定沒事。因此實際看到物資被襲擊的現場，讓我超乎想像地心煩意亂。

看到天花板那個被暴力打開的大洞，我真的很傻眼，沒想到北極熊會做到這種地步。腦海裡浮現餓得陷入半瘋狂境界的北極熊像金剛一樣，用雙臂破壞天花板的那一瞬間。冷靜想想，說不定北極熊並沒有這麼做。牠可能不是刻意開這個洞，而是先在小屋附近發現狗糧或某種食物的味道，走到入口前發現隧道狀的部分太窄進不去，在周圍走來走去，最後爬上天花板，剛好有部分位置快要腐朽，所以就從那裡崩塌，北極熊就咚地滾到地上，當牠覺得好痛抬起頭一看，發現眼前都是寶物，就這樣幸運地把那些東西都吃掉了。我覺得這種情況的可能性比較高。

不過，襲擊物資站的北極熊，肯定是非常執著地在小屋周邊徘徊。想到這裡，我突然開始擔心英國探險隊的物資了。我之前一直覺得，英國探險隊的物資有九成以上的機率會沒事，抱著非常樂觀的想法。然而，看到這個小屋的慘狀，我樂觀的預測便大幅動搖。九成的機率下降到六成五。

該不會，那裡的物資也被吃掉了吧……我在睡袋中，整晚都克制不了不安的心情。冷靜想想，英國探險隊的物資被攻擊的可能性很低。然而，這次極夜探險的計畫從一開始就不順到極點。到目前為止的所有過程都事與願違。

第一個事與願違的開端就是二〇一四年放在阿烏納特的那袋狗糧。辛苦運過去的物資，竟被卡納克的獵人帶走。隔年用皮艇運物資的時候，原本是計畫在加拿大側和依努費許亞克兩個位置設物資站，但途中因為誤判潮汐線，狗糧整個流走，還因為風向太差，被流冰困住，結果只能運到阿烏納特。而且我本來打算在那一年冬天正式開始極夜探險，卻因丹麥政府認為我居留資格有問題而遭到強制遣返的處分，使得正式成行的時間延宕一年。回國後還接到阿烏納特物資被襲擊的消息。

說實在的，像這樣不斷出現逆境的狀況，一般來說放棄計畫也不奇怪，但我執拗到連自己都覺得目瞪口呆。一直堅持完成這次探險，好不容易才走到正式出發這一步。儘管如此，在正式開始旅程之後，就突然遇到冰河暴風雪吹走六分儀的衰事。然後這天小屋的物資又被破壞。從頭到尾都不順，讓我開始懷疑英國探險隊的物資該不會也有問題，變得很沒自信。我數度想起英國探險隊的物資狀況，試圖調適心情。

這樣的探險過程的確很糟，不過那些確實保護好的物資不可能被襲擊。我運過來的物資會發出北極熊喜歡的味道，像是肉乾、豬油、牛脂肪、義大利香腸等食材，所以才會被襲擊。然而英國探險隊的物資沒有這類食物，他們用鋁箔袋密封的遠征用冷凍乾燥食品或巧克力棒等餅乾糖果，幾乎都是北極熊不愛的食品，而且還以不會洩漏味道的桶子密封。

狗糧還在不在這一點確實令人擔心，但英國探險隊在未開封的狀態下用野生動物討厭的黑色塑膠袋封上好幾層，還謹慎地埋在地面最下方。周圍像要塞一樣用岩石覆蓋，不是隨便挖就能挖出來的。更何況他們在二〇一三年夏季設置物資站，我在兩年後的二〇一五年夏天徒步走到物資站確認都沒問題。也就是說，該物資站擁有兩年都平安無事的實績。雖然在那之後經過一年半，但兩年都沒事的話，按理來說之後經過一年半也不會有問題。

不過，有件事令我擔心。二〇一五年我徒步造訪的時候，為了在極夜的黑暗狀況下也能找到物資站，我在岩石的隙縫間插了有紅旗的竹竿。當時滿足地笑著想這下更完美了，但現在想想我可能做了不必要的事。如果吃掉小屋物資的北極熊看到那面紅旗會怎麼樣？那些傢伙一定已經學到人類的建築物裡有美食這件事。就算物資站沒有洩漏食物的味道，遠遠看到紅旗可能也會想說是人類留下來的東西，然後聯想到吃掉物資的美好回憶。

無論如何，明天就知道答案了。雖然十之八九沒事，但如果被吃掉我就真的走投無路了。畢竟糧食已經不夠了。我緊張得睡不著覺，就這樣到早上。

＊

隔天我心情一直無法冷靜，比平常更早起床，下午五點起來八點就出發。

圓圓的黃色月亮，透著露骨的美麗月光，照得夜空閃閃發亮，天色亮到不像極夜。從小屋沿海岸線往南南東前進四公里，英國探險隊的物資站就在半島山麓的小海灣內側。繞過依努費許亞克半島的前端後，我和狗看著右手邊的海岸線朝南南東方向慢慢走。距離只有四公里，所以我想應該馬上就會抵達，結果一直沒看到存有物資的海灣。月光照亮海冰，我看到冰層上凹凸不平的粗冰地帶。為了避開粗冰，我稍微往右繞，但不管怎麼走都沒有靠近粗冰，只是在平坦的新冰上隔著很遠的距離看到幾個突出的冰層。在這裡也因為黑暗與月光的全像投影效果讓我完全喪失距離感，所以距離遙遠的突出冰層才會濃縮在一起看起來像是粗冰地帶，令人極度混亂的視覺世界持續展開。可能是因為這樣，這段路比我預料的還花時間。海岸線的方向只要往內傾，我就會想說是不是抵達存放物資的海灣了？結果，都是其他的小海灣，而且這種情形重複好多次。

黑暗、冰層和月光編織出迷幻世界，我在這個世界中走了兩個小時。被月光照亮的海冰突起一大塊，我暫且以那塊冰為標記前進。然而靠近一看，赫然發現那其實不是一塊冰，而是巨大的雪岩壁，我心想：咦？是這樣嗎？覺得非常震驚。就在得知那是岩壁的瞬間，我也同時發現那是存放英國探險隊物資的海灣深處的岩壁。

此時我馬上向右邊看過去。不出我所料，海岸線的走向往內側急彎，發出白色亮光的海冰延續到半島根部的海灣深處。我就像在海冰的引導之下往右拐彎。海岸上有黑色的岩石區，在黃色的月光下大致可以掌握輪廓。那附近是物資站嗎？不，不對。應該是那裡嗎……我凝望著岩石區前進，但沒有看到物資的紅旗標誌。但是，應該已經差不多要到了。越往內走，越因為異常的緊張感而心跳加速。如果找到物資的話就能按照預定，繼續完成旅行。但是，萬一沒有找到……

終於抵達海灣深處了。然而，我還是沒有找到紅旗。我把雪橇和狗留在原地，跨越潮汐漲退在沿岸形成的粗冰尋找物資。因為有月光，所以能充分掌握周圍大致的地形。我很清楚記得物資的位置，便朝那個方向走去。每次看到巨大的岩石，我就會心想：「有了，就在那裡！」但趕過去看之後，就會發現那不是覆蓋物資的岩山，只是普通的大塊岩石。

之後我登上雪面斜坡，來到可以看見另一側凍結水池的地方。那是二〇一五年我徒步走來這裡時紮營的地點。我明確記得從那裡到物資站的方向，於是沿記憶中的方向下坡，重新尋找物資。但我還是沒找到。也沒看到紅旗。這時候我已經開始覺得奇怪。難道我是在別的海灣找物資嗎？

我再度確認地圖，分析自己可能在其他海灣的可能性。當然，看起來是沒有這種可能。不，不是看來沒有可能，是根本不可能。遠遠地在霧氣中浮現的大山丘、海灣的海岸線走向以及我背後的水池。地形要素都顯示我百分之百就在正確的地方。然而，為什麼怎麼找都找不到呢？實在太不可思議了。假設物資被襲擊，那裡總共有八個六十公升的藍色大桶子，不可能連一個都找不到。完全沒有看到痕跡的話，是不是我記錯，所以找錯位置了呢？事已至此，我仍然不願意相信物資可能真的遭到破壞。

我開始從沿海的雪面下坡。接著便發現決定性的物品。熟悉的黑蓋半透明塑膠桶躺在我面前。那是英國探險隊物資站裡裝汽油的塑膠桶。這應該牢牢被封印在物資站的岩石底下才對。我靠近提起來一看，裡面已經空空如也。我馬上就知道變成空桶的原因。因為桶子上有北極熊破壞的爪痕。

「啊啊啊……」

我不禁發出慌張又悲慘的聲音。環視周遭，眼前有個充滿大量十公分至二十公分岩石的地方。岩石的縫隙間有很多黑色塑膠袋的碎片。我當場蹲下來，發出「啊啊啊……」的慘叫，開始一一搬開地上的岩石。

「啊，被襲擊了……被襲擊了啊……」

無論我怎麼挖開岩石，出現的只有被撕破的黑色塑膠袋碎片以及巧克力棒的袋子。六十公升的藍色大桶子全都不知道跑去哪了。只有貼著英國探險隊贊助商貼紙的黑色桶蓋掉在地上，這些殘骸大肆主張著這裡就是物資站的遺跡。

我跪著仰望天空。

「結束了……」

旅行結束了。完美地結束了。一切都結束了。

做到這個地步還是不行嗎？我心裡湧現莫大的空虛感。我數度造訪這裡，皮艇被海象襲擊，還被流冰困住，在這樣的狀態下搬運物資，大約投入了四、五百萬圓的資金，而且我個人針對金錢屬於「不拿贊助主義」，所以旅費都是我自己賺來的個人資金，耗費這些資金和時間，前後花了四年的歲月準備這趟旅程。即便如此，我還是沒能完成。

不開玩笑，我真的覺得我的人生結束了。我一直覺得，在這短暫的人生中，三十五歲到四十歲這段時間很特別。因為體力、敏感度、經驗累積成寬廣的世界，所以我認為這個年齡是我最能發揮的時候。我認為人類應該能在這段期間完成人生最大的成就，如果不能把這個時期能完成的事做到最好，那麼就等於錯過人生最大的成就，甚至是人生的意義。因此，我選擇極夜探險當作我人生最大的成就。

因為我認為在極夜世界中旅行，見證太陽升起的時刻就是取代過去地理探險的現代探險活動，而且也能藉此華麗地實踐脫離社會系統的自我思想。這對我來說本來應該是人生最大的成就。實際上，我在準備極夜探險的那段期間，我強烈地感覺到自己的體能、敏感度都到達人生顛峰。而且接近正式的極夜行，我就越感覺到顛峰期已經快要結束了。

以中國歷史為例，一個王朝的二代、三代君主通常會是明君，順天行道施以仁政，使得國家繁榮昌盛，之後就會出現愚昧的皇帝，因為重用宦官等失誤導致政治腐敗，苛政引來民怨高漲，最後走向滅亡。歷史不斷重複這樣的循環，而這次面對正式極夜行的我，大概就是在三代結束要進入四代君主的感覺。因此，唯獨這次探險我想按照原本想像的那樣，當作是在完成一個最棒的傑作。

然而，英國探險隊的物資崩毀，讓我無法完成這趟旅程。我沒辦法再來一趟這種旅行。我已經四十歲了。而且不是四十歲而已。再過不到一個月，我就要邁入四十一歲了。

我不認為接下來的人生中，還能投注一樣的時間和資金重新再來一次。而且接下來我的敏感度也會衰退，沒辦法因為一個行動發現這麼多意義。原本應該是我人生中最棒的探險成就，以失敗告終。沒有留下最佳作品的人生，到底有什麼意義？

我好想哭。我試著哭出來，但竟然擠不出眼淚。水分不足讓眼淚都乾涸了。

可惡，或許會有吃剩的東西吧！我這樣想，再度抓起地上的岩石往旁邊丟，開始挖掘可能剩下的物資。我拚命地挖。結果在岩石間隙找到一個紙箱，瞬間覺得好像看到一絲曙光。但裡面只有汽油。接著挖出黑色塑膠袋，但裡面還是汽油。我挖開周邊岩石，找到二十公升左右的汽油，但食物和狗糧全都被吃光了。挖到的都是汽油。

「只有燃料有什麼用！」

我大叫之後一腳踢開汽油桶。想到這趟旅程好像被詛咒一樣，我再度蹲在地上。然後，抬頭仰望天空。黑暗的天空中央，渾圓的月亮閃耀著神聖的美麗光輝。然而，那份美麗就像吸收許多人類鮮血的日本刀閃出反光一樣，充滿殘忍與冷酷。

凝視從月亮透出的黃光，讓我開始覺得這會不會就是極夜的意志。

的確是北極熊襲擊了物資站。但實際上是極夜之主附在北極熊身上，破壞了物資，事實上破壞物資的就是極夜本身。我覺得應該是這樣才對。

月亮是極夜的絕對支配者，祂的光芒彷彿在說：「呵呵呵，你說想在極夜中探險，卻打別人物資的主意試圖悠悠哉哉地旅行，這怎麼可以！沒錯，是我命令北極熊破壞物資。要是覺得不甘心，那就爬到極夜世界的底部想辦法活下來吧！在這裡享用物資、放鬆度日，終究沒辦法抵達極夜黑暗的最深處。靠自己的力量去到黑暗的深處吧！那不就是你說的極夜探險嗎？呵呵呵呵……」月亮好像用這種感覺在嘲笑我。

我開始思考該怎麼辦。沒有物資站的糧食，就沒辦法前往北極海了。話雖如此，也回不了村落。因為一出村落就碰到兩次暴風雪的那個梅罕冰河，下切入口非常難找。

下切梅罕冰河的入口地形很狹窄，而且兩側還有其他巨大的冰河夾攻，一不小心就會誤入大冰河。我之前曾經在春季天色明亮的時期下切梅罕冰河兩次，但兩次都在迷途中走完全程。如果要在這個一片黑暗的時期回到村落，首先和來時一樣必須靠指針穿越凍原和冰床等二次元的平面空間。而且，來時雖然在某個時間點進入阿烏納特小屋所在的狹長山谷，但回程時必須找到梅罕冰河極端狹窄的下切口，所以困難程度大概比來時高五倍。不，說不定是三十倍。

而且，就算找到下切入口，要不錯入旁邊的大冰河也很困難，而且在那之前絕對無法在黑暗之中找到真正的冰河下切口。找不到下切入口就等於不知道自己的位置，有可能無法回到阿烏納特的小屋，也回不了村落。如此一來，只能賭一把，在黑暗的雲層下隨便找個地方下切冰河，如果能順利抵達海岸算是幸運，但十之八九會掉進某個冰隙就這樣死掉吧！這是我能想到的最危險的行動。太可怕，我辦不到。也就是說，返回村落這個選項在橫越冰河的時候，就已經被封印了。如果要回去，就只能等到極夜結束，天色變明亮之後才可以。

二月中旬之後極夜才會結束。今天是一月十日，是出發後的第三十六天。從村子裡帶來的食物總共兩個月份，途中有抓到野兔所以多少省下一點，但也只剩下不到一個月的量，這個量還不足以返回村落。

然而，比我的食物更嚴重的是狗糧。原定在依努費許亞克會有大量狗糧，所以我只準備了四十天份。我再度確認狗糧的存量，看來我之前應該沒有讓牠吃到規定的量，如果省著吃應該能撐十天。或許之前狗沒什麼活力，不是因為得了極夜病，只是單純吃得不夠而已。不過，這些量終究沒辦法讓我們回到村落。再這樣下去狗會死。而且是餓死。死在路上。想到這裡我突然覺得有種窒息感。我希望能盡可能避免這種情形。

我會這麼想，當然也是基於過去旅程累積了回憶，和這隻狗培養出宛如骨肉之情般的親近感，但除此之外，我覺得我只剩下這隻狗了。為了這次探險，我訓練狗並且數度來到依努費許亞克，製作工具、練習天體觀測，做了各種準備，我也覺得透過這些準備，擴展了我心中的世界。那就像「自我」延伸到狗、依努費許亞克的土地、六分儀以及我自己製作的各種工具上，融合成一體，彷彿那些土地、工具、生物都化為我身體的一部分。

在自我擴張的感覺中執行極夜探險，原本夢想著可以藉此進一步拓展我的世界，讓世界因「自我」而膨脹爆發，然而在現實的探險中我只發現六分儀被吹走、物資遭到破壞，內心擴張的世界一夕崩毀。而且，一回過神來才發現，我內心擴張的世界只剩下這隻狗。如果狗死了，一切就結束了。我雖然心想絕對不能讓牠死，但或許我只是想透過守護狗的生命來守護自己建構的世界。

無論如何，糧食都會不夠。為了不讓狗死掉，只能捕獵。我判斷，與其在黑暗中賭一把返回村落，不如在某處找到獵物、確保糧食還比較安全。然而，一樣都是獵物，像野兔和狐狸這種小動物，肉量根本不夠。至少也要是海豹以上，可以的話最好抓到北極熊或麝香牛等級的大獵物。外人捕獵這些大型動物屬於違法行為，但這種規定也只能暫時擱置。如果能捕到大型獵物，大概就等於我和狗一個月份的糧食，或許還能來個大逆轉，在困境下繼續北上抵達北極海。畢竟我有很多燃料啊！

捕到獵物不僅可以拯救我的狗，還能繼續旅行，這就等於救了我自己。我對天地發誓，一定要捕到獵物。我對月亮起誓。我還不能結束這趟旅程。接著，我開始思考，要在哪裡捕什麼獵物。我第一個想到的是比較適當的麝香牛。

北極熊是為了獵捕海豹而在海冰上遊走的浪人，如果不到牠獵捕的時候就不知道牠在哪裡。也就是說，能不能碰到北極熊要看運氣。但麝香牛就不一樣了。比起北極熊，麝香牛的棲息數量多，再加上我這幾年都在阿烏納特和依努費許亞克周邊行動，所以其實知道牠們群聚的地點，而且也能推測牠們可能聚集的地方。

我心想，只能去賽普坦巴湖了。

賽普坦巴湖是二〇一四年我第一次和狗外出旅行時經過的湖，湖畔和山丘上有大量的麝香牛群聚。我應該看過五、六次，十頭左右的麝香牛群。看那個光景，稱呼那裡是麝香牛牧場也不為過。當時我因為異常寒冷而發抖，在那裡獵到一頭麝香牛，猛吃牛脂肪暖了身子才得以繼續旅行。獵到麝香牛就等於獲得大量的狗糧，所以我把剩下的狗糧留在阿烏納特的小屋，但後來那些狗糧又被卡納克的獵人拿走。之所以發生這樣的事件，起因就是賽普坦巴湖的麝香牛。我心想只要去到那裡，一定能獲得牛肉。此時，我腦海裡鮮明地浮現那些牛群聚在一起的模樣。

剩下的時間不多了。抬頭看天空，渾圓的月亮散發夢幻的黃光。月亮微微笑著。這天的月齡是十一點八。再過不久就要滿月，之後會有五、六天很明亮。然而，之後就會漸漸變暗，沒有足以在遠處識別獵物的光量。在這個極夜世界狩獵只能依靠月光，因此無論如何努力，從現在開始只有一週左右的時間能捕獵。

沒時間了。我很焦慮，馬上就開始整理行囊。為了加快腳步，我把預備的雪橇和多餘的燈油、裝備留在英國探險隊的物資站遺跡處。連一個小時都不想浪費的我，激勵我的狗：「一定要捕到麝香牛！」接著馬上出發。

走著走著，月亮的高度越來越高，天色變得更加明亮了。正值滿月期的月亮，升到正上方的時候，會讓人覺得什麼都能看得清。麝香牛又黑又圓，走路慢吞吞地，即便在春季天色明亮的時期也很難和岩石區分。不過我想有月光的話應該沒問題。數度望向月光淺淺映照的海岸，把那裡的岩石輪廓當作麝香牛，告訴自己沒問題，這樣一定看得到。

因為被逼入絕境，腦下垂體噴發大量腎上腺素，使得我異常專注。僅僅一個小時，就抵達由賽普坦巴湖流出的河川（暫且稱為賽普坦巴河）入口附近的海岬。

然而，之前爆發的腎上腺素好像漸漸消失似地，我突然冷靜下來。

當場停下腳步，自問這樣真的可行嗎？

我回想起二〇一四年從賽普坦巴湖下切賽普坦巴河的時候。賽普坦巴河整個河床都是大顆的鵝卵石，上面還覆蓋著軟雪。每次前進雪橇的滑軌都會卡到石頭或者翻覆，短短二十五公里需要四天才能走完。那裡並不適合人類拉雪橇走，而且我當時甚至在心裡發誓絕對不要再走這條路。而且，如果真的要去賽普坦巴湖，就必須過這條河。

我告訴自己，要冷靜下來思考。如果在天色明亮的時期下切需要花四天，那在黑暗中走這條路至少要五天，甚至是一週。我再度望向海岸的岩石區，想像五天後月光開始變弱，屆時是否能區分麝香牛和岩石呢？再加上，天氣也是一個問題。

今天天氣好，所以視野開闊，如果像在冰床上那樣，天空被烏雲覆蓋就什麼都看不到了。抵達那座湖的時候，不見得天氣也這麼好。應該是說，天氣好的可能性比較低。而且，我覺得這個計畫不太可能實現。腎上腺素褪去之後我突然變得很膽小，覺得我不可能光靠月光就捕到麝香牛。如果去了賽普坦巴湖又沒獵到麝香牛，我也沒其他選擇，只能再度下切賽普坦巴河。既然如此，有沒有其他更好的地點呢……

我想今天最好在帳篷裡慢慢考慮。我重新思考，無力地沿這條走了兩個小時的路走回去，在英國探險隊物資站的遺跡附近紮營。

極夜的內院

帳篷的天花板緊密地吊著皮手套、皮褲等需要烘乾的衣物。吃晚餐的時候、鑽進睡袋的時候，我都在想該到哪裡去狩獵，不知道自己究竟何去何從。剩下的糧食有限，必須決定狩獵的期限。如果沒捕到獵物，就這樣返回村落，就必須靠手上的糧食撐回去。我再度確認，糧食只剩下不到一個月的量。

然而，我在物資被吃掉之後，注意到其實還有除了眼前糧食以外的隱藏版食物。也就是狗肉。

得知英國探險隊的物資被吃掉之後，我在心中發誓絕對不能讓我的狗餓死，但同時也冷靜地想到，若狩獵失敗沒捕到獵物，就只能吃死掉的狗肉回到村落了。如果沒捕到獵物，狗一定會在途中精疲力盡。如果演變成這樣的局面，除了吃牠的肉別無他法，此時就等於我的糧食自動增加。

從阿蒙森抵達南極的旅程等過去的探險紀錄中，我得知當時的探險家曾把狗列入糧食規劃中，但我從未想過真的把自己的狗當成糧食。我在演講時被問到：「遇難沒有糧食的時候會吃狗肉嗎？」還笑著回答：「哈哈哈，我會小心不要發生這種情況。」但是，現在已經面臨有可能要吃狗肉的狀況了。

其實不管會不會吃，考量到可能捕不到獵物的狀況，還是必須把狗肉計算在內。狗平常的體重推測約為三十五公斤，餓死時大概剩二十公斤，包含內臟可以吃的部分應該有十公斤，所以狗死掉的話就等於有十天份的糧食。手邊的糧食再加上狗肉，剩下的食物約有三十五到四十天份，這樣算起來，今天是一月十日，就算狩獵失敗，糧食也能撐到二月十五日至二十日。

到那個時候天色已經很明亮，應該能夠判別冰河入口，最差就是我自己生還回到村落。我先以這個時間點為死線，反推能夠狩獵的時間。從阿烏納特回村落，和來時一樣必須經過凍原和冰床等二次元平面空間。到了二月白天就會變亮，應該不太會像來時一樣迷路，但嚴冬期的冰床有時會連續吹起一週的暴風雪，所以必須保留充分的時間。我認為包含準備日在內，從阿烏納特回到村落需要兩週的時間。

假設在二月十五日回到村落，二月二日就必須從阿烏納特的小屋出發。而且，從依努費許亞克到阿烏納特需要花四、五天的時間，最遲也要在一月二十七日左右從依努費許亞克出發。也就是說，今天是一月十日，能狩獵的時間大概只有兩週。

必須在考量時間只有兩週，而且月光會漸弱等條件決定獵物和地點。就現況來看，獵物應該選麝香牛或海豹，但兩者各有優缺點。麝香牛的棲息地我已經大致掌握，如果找到的話就能馬上靠近，要進入射程距離並不困難。而且過去也有獵過幾頭麝香牛的經驗。但我不知道單憑月光能否判別牛隻，而且就算進入射程距離，我也沒信心能靠頭燈的光線搭配準星和覘孔瞄準獵物並且成功射擊。

之前我在黑暗中獵到兩隻野兔，但兩次距離都很近。一般來說，獵物應該不會中彈。而且還很有可能因為頭燈的光線被嚇跑。另一方面，只要找到海豹的呼吸孔，靜靜在原地等待就能獵到，所以優點是在黑暗中也能狩獵。不過，能否找到呼吸孔要靠運氣，再者我自己沒有找海豹呼吸孔的狩獵經驗，這是最大的障礙。而且，呼吸孔能獵到的環斑海豹體型小，肉量也少。要繼續旅行的話，就需要好幾頭海豹肉。

我知道以一般常識思考的話，應該要撤回阿烏納特才對，畢竟糧食不夠。回到阿烏納特離村落比較近，就肉體和精神層面來說是最安全的選擇。再加上阿烏納特的野兔很多，有時也會出現麝香牛。或許還能獵到最近數量變多的狼。而且只要把多餘的行李放在小屋裡，就能輕裝打獵，滯留十天應該可以獲得不少鮮肉。

我好幾次都聽到惡魔在耳邊低語：「回到阿烏納特是最安全的選擇。」但是每次我都擺脫這種念頭。因為我覺得只要回到阿烏納特，就表示這趟旅程已經結束了。這並不是在強詞奪理。實際上，在這樣的旅程中一旦想撤退，之後就不可能再提起精神了。我決定不回阿烏納特，反而選擇繼續北上。我要再繼續遠離村落這個人類世界，進入更深層的極夜黑暗之中。這麼做或許能為這趟旅程打開一條活路。即便不能抓到獵物，往北前進之後，我應該也不會後悔自己的選擇。

我看著地圖思考北方有哪裡可以獵麝香牛，發現往北約五十公里處有一個叫做達拉斯灣的地方。內陸有一片濕地，看來應該是麝香牛進食的地方。而且濕地南側連接我之前提過的麝香牛牧場——賽普坦巴湖。

二〇一四年我到賽普坦巴湖時，看到從湖泊越過山丘往北前進的牛群，那些牛應該就是在湖泊和濕地之間移動。而且，達拉斯灣還有另一個值得指望的重點。比起海岸，麝香牛更常見於內陸，格陵蘭的地形是海岸多斷崖，能拉著沉重雪橇進入內陸的地點有限。然而，在地圖上看到的達拉斯灣地形非常平緩且延伸到深處，看起來很容易進入內陸區域。

總之我已經決定方向。先朝達拉斯灣北上，途中如果有不錯的冰層裂縫就試著找海豹的呼吸孔。如果獵海豹順利，就專心捕獵，如果不順利就直接到達拉斯灣獵麝香牛。

翌日天氣仍然晴朗，月光燦燦。我在晚上九點半從英國探險隊的物資站遺跡出發，朝北方的海岬前進。雖然零下三十五度的氣溫很冷，但身體已經完全適應，拉著雪橇走便滿身是汗。這趟極夜探險我已經做好會有連日零下四十度到五十度的心理準備，所以也帶了足以禦寒的裝備，其實我對寒冷並沒有太大的恐懼感。

接近海岬之後，發現有一道寬四十公分的新裂縫，延伸到依努費許亞克半島的前端。海岬周邊因為潮汐漲退引起應力變化，使得海冰容易產生裂縫，海豹大多在這種裂縫開呼吸孔。所以我把雪橇留在原地，把來福槍和獵海豹用的鉤棒等裝備掛在肩上，開始沿著裂縫尋找孔洞。

裂縫遊走在因為潮汐壓力而凸起的冰和粗冰之間，所以路很難走。我找了五百公尺左右，終於看到類似呼吸孔的孔洞。通常呼吸孔會因為海豹吐氣而結凍，然後微微隆起，但這個孔洞並沒有因吐氣而隆起的樣子，只是稍微凸出一點而已。不過，那有可能是新的呼吸孔。總之，我先回到雪橇邊，把雪橇拉到孔洞附近，穿上防寒衣，抓著來福槍在孔洞旁等待海豹來換氣。

無風無聲，只有月光、黑暗和沉默。我靜靜等了一個小時，但是完全沒有動靜。雖說我已經適應了寒冷，但停下來不動的話，寒氣就會穿過衣物和皮膚滲透到身體內側。

在不知道是否為呼吸孔的情況下等待實在很沒效率，所以我決定重新開始拉雪橇移動。我又找到新的裂縫，所以一樣再搜尋五百公尺，果然還是沒找到呼吸孔。就在做這些事情的時候不知不覺到了該休息的時間，我回到剛才覺得可能是呼吸孔的地方，我把鉤子分成三股，做成簡易的陷阱放在孔洞內，然後就近紮營。

要是陷阱能抓到海豹就好了，但我想大概不可能吧。應該是說，這個洞怎麼想都不會是呼吸孔。

嘗試一天之後，我深感獵海豹實在太沒效率。只是稍微晃一下，到處尋找孔洞就已經花了好幾個小時。況且邊以人力拉雪橇邊找呼吸孔本來就太勉強。因紐特人在旅途中找呼吸孔時，通常都是乘著狗雪橇沿裂縫跑好幾公里，以人力拉雪橇想做到一樣的事，就必須拉著雪橇在粗冰中繞行，這樣會消耗很多體力，能移動的距離也不多。

因此，我必須放下雪橇，空出身體去找，但這時候又擔心雪橇留在原地會被北極熊襲擊。如果有海豹的呼吸孔，以海豹為食的北極熊當然會在附近徘徊，這一點也不奇怪。如果雪橇被北極熊襲擊，那我只能等死，因為害怕這一點讓我不敢離雪橇太遠。如果有夥伴的話就能留人看守雪橇，但獨行的話就沒辦法了。而且，自從我來到阿烏納特就幾乎沒有發現北極熊的蹤影。只有一次看到很舊的足跡而已。或許海豹已經移動到別的海域，北極熊也跟著追過去，所以這裡才會沒有蹤跡。想到這一點，獵捕可能性低的海豹看來不是聰明的選擇。

我再次變更計畫，決定專心獵麝香牛。距離達拉斯灣還有四十五公里。如果兩天能走到的話，就可能會有將近一週月光明亮的時間。我盤算著就算獵不到麝香牛，應該也能捕到兩、三隻野兔。

隔天收帳篷的時候，狗一副等不及的樣子開始啃我的糞便。我很喜歡看牠吃東西。因為牠一副很美味的樣子，一直看也不會膩。看著肚子餓的狗大口大口發出很美味的聲音吃東西，即便那是人的糞便感覺也好像很好吃，讓我感到不可思議。之前的行動日我都用在村落買的整顆番茄罐頭的空罐裝狗糧，每天餵三到四罐，但從昨天開始就從三罐減少到兩罐，所以我想牠應該很餓。

吃完早餐之後，狗到稍遠的地方看著遠處，用一副很舒暢的恍惚表情拉屎。牠雖然是幾近野生的狗，但比我還有禮貌。

「來吧，烏雅米莉克我們要出發了。如果你死掉的話，這趟旅行結束了。」

我這樣對牠說，結果淚腺被自己說的話刺激，不禁熱淚盈眶。我絕對不讓牠死的決心更加堅定，腎上腺素再度爆發。體內唰地噴發出腎上腺素。我再度下定決心，無論如何，一定要在月光明亮的時候捕到麝香牛。

可能是有腦內物質相助的關係，我和狗奮力奔向達拉斯灣。邊走邊注意有沒有北極熊。只要有一頭北極熊過來，問題就一口氣解決了。我的狗也很激烈地運動，拚命拉著雪橇。羅素海岬周邊太多粗冰，所以耗了不少工夫，但稍微遠離外海之後就出現平坦的新冰地帶，前進的速度也跟著變快了。

我和狗拉著雪橇盡可能地向前奔跑，我們的四周就是美麗而壯闊的黑暗與冰雪的世界。左手邊反射月光的冰雪絨毯微微發出白光，深處完全看不到，因為已經被吸入黑暗，融於黑色的天空中。右側是高兩百公尺的垂直斷崖綿綿相連，上方的滿月就像母親之神般照耀大地，以充滿慈愛的光芒輕柔包覆整個世界。有時候，那如同靈氣（ectoplasm）、白綠色霧靄的氣體發光物，就像過世的祖母的靈氣一樣，在懸崖上緩緩擺動。那是極光。

極光是一種被稱為太陽風的電漿碰撞地球磁場後引發的現象，在北緯六十七度附近的極光最美，雖然這次旅程的緯度太高，但似乎還是會產生極光，雖然剛開始分不出來是雲還是極光，但從奇怪的動態來看，大概是極光吧！極光的光線微弱，而且會以非常奇妙的樣子搖晃。

我在月光和被月光照亮蒼白地浮現於暗夜的夢幻景致中步行，完全就像在宇宙空間裡探險一樣。無聲，亦無風。只有一點光線。剩下我、冰雪和月亮。還有我的狗。冰河這個進出村落的門戶被黑暗封印，所以實際上我已經被關在與人間隔絕、宛如宇宙空間般的世界裡。至少我是這麼覺得。因為無處可逃，所以我只好加入宇宙本身的周圍風景內，與之融為一體。

月亮、星星、黑暗、風雪、我的狗等周邊的元素，每一項都主宰了我的命運，因此我和這些元素之間都有看不見的繩子直接相連。（不過狗是真的有繩子牽著。）風景之所以看起來美，是因為我並非單純的觀光客，而是以一個想活下去的人類之姿來到這裡。我周圍的黑暗、星辰、月亮並不是看來漂亮的欣賞物，而是和我有本質性關聯的物體與現象。

我依賴天體旅行，被黑暗支配。在這種狀況下，使得我融入這些元素互相影響的循環之中。我一邊感受這些事物一邊前進，強烈地感覺到我已經融入了！融入這個循環的世界，真的脫離社會系統了。我品嘗著這種感覺，一邊朝達拉斯灣前進。

我心想歷史上究竟有幾人親眼看過如此壯闊的美景？

居住在文明社會往往會遺忘，地球其實也不過是漂浮在宇宙空間中的一個天體而已。此時，我在黑暗與冰雪中，被凍結萬物的寒氣包圍，在月亮和星辰的指引之下移動。我的移動行為，也就是我自身的存在，在黑暗、凍結的寒氣中藉由與月亮星辰連結而成立。可能是因為這樣，我覺得與其說自己在地球，不如說自己是在宇宙之中的地球表面。簡而言之，我所到之處並非地球，而是宇宙的一隅，這讓我覺得自己好像在宇宙探險。

一邊感受進入這個宇宙本身的極夜世界深處，一邊在內心懷抱著不知道狩獵能否成功的不安，同時也期待接下來可能就要進入自己夢想中的探險高潮。現在，我是真的要進入未知的空間了。

未知有兩種，一種是表面的未知，另一種是根源性的未知。譬如二〇一七年現在這個時間點挑戰人類未到達的山峰，這就是表面的未知。至今仍有人類從未到達的山峰，沒有人去過就算是未知空間，但登山這種行為，現在已經是一個固定範疇，而且發展得很成熟。就算是未竟之地，比方喜馬拉雅、安地斯山脈等土地，本身的未知性早就已經消失。就這個層面來看，即便未竟之地屬於未知，但周邊的土地早就是已知範疇，其未知性質很有限，也就是只有登頂之路算是未知而已。

相對之下，根源性的未知則是行為本身乃至整體狀況以及對世界本身的未知。包含自然環境、狀況、方法論、想了解的對象都不明，該相位空間本身就是未知。也就是位於我們平常生活系統外側的世界。我一邊朝達拉斯灣前進，一邊深切感受到自己正位於這種根源性的未知狀況中。

而且，很諷刺的是，根源性的未知之所以變成現實是因為物資全都被破壞殆盡。如果還有殘留物資，會是什麼情形呢？我應該會按照事前計畫抵達依努費許亞克，在大量冷凍乾燥食品和汽油燃料的守護下，過著相對舒適的生活吧。然後，就在我舒坦地過日子時，太陽漸漸接近地平線，天色漸亮，就在極夜結束的一月底或二月初從物資站出發，北上前往北極海。雖然不知道能不能到北極海，但走到差不多的地方，欣賞太陽升起的樣子，然後心想著：「啊，太陽終於升起了！」為這樣按照預定完成目標而感動，然後在某個地方折返。接著，在出發四個月後英雄般地回到村落，慶祝按計畫完成旅行。

但是那真的是我要的極夜探險嗎？這麼做難道真的就是取代地理探險的嶄新探險模式了嗎？

若按計畫進行，我的確能繼續在極夜中旅行，極夜探險的標題並不虛假。然而，事實上內容則有所欺瞞。畢竟原定計畫中，真正黑暗的極夜期間後半段，我都一直待在物資站休息。在帳篷中休息，不可能加深對極夜的了解。至少要在黑暗中移動旅行，才能了解漫長的黑夜對人類精神造成的影響，也就是黑暗的本質，在那之後看到太陽，了解光明的意義，這才是極夜探險原本的目的。然而，就在準備過程中，這個目的配合現實狀況經過調整，計畫變成後半段都在休息。

為什麼會這樣？其實是因為我把目的地設定在北極海。即便我再怎麼主張，最大的目的在於極夜探險，但既然要移動，為圖方便還是要以地理上具有某種意義的地點為目標比較體面。假設我說要以華盛頓地（Washington Land）北端為目的地，也沒人知道在哪裡，而且如果被問到那裡有什麼意義，我也只能詞窮地回答：對不起，我也不清楚。

開始行動之後，我應該會開始自問：不去那種沒意義的地方也無所謂吧？最後甚至降低前進的動力。為了避免惡性循環，就算只是圖方便而訂定的目的地，我還是希望那是個有意義的地點，而肖拉帕盧克以北就只有北極海了。

我是在這種狀況下決定以北極海為目標，不過一旦設定有意義的目的地，反而會被意義限制，以北極海為目的地的地理性目標脫離原本的主旨，反而占了上風。因為真正的目的是極夜探險，所以本來不去北極海也無所謂，但是我偏偏不喜歡沒能抵達終點那種彷彿在登山時無法登頂、中途敗退的感覺，於是便開始朝前往北極海的方向擬訂計畫。

結果發現從潮汐和結冰狀況來看，只有二月中旬才有時機能越過海峽到加拿大那一側，完成抵達北極海的目標。如此一來，無論如何我都必須在物資站休息三週，最後我為了前往北極海，接受在半吊子的狀況下結束極夜探險。儘管我以取代地理探險的新探險為題，宣布真正的目的並非到達地理上的某個地方，而是要了解極夜本身，但實際上的計畫早就被北極海這個地理目標吞噬。

當然，我早就發現自己的計畫中有這種欺瞞世人的成分，但又覺得這也無可奈何。這種程度的矛盾，只要我不說，別人絕對不會知道，畢竟前半段到依努費許亞克為止的確是在冬至前後的極夜中移動，就算後半段放鬆休息，極夜探險的標題仍然不假。而且，即便我放鬆休息從事半吊子的極夜探險，只要成功，我仍然跨越極夜完成為期四個月的漫長北極之旅，大家應該都認為這樣的壯遊很有魄力，獲得超狂旅行的評價，運氣好的話搞不好還會獲頒植村直己冒險獎。所以我沒有把欺瞞世人的部分告訴任何人，偷偷藏在心裡，暗自竊笑。應該是說，我在無意識之中，裝做自己什麼都不知道，把這個問題封印起來。

然而，極夜與月亮這個極夜之主，沒有放過我的欺瞞。所以祂命令北極熊，破壞物資和我欺瞞的事實。因為物資被破壞，原本放鬆休息的計畫和北極海一起煙消雲散，我為了獲得食物，只能在黑暗中憑藉月光前往達拉斯灣。以北極海為目標這種抵達地理位置的古典行為失去意義，讓我的旅程在意外之中，以非常強制的方式，導向探險極夜這個原本該有的正確方向，再度把我拉回黑暗的舞台。

我已經不知道這趟旅程最後會怎麼收場了。我真的會獵到麝香牛，獲得再度北上的機會嗎？還是捕不到獵物，就這樣返回村落呢？不只黑暗的混沌，還要加上秩序和諧遭破壞後產生的混沌，我已經被拋進完全無差別的的混沌漩渦之中了。

和諧的故事瓦解，執筆的我當然覺得困惑，本來是想好最後要以極夜為題寫一本書，所以才事先想好旅行的路線，結果現在已經不知道能寫什麼，實在很困擾。不過，身為一個行動者，不知道接下來的旅程反而覺得有趣。

這就是極夜，這就是紀實文學。即便我身陷絕境，仍然興奮地往達拉斯灣前進。

我在一月十三日早上到達拉斯灣，那是發現英國探險隊物資遭破壞的第三天。

＊

因為減少狗糧的分量，再加上一鼓作氣前進，狗很快就開始變得瘦弱。即便是抗寒能力佳的犬種，在零下三十度從事重勞動也撐不住。牠肋骨凸出、腰圍消瘦，後腳到臀部的肌肉全都消失。每次撫摸牠的身體確認狀況，都會覺得牠好可憐，不禁令人想流淚。狗糧再過五、六天就要沒了，所以我決定等狗糧吃完，就要把自己吃的海豹脂肪和培根分給狗，多少讓牠活久一點。

另一方面，月光變得非常明亮。就在我同情狗的時候，也想著有這麼亮的話，一定能在達拉斯灣內陸捕到獵物，心裡產生接近確信的期待。在月光消失前還有一週左右的餘裕。這一週之內，只要在凍原上遊走，就一定會碰到麝香牛群，麝香牛這個目標很大，必定一擊就中。就算捕不到麝香牛，應該也有很多野兔才對。

以前在明亮的季節時來旅行，好幾次都因為食物不夠而出門獵野兔，只要想捕，輕輕鬆鬆就能捕到三、四隻。我盤算著如果狩獵一整天，應該能捕獲十隻左右，每天最少抓到一隻，就足以充當我和狗一天份的糧食，所以只要邊獵野兔，撐個十天至兩週，待天色亮到一定程度再獵麝香牛也ＯＫ。滿月的月光讓我本來就病態的樂觀變得更樂觀了。

達拉斯灣內整片都因為潮汐的壓力，隆起三、四公尺的巨大冰丘，間隙上覆蓋著軟雪。這種路況很難前進，只好轉而往岸邊走，我和狗不知不覺就登上岸冰。岸冰上呈現一片令人歡喜的風景。

被雪覆蓋變得純白的海岸上，如我所料四處都是野兔走過的路。仔細一看，岸冰上也都是野兔的足跡。太好了，我很想擺出拉弓的勝利姿勢。果然這片土地上有很多獵物。我心想那就趕快取得兔肉吧！便留下雪橇，開始在附近繞。第一天就捕到三隻野兔啦！哇喔！我腦海裡充滿這些妄想，眼睛閃閃發光，有段時間都以愉悅的心情四處走動。

我從岸冰沿著野兔的足跡小徑，攀登海岸的小雪丘並望向對面。如果先被野兔發現，牠們就會逃走，所以我慎重地從岩石後面伸長脖子看。在野兔的獸徑上晃了一陣子，卻沒有發現野兔的身影。

雖然心裡覺得：沒想到還真難找、果然還是因為太暗了啊！不過，照這樣看來一定會獵到多得數不清的野兔，所以我為了找真正的目標麝香牛而朝內陸前進。沿著岸冰走，出現一個注入灣澳、像是山谷河口的空間。地圖顯示沿著山谷往上游攀登，就會抵達和賽普坦巴湖連結的濕地，於是我開始從岸冰走向陸地並回溯山谷的上游。山谷平緩而且雪面堅硬，走起來很舒適。攀登一個小時之後，在最後的雪面陡坡拉上雪橇，上面是一片平坦的廣大雪原，我在此地紮營，隔天繼續往山谷上游攀登。

我和狗已經抵達隨時出現麝香牛也不奇怪的地方了。月光微微地映照，使得雪原泛著一層白光，不開頭燈也能大致掌握地形。不過寬廣的雪原很快就變成大山脊，不斷朝南蜿蜒而去。內陸一般而言呈現無風狀態，因此山脊覆滿軟雪，下方隱藏著河灘石般的鵝卵石，如果走到那裡雪橇一定會被卡住，導致消耗大量體力。不過，雪多的山脊到處都有麝香牛把雪翻開吃草的痕跡，得知終於進入麝香牛的棲地，讓我充滿緊張感。

月光讓我的眼睛適應黑暗，我更加仔細邊找邊走。

滿月前後的月亮，處於二十四小時不沉的狀態，宛如極夜中的永晝。因此，雪原整天都反射月光，看起來就像雪原自帶微弱ＬＥＤ燈一樣，朦朧地發光。整體像是微微浮在半空中的雪白地帶一樣，好像連很遠的東西都能看得清楚，不過那一切只是錯覺，如果不靠近看，還是不知道實際情形。在這次旅程中我已經痛感自己在這種似乎看得到遠方的狀況中，真的會覺得：啊，我果然看得到遠方！在燦燦的月光下，總是以為自己真的能看到遠處。

一方面是因為這種光學效果造成現在的精神狀況，另一方面是因為這裡的地質，呈現到處有顏色和大小宛如麝香牛般的岩石。距離近的岩石我當然看得出來是岩石而不是麝香牛，但距離一百至兩百公尺的黑影，我就分不出來是岩石還是麝香牛了。應該說是實際上可能距離一百、兩百甚至五百公尺，但感覺上都像兩百公尺左右。

盯著這些可疑的黑色圓影，當我懷疑那可能是麝香牛時就會問狗：「那是不是麝香牛？」然後要牠往那個方向看。畢竟狗吃過很多次麝香牛，牠知道麝香牛肉的美味，而且非常喜歡，再加上現在又餓，如果真的是麝香牛牠應該會流著口水並且以讓我目瞪口呆的氣勢拉著雪橇狂衝。不過，狗對我的問題毫不在意，繼續趴在地上。也就是說，那個黑影不是麝香牛，而是長得像麝香牛的岩石，也就是說那比較有可能是麝香石，只是在我眼裡看起來比較像是麝香牛而已。我停下雪橇，穿上防寒衣，肩上掛著來福槍，滿懷期待靠近黑影。

發現前方約兩百公尺處有個疑似單獨行動的公麝香牛身影，報告完畢。

我很興奮地慢慢一步一步踏在雪上，以免被麝香牛發現。緩緩地、慢慢地，屏息靠近。朝獵物靠近五十公尺。再靠近一百公尺。然而，原本以為位於兩百公尺處的黑影，完全沒有靠近的跡象。我心裡覺得奇怪，放棄慢慢走，改為大方地快速前進，發現原以為是麝香牛的黑影果然是麝香石，而且距離不止兩百公尺，走了三百公尺都還沒到。簡而言之，那是位於遠處、完全不像麝香牛的大岩石。

之後雪原周邊仍然到處都是和麝香牛差不多大的黑色麝香石。從遠處看沒辦法否定那就是麝香牛的可能性，所以只能試著慢慢靠近，結果發現還是麝香石。我就這樣重複發現疑似麝香牛黑影，便偷偷靠過去確認的循環。大概這樣重複三、四次。可是最後都不是麝香牛，只是單純的岩石，我漸漸覺得徒勞無功而且很笨。不只麝香牛，就連留下許多足跡的野兔都沒有出現。

我在找不到獵物的狀況下，一直向上走進山谷深處，不久我便開始感覺到這裡很像是源頭。此時，黑暗深處傳來「嗚啊啊啊！」這樣陰森恐怖的慘叫聲，撕裂沉默般地迴響。我朝叫聲的方向看過去。

但是，那裡什麼都沒有。只有一片黑暗。黑暗中，只有被月光照耀的雪原而已。被尖叫聲撕裂的沉默馬上又復活，黑暗的空間擠壓著世界。但我確定聽到慘叫。那宛如鳥鳴般的巨大悲鳴令人毛骨悚然，我當然沒聽過這種聲音，但感覺好像棲息於白堊紀的史上最大飛行動物風神翼龍的叫聲似的，聽起來非常尖銳。可能是我幻聽，但幻聽也未免太清楚了。我心想，那該不會是幼馴鹿或什麼動物被狼攻擊了吧！鄰近的加拿大埃爾斯米爾島有太多狼繁殖，而且牠們為了找獵物開始來到格陵蘭這一側，近年數量大增。一定是那些狼群在附近狩獵。

狼的存在突然真實浮現在我眼前。

隔天走出帳篷時，月亮被後山的陰影遮住，天色很暗。

當滿月一過，月亮的高度開始下降時，我總莫名地覺得悲傷。在極夜旅行的期間，我常常有這種感覺，但此時月亮這麼快就下降高度，接下來會進入越來越暗的循環，這樣的事實擺在眼前，讓心情變得很沉重。剩下的時間不多了。

我已經進入內陸，本來打算在某處紮營，然後空出手腳到附近找麝香牛群。但邊拉雪橇邊狩獵有所侷限，而且會消耗體力，所以比起到處亂走，不如在草場附近等牛群過來。而且不移動的話，狗也可以保持體力。不只是狗，這幾天我也感覺到自己大量消耗了體力。畢竟從旅行開始已經連續拉雪橇四十天左右，尤其是自達拉斯灣進入內陸之後都是陡坡，地上都是渾圓的河灘石、岩石、軟雪，雪橇陷入地面我就必須拉或者用力撐著，真的感覺很疲勞。氣溫也一直將近零下四十度，因為體力消耗過多，我經常會在睡袋裡突然顫抖不止。

而且，昨天聽到慘叫之後，我就改變心意了。想到空出手腳搜尋獵物時，狼可能會襲擊帳篷，我就嚇得無法動身。再加上從前天開始，整天到處走卻連一隻野兔也沒看到，更不要說是麝香牛了。或許這裡是幾乎沒有動物的地方。如果是這樣的話，我開始覺得最好趁著月色還亮，趕快進入比較有可能出現牛群的內陸濕地。

地圖顯示內陸廣大的濕地區和賽普坦巴湖相連。二〇一四年旅行時看到麝香牛群的畫面，在我腦海中盤旋不已。牛群中可能會有逃往濕地區域的集團，考量這一點，前方的濕地一定有牛群的一大棲息地，也就是麝香牛牧場＝樂園。怎麼想都是前往內陸，遇到牛群的機率比較高。

我繼續深入山谷，前往可能是樂園的濕地。昨天途中走錯路線，從主流誤入旁邊的區域，所以應往右邊的河灘走，回到應該是主流的山脊。之後我慎重地對照指針和地圖攀登山谷。看起來像是麝香牛的黑影通常都是岩石，所以我沒有像之前那樣一一確認。比起確認那些岩石，直接進入樂園比較有效率。

「烏雅米莉克你還好嗎？有沒有看到麝香牛？」

我數度停下來和我的狗說話。狗越來越瘦，拉雪橇的力量明顯變弱。

我和狗登上巨大的山谷。早上隱藏在山後的月亮已經在天空中散發黃色的光芒，奇異地照亮世界。雖說月亮已經開始消亡，但這個世界仍然留有足夠的慈光。因此，看起來好像能輕鬆掌握地形，但攀登山谷後，發現地形意外複雜，山脊也細分成好幾個方向。分歧的山脊在更上游的地方漸漸失去地形特徵，在交界處與黑暗融合，所以我就像之前一樣，又搞不清楚路線了。

半信半疑地在月光的引導之下，攀登應該正確的小山谷，那座山谷的對面看起來是連接濕地和峽谷之間的野生動物獸徑，充滿麝香牛和野兔的足跡。那裡有很多足跡。完全就是樂園的入口。足跡多得令我驚訝，我瞪大眼睛非常興奮，一邊為了過不久可能會出現的牛群而激動，一邊拿出龜川和折笠留給我保管的單眼相機記錄當下的實況。

不過，無論我怎麼張望，邊凝視遠方的黑暗邊前進，也都沒有發現麝香牛和野兔的蹤跡。明明有這麼多足跡卻沒有動物的身影，只有宛如海綿般的軟雪一直在吸收我的體力。找不到獵物讓我越來越焦躁。

攀登這座山谷一段時間之後，發現這裡不是正確的山谷，而是支流，所以我和狗又再度回到其他的小山谷向上攀登，不久之後就抵達山谷的源頭。源頭是個充滿鵝卵石的陡坡，我心想：又不是最強靈長類亞歷山大．卡列林，怎麼可能在這種地方拉雪橇走啦！這段令人不禁失笑的斜坡擋在眼前，但是不穿越這裡就無法抵達樂園。

我發出吼叫聲，使出全身血管膨脹的力氣，硬把雪橇拉上去。狗也配合我的吼叫，激烈地喘氣，四肢都用盡全力。和險峻的鵝卵石陡坡格鬥結束後，坡度終於變得平緩，可以看到連著另一側山谷的山頂。

從山頂往下一段路，腳邊出現壯闊的景色。覆滿雪的廣闊濕地山谷間，因為接受從天空照射的薄薄月光，直到遠處都在黑暗中發出白光。雪原一直延續到深處，在黑暗中模糊地消失。那是非常壯闊的美景，太美了，美到像八戶市的美女市議員一樣。因為景色實在太夢幻又充滿迷幻感，讓我看到忘神了。

這很明顯超越地球風景的層次，就算說是地球以外的行星，大家應該會說：喔，是這樣喔！然後毫無疑惑地接受。比起地球，這片景色更像木星或木星的衛星木衛三或者半人馬座α星等，在科幻電影經常出現的、離太陽很遠所以整個星球凍結的地方。黑暗中在月光下模糊浮現的冰雪風景，更加深了我現在已經脫離地球框架、位於宇宙一隅的感覺。那個詢問皮里「你們從月亮來？還是從太陽來？」的十九世紀因紐特人，是否也看過這樣的景色呢？

看到這片景色的時候，我感覺好像進入另一個相位的地球。彷彿我們所知的地球背面還有另一個地球，它位於太陽永遠存在、人們所居住的系統外側，一直不為人知。那就是極夜的內院。而那個等同極夜內院的山谷間，不就是我所想的麝香牛牧場＝樂園嗎？

樂園谷平緩地延伸向東南方，消失在黑暗的另一頭，前端和賽普坦巴湖相連。雖然感覺很疲勞，但我彷彿被月光映照的美麗風景吸引，決定繼續前往內院的深處。我心想就這樣一路走到賽普坦巴湖也沒關係。

下切到谷底之後，我知道雪橇一定會被隱藏在軟雪下的河灘石卡住，所以決定直接橫越在左側山腹發現的平坦台地。雪地很柔軟，雪橇深深陷在雪裡，下半身的內側很快就感受到沉重的疲勞。狗也瘦成皮包骨，精疲力盡到拉不太動雪橇。

我和狗都累了，但我還是抱著遇到獵物的期待，繼續往前行。現在周邊的雪質鬆軟，不僅拖慢了腳步也使身體疲勞不堪，但看起來只要再前進一段路就會變成堅硬的雪面了。我期待遇見麝香牛群以及月光許諾我的、看起來好走的堅硬雪面，不理會軟雪堅持往前走。不斷地前進。月亮像是在對精疲力盡的我們招手，呵呵笑著催促我往更深處前進。我相信月光，在微光的引導下，不斷朝山谷間的深處走去。

然而，無論我怎麼走，都沒有看到新的風景，原本想著只要走到那裡就好了……結果那個地方依然是難走的軟雪區。周圍寬廣而莊嚴的山谷風景，仍然像八戶市的美女議員一樣美。但是，再怎麼走都維持一樣的景色。雪橇的滑軌陷入軟雪中，體力不斷消耗。我真的已經很累了。再稍微走一段路之後，抵達雪面被挖過、一片亂糟糟的麝香牛草場。而且足跡很多。

如我所想，這個濕地區域周邊明顯有大量的麝香牛來往。可是，為什麼偏偏不見牠們的身影呢？不管怎麼找都沒有發現獵物，只好期待宿營時麝香牛群會出現，所以我決定在草場附近紮營。以前來這裡旅行的時候，曾經有好幾次在草場宿營時，碰到麝香牛靠近帳篷的狀況。

我在帳篷中吃過晚餐便鑽進睡袋，然後關掉頭燈。開始旅行之後，我幾乎沒有一天睡得好。有月亮的時候要配合月亮的時間行動，月亮消失之後又回到以太陽運行為基礎的二十四小時制，持續這樣生活導致整趟旅程都因太陽和月亮的時差問題感到不適。尤其這幾天特別嚴重，這天鑽進睡袋之後馬上清醒，腦海裡開始不斷重複多餘的思考。

話說回來，為什麼獵物都沒出現呢……冷靜想想，就連以前的因紐特人都覺得在冬季很難狩獵，像我這樣沒有受過什麼射擊訓練的半吊子獵人，怎麼可能輕易成功。如果在黑暗之中能輕易捕到獵物，那麼名喚毛綿鴨的男子也不需要殺死自己的孩子了。以前在天色明亮的季節能夠狩獵成功，其實也只是剛好在前進時獵物自己出現，我只負責打下來而已，自己主動尋找獵物就沒那麼簡單了……這些想法在我腦海盤旋。

而且天氣真的好冷。就寢之後經過五、六個小時，晚餐攝取的能量就已經見底，我突然開始瑟瑟發抖。旅行開始後已經過了四十天。這次旅行我和往常一樣，每天準備五千卡路里的糧食。不過，前半段我沒有什麼飢餓感，所以肉和脂肪都吃得比規定量還少，確定物資被破壞之後，我下意識地更想節省糧食。這些行為導致現在的卡路里不足，再加上累積至今的肉體疲勞、從達拉斯灣到內陸的獨特河灘石與軟雪交織出令人瘋狂的雪面狀態、到達零下四十度的冬季寒意……這些全部都重疊在一起，才讓我感覺到體能快速消耗。

啊，好冷啊……

我在睡袋裡，因體內湧現的寒氣而渾身發抖。與其說是寒氣，更像是恐懼。在極夜探險中感受到的寒冷直接和死亡的恐懼相連。極地幅員遼闊。要回到人間還需要數十天。這數十天之間，我會不會因為寒冷和疲勞再也動不了？這樣的不安，在我心中揮之不去。

我第一次對這個極夜世界感到恐懼。不是因為飢寒交迫，而是對黑暗本身感到恐懼。在這樣的黑暗中，是不是走得太過深入了？真的能活著回去嗎？我突然覺得很不安。

隔天出帳篷時，高壓的黑暗與巨大的沉默仍然存在，並且化為黑色以太物質壓迫著我。無風無聲的大氣非常沉重，看不見的暗黑物質粉末充斥在大氣中，感覺被緊緊壓縮。月亮在那裡散發混合著慈愛與壓制的光芒，有如王母君臨大地。不過，月亮比昨天更消瘦，高度也下降，不再那麼明亮。我想時間所剩無幾了。

我接著昨天的行程，繼續南下往那座樂園谷的深處走。下到樂園谷底部後，會被軟雪下的鵝卵石河灘卡住，所以這天我也選擇橫越平坦的台地。

從月光映照的樣子看來，前方應該是無聊但好走的平坦純白雪面。我決定往看起來好走的雪面前進，但真的往深處走後，發現那裡連著不可能拉著雪橇走回來的急下坡。我心想：可惡！跟講好的不一樣啊！那個斜坡上有一頭麝香牛的足跡。在這裡下坡就無法回頭，但我也懶得找其他路線了。而且按這個地形的感覺看來，無論如何都要在某處下切到樂園谷的谷底。

想到這裡，我覺得直接沿著麝香牛足跡下坡。開始下坡之後，雪橇果然被途中的岩石卡住，翻覆了兩、三次。每次大聲叫喊並使盡全力扳起翻覆的雪橇時，我肉體內側的臟器、血管、關節的縫隙都緊緊沾附著宛如油污般揮之不去的疲勞。我什麼時候變得這麼疲勞的？幾天前往達拉斯灣前進時，在腎上腺素大量噴發下走得很暢快，現在的肉體狀態轉變到連我自己都吃驚。

我重新扳起雪橇，總算成功下坡，接下來的路積雪仍然很深，而且還像泡過柔軟精的浴巾一樣柔軟。再加上雪下到處都有直徑數十公分的河灘鵝卵石，每走一步沉重的雪橇滑軌都會被石頭卡住，動彈不得。

混蛋！又來了！可惡！這個混蛋傢伙！

我像個瘋子一樣大吼大叫。接著我卸下滑雪板「嗚啊啊啊啊」大叫著用盡全力抬起雪橇，就在那一瞬間，雪下的鵝卵石在毛皮鞋下一滑，整個人跌倒在地。我碎念「可惡！」，站起身來卻又摔倒了。

什麼啊！混帳！別開玩笑了！王八蛋、混帳，可惡啊！大腦的螺絲已經鬆脫，我因為憤怒而毫無意義地胡亂揮舞手中的滑雪杖，發出「啊啊啊啊啊——」的吶喊，陷入瘋狂狀態。我每次抓狂亂揮手上的滑雪杖時，狗都嚇得後退。

在我發完瘋之後，突然冷靜下來並且發現一件事。

再這樣前進豈不是很危險？因為天色暗所以之前沒發現，到處都是鵝卵石的山谷，根本就不是人類能拉著雪橇行走的地方。再繼續走下去，可能會因為過度消耗體力，真的回不了家。想到這裡，我寒毛直立。這片黑暗是要賠上性命的黑暗。我心想，可惡！被月亮騙了！

月光照亮一切，讓這個山谷看起來像樂園一樣美，於是我相信月亮，一路走到這種地方。儘管如此，這裡什麼都沒有。我只找到足跡，麝香牛完全沒有要現身的跡象。不要說牛了，連一隻野兔也沒有啊！沒錯，月光照亮的世界都是虛構的。這個宛如其他星球的夢幻世界其實都是幻想。

因為前方的世界看起來不錯，所以不知不覺就抱著愉快的心情一直前進，但其實靠近一看才發現那都是假的、都是騙人的。月亮的手法就和夜晚的歡場女子一樣。更具體地說，簡直就和我十年前常去的群馬縣太田市○俱樂部的頭牌小姐A一樣。

十年前——當時的我在太田市和縣境之間的埼玉縣熊谷市當報社記者。某天，剛好以前在前公司交好的他報記者要到太田市任職，所以我們約好要一起喝酒。友人很快就醉倒，我把他送回家之後，覺得還沒喝夠，所以在車站前閒晃，不經意地進入〇俱樂部。喝了一個小時左右，我想差不多也到了關店的時間準備起身離開時，店家派了一名刺客過來，那個人就是A。

店家大概是盤算著最後讓我和A一起喝，然後好好敲我一筆。證據就是A長得非常美麗。眼角妖嬈、嘴唇熱情，宛如上戶彩加井上和香的美貌。這可不是八戶市議員那種程度的事了。體態雖瘦但胸部豐滿到讓人想整個貼上去，目測應該有G罩杯。簡而言之，她就是體現所有男人慾望的女族最終兵器，這個女人就是A。

我和坐在身邊的A只在最後聊了十分鐘，就被她全身散發的香氣逗得頭暈目眩。當然，幾天後我又去〇的俱樂部並且指名A陪酒。不過，A是很紅的小姐，就算我指名她，一小時內也只能和她說五分鐘的話，因此我做好會被拒絕的心理準備，邀她營業時間結束後跟我出場，A奇蹟似地答應了。

走在深夜的太田站前，她這樣說：「今天總共有二十七個人指名要我陪酒。很多人邀我出場，但我基本上都不會答應。可是不知道為什麼今天卻跟你出來了～」

那一瞬間，我覺得天空降臨一位發出黃金光芒的女神。沒錯，我對她而言是特別的男人。夜晚的太田閃爍著奇異的粉色霓虹燈，讓我更加確定這一點。之後，我就成為A的俘虜。有時候A也會打電話給我。

「我現在正在泡澡呢！」她用美妙的聲音這麼說，而且還像是要證明自己沒有說謊似地，在電話邊淋熱水。那一瞬間，我腦海裡都是體毛剃乾淨、宛如牛奶肥皂般柔滑的A女胴體，大量的睪酮激素充斥全身，我的下半身在嘶吼。現在回想起來，那當然不過是一通業務電話，但可喜可賀的是當時我一廂情願地認為那是她的私人電話，又開始勤跑○俱樂部。從公司到○俱樂部車程要三十分鐘，我在店裡喝兩個小時之後直接睡在車上，早上再回熊谷，重複這樣的流程好幾次。

本來報社記者為防臨時有案件或火災，不能擅離工作崗位，所以越境到太田本身就已經違反職務規定，但那時我覺得這種小事根本就無所謂。除此之外，如果到早上酒精還是沒退盡，酒測值過高就會被警察逮捕，而且還會以〈報社記者酒駕被捕〉的標題登上新聞版面，公司也會因此開除我，人生整個變黑白。但是一想到A的美貌，我只能承擔這些風險了。

然而，就算再興奮總有一天也會清醒。去了幾次之後，我開始覺得A的舉動令人難以理解。我對她而言是特別的男人。她的言詞、態度、動作都讓我這麼想，所以我不疑有他。然而，她絕對不會私下和我見面。就算已經約好幾月幾日，她也會突然放我鴿子。之後也漸漸不陪我出場了。冷靜下來之後，我才發現她的言行舉止有很多地方都不對勁。本來像她這樣的絕世美女，不得不在酒店工作，背後一定有不可抗力的理由。

因為交通事故弄壞父母的車，所以必須負責修理，這樣的理由充滿說服力。剛開始常跑俱樂部的時候，聽到這件事我真的是淚流滿面。她竟然為了爸爸的車，不得已地接受對身體負擔很大的酒店工作，真是個擁有美麗心靈的人。人美心也美，難道妳是聖母瑪利亞嗎？我很同情也很崇拜她，但仔細想就知道這一定是謊話。她畢竟是一天有二十七個人指名陪酒的小姐（我想現在應該也一樣），修車的費用應該早就付完了。除此之外還有很多言語和態度上的矛盾，最後我總算發現了。這樣啊，原來我是被騙了。

歡場女子看起來格外漂亮是因為店內的照明調整得恰到好處，有點昏暗的光線讓人沒辦法像白天那樣看清女人的面貌。再加上我又喝了酒，判斷力降低，搭配她磨練至今的精湛會話術，讓我覺得：啊，這個人好美！這我可以，今天一定能約到她。

月亮的手法和她一模一樣。

極夜的黑暗空間是在被賦予意義前的未發掘世界。這是什麼意思呢？比方說一般在有陽光的空間裡，椅子和桌子等物體都會被照亮，所以可知那些物體是椅子還是桌子。也就是說，物體因為有光，所以映出確切的輪廓，之後才能產生那是椅子還是桌子等各種物體的固有性質。像這樣，世界上的各種物體也是藉由光照，才各自擁有輪廓、占據固有的位置，彼此互不侵犯。也就是說，不會發生椅子和桌子的輪廓混在一起、融成一體的情形。

然而，像極夜這樣黑暗的世界，陽光進不來，使得各種物體的輪廓線消失。輪廓一旦消失，椅子或桌子等各種物體的固有性質也會跟著消失，各物體便失去賦予椅子或桌子之類固有意義的根據。這代表指稱物體的語言也將不復存在。

我們平常會透過語言讓各種事物具有意義，同時讓這些因語言而出現特質的事物擴展，藉由被這些事物圍繞打造出一個世界。然而，在沒有光的黑暗空間中指稱物體的語言本身已經消失，融於我存在的這個世界裡。黑暗的世界是尚未成形的世界，指的就是這個意思。

黑暗空間是一個在語言和語言構成世界之前的世界，等於是回到各種物體擁有固有特質、被賦予意義之前的狀態。在這種尚未成形的世界中，物體的輪廓線都不明確，椅子和桌子的輪廓互相混雜融合，呈現平常不可能發生的狀態。各物體本來是因為光才有適當的位置，也存在井井有條的秩序，但沒有光之後因為輪廓線消失，所有物體失去位置，柔軟地融合混雜在一起，呈現混沌狀態。

月亮在混沌之中加以恰到好處的光線。沒錯，月亮的確讓黑暗空間中未成形的混沌變得柔和。因為月光的照射，讓物體模糊地浮現，和緩地使固有性質復活。為完全混沌的世界帶來微妙的秩序，讓人可以模糊地判別「啊，那裡有岩石」、「那裡有雪面陡坡」。而且，像極夜這樣極端的黑暗空間，有沒有月亮會大幅改變對世界的印象，因此只要有月光照射，所有物體都會浮出，感覺就像是世界幾乎完全復原一樣。

然而，那其實只是錯覺。月亮的力量不如太陽強，即便是復原，和太陽光相比頂多也只有一成，剩下的九成仍然是輪廓線交融混雜、無差別的一元世界。然而，我卻因為印象強烈，誤以為已經有八成復活，不知不覺以為月亮映照出的世界是真的。結果，導致我被月亮欺騙。

我截至目前為止，一直被月亮欺騙。在冰河上丟失雪橇，差點要中斷旅程；在依努費許亞克則誤入偽半島，全像投影效果使得小岩石看起來像巨大雪山；因為我已經喪失距離感，相隔很遠的凸出冰層，看起來像是粗冰地帶。透過這趟旅行讓我深刻了解月光不能盡信，但之前體力充足，如果只是冰丘凸起之類稍微迷路的程度，就算中計也不會有什麼大問題。然而，這個達拉斯灣內陸讓狀況變得很嚴峻。我受月光誘惑，以為那裡平緩可行，覺得前方一定會有更多麝香牛，山谷就像樂園一樣美。

雖然一直往深處前進，但那就和我被A迷得神魂顛倒時一樣，只是因天色暗失去判斷力而產生幻影。實際上再怎麼走都是覆滿軟雪的河灘鵝卵石地，沒有麝香牛，雪橇又被卡住動彈不得。我身陷難以脫困的地獄只能平白消耗體力，既被敲了竹槓，又被當成肥羊，如對方預料地受盡愚弄，回過神來才發現已經沒有後路，來到極限的邊緣了。

我心裡充滿絕望。我感覺自己正站在極夜深淵的邊緣，窺探著不見底的黑暗。只要踏出一步，就會墜入地獄的底部。那個名喚毛綿鴨的男人所見到的極夜，和我現在所處的極夜很接近。這就是我的心情寫照。與其說我是激動地發抖，不如說是打寒顫。前方的極夜更黑暗，宛如深不見底的沼澤，如果要繼續往黑暗深處走，我可能會被雪下看不見的河灘石吸乾體力，再也回不來了。我已經不行了。繼續前進讓我感到害怕。

想到這裡，我決定當場紮營，以帳篷為基地，空出手腳在附近尋找獵物。周邊有縱橫交錯的野兔足跡，所以我在三個地點設了陷阱之後就結束這天的行動。

*

時間感消失殆盡，隔天是幾點起床我都不知道。早上起床之後，我感覺到狗在帳篷旁邊渾身發抖。可能因為肌肉大量減少所以覺得比平常更冷，牠最近變得經常在帳篷旁比較溫暖的地方睡覺。「進來吧！」就算我叫牠進帳篷，牠也不進來。到外面檢查牠的糞便，發現牠排便的量很多。現在每天只餵牠兩百公克的飼料，所以排出的量明顯比吃下去的多很多。牠是不是消耗自己所剩無幾的肌肉在抵禦寒冷呢……

我為了確認野兔的陷阱離開帳篷，狗拚命拉著雪橇想跟上，但雪橇和帳篷固定在一起，所以文風不動。牠可能是怕被我丟下覺得很不安吧？我撫摸牠身體的時候，牠雖然一副很舒服的樣子，但眼神無精打采，完全感受不到霸氣。

野兔陷阱沒什麼變化。我直接朝昨天紮營的草場向上攀登。月齡十九，自滿月以來已經缺了一大角，非常接近半月了。不過，到了過中天時刻前後，仍然感覺光線可以照到遠處。然而，那大概也只是月亮高明的幻術而已吧，其實根本看不到什麼。麝香牛和野兔都沒有出現。

太長時間沒人看守帳篷，我擔心會被狼襲擊。應該是說，其實到這個時候比起狼，我更擔心自己的狗會吃掉食物。牠應該很餓才對。牠可能會失去理智咬破運動背包，把我的肉和油脂等糧食吃光。就連植村直己在北極圈一萬兩千公里的旅程中，也曾好幾次都被自己的狗吃掉糧食並因此手足無措。

我的狗個性很溫順，應該沒問題，我很想相信牠，但很遺憾的是這個時候我已經無法完全相信狗的忠誠了。離開帳篷一個小時左右，我就因為擔心自己的食物而焦躁，只好回到紮營處。確認沒事之後稍微安心，喝杯茶休息一下之後，再度出門尋找獵物。

靠山那一側找不到獵物，接下來就在樂園谷寬闊的谷底找。山谷的兩側岩石上擠滿野兔的足跡，但始終沒看到野兔活動的身影。穿越遍布鵝卵石的河灘，朝下游前進，抵達一個偌大的湖泊。

湖泊的景象令我瞠目結舌。在一片黑暗中，月光照亮廣闊的雪面，就像微微發出LED燈光一樣漂浮著。而且雪面上有很多斷斷續續的影子，那是麝香牛翻過、亂糟糟的吃草痕跡。這是本次旅程中，我看過最大片、最綿密的麝香牛吃草痕跡。好厲害，這裡果然是樂園啊！我瞬間變得很興奮。然而，興奮馬上變成失望。即便有綿密的吃草痕跡，麝香牛仍然完全不見蹤影。

無風，也無聲。黑暗的以太物質充斥各個角落，世界被黑暗、苦悶的沉默支配。而且，有足跡但完全沒見到動物這件事，讓沉默再加上一份奇妙的陰森感。那就和居民突然消失的空屋一樣，令人覺得毛骨悚然。瓦斯爐上有鍋子、看到一半的書、孩子的玩具散落一地，明明隨處都有人生活的痕跡和氣息，但家裡偏偏沒有人。就像被捲入某個事件，全家人都被綁架一樣。應該有人住卻沒人在家、只留下氣味的空房子。這裡的陰森感，就像那種空房子一樣令人不舒服。

看到這種景象，我已經頓悟，在這個山谷找不到麝香牛。這裡原本明顯是麝香牛常居之地。我截至目前為止在格陵蘭西北部旅行的時候，曾數度見到麝香牛。有偶然遇到單獨出走的個體，也有像賽普坦巴湖那樣聚集好幾個牛群，讓人覺得牛應該經常聚集在這裡。這座山谷明顯是後者，但仍然沒有看到麝香牛的身影。也就是說，麝香牛大概在某處。可能在距離五百公尺左右的地方看著我，但我卻看不到牠們。

回到帳篷之後，排山倒海的的空虛感襲來。看手錶，時間是上午八點。因為實在太累，我稍微休息一下，想說之後再去剛才的草場看看。不過，一定要獵到動物的緊繃感，這天在我心裡已經完全消失了。鑽進睡袋之後，我覺得一切都無所謂了。

反正我也找不到獵物。狗大概再一週就會死。

我已經不想在黑暗之中到處走了。好想趕快見到陽光。

遇見浮游發光體

之後我熟睡了十一個小時。醒來之後，我在睡袋裡想著返回村落的路程，自然而然就緊張了起來。考量剩下的糧食，現在已經差不多該思考要不要回村落了。但以現在的黑暗程度，我真的能不在冰床上迷路、順利抵達冰河嗎？而且我能分辨出冰河的入口嗎？再說，我還有體力回到村落嗎？想到這些，我突然覺得非常不安。空腹感與日俱增，就算吃了飯也馬上就被消化、吸收，呈現永遠吃不飽的狀態。我又餓，又冷。

唯一確定的是，我不能在抓不到獵物的情況下，長時間待在黑暗的深處。今天是一月十八日。很有可能在冰床遇到暴風雪，所以從阿烏納特的小屋回到村落，最少也需要兩週。再加上必須在小屋等到天色變亮，所以我幾乎沒有多餘的時間了。甚至覺得很後悔，為什麼我會來到內陸。

但是，我之所以不安，並不是因為明確感覺到死亡的恐怖。因為，到這個時候我已經把吃狗肉列入選項了。回到村落需要將近一個月的物資，但我手上的糧食完全不夠。然而，在抓不到獵物的情況下，狗免不了一死，吃死掉的狗肉，最少能抵十天的糧食。省著吃的話，應該可以撐兩週。如果是這樣的話，足以回到村落了。

原本決定絕對不讓狗死、絕對不結束旅程才走到這裡，但現實狀況就是捕不到獵物，在黑暗中大量消耗體力，這讓我漸漸變得不在乎狗的性命和自己的旅程。而且，我已經把死狗的肉算進糧食，藉由預想狗之後會死，來逃避自己死亡的恐懼。

總而言之，除了先撤退回到阿烏納特之外我沒有其他選擇。回程途中或許會碰到大型獵物，也可能會成功獵到海豹。反正也不是已經確定要返回村落，運氣好的話說不定還能重啟向北的旅程。

完成準備工作離開帳篷後，月亮的亮度已經大幅減弱，世界比昨天更暗了。才一天就變化如此劇烈，月光的力量弱到令人目瞪口呆。我是在月亮過中天時刻前後，當天最亮的時間點走到帳外，儘管如此，月光的亮度只能勉強看到山的稜線，連腳邊的雪面狀態都看不清楚。

看月曆顯示月齡已經二十，中天高度為八度。光是列數字，讀者應該也看不懂，總之這表示月亮將在三天後沉入地平線下，之後會有八天會變得更暗。月亮在滿月時壯闊的年輕美麗已經不見蹤影，現在就像在昏暗的店裡，散發奇異性感魅力的酒家媽媽桑。出發後因為月光太暗，導致看不清路線，像之前一樣陷入鵝卵石河灘或者攀登多餘的斜坡，使得體力不斷消耗，這又讓我開始焦躁起來。不知道是不是因為之前已經被騙來騙去，沒用的月光對我來說反而變成令人惱怒的存在，每次看到月亮都覺得很火大。

從營地下到樂園谷，穿越昨天發現的被牛吃過的大片草場。本來稍微期待會有牛群出現在草場，但理所當然似地仍沒有看到牛的身影。地圖顯示再下坡一段路會進入小支谷，從那裡向上走就會經過來時的山頂。我先攀上斜坡偵查地形，往下游看就發現顯眼的支谷。支谷的雪面經風拍打變得很堅固好走，舒適地走一個小時抵達上方就再度陷入軟雪地獄，這附近也到處都是坑坑巴巴的麝香牛足跡。我曾有一度看到疑似麝香牛的黑影，所以久違地慢慢靠近確認，結果那仍然是個大岩石。穿越坑坑巴巴的食草痕跡之後就抵達山頂，不久便看見和來時相同的山谷。

雖然天色很暗，但還是找到正確的路，令我感覺安心。

從山頂往後看，發現月亮早就消失，世界陷入既無陽光也無月光的真正黑暗。之後我一直在苦悶的黑暗世界中朝達拉斯灣前進。

然而，在走下山谷途中，我看到這次旅程中最有希望的一幕。

從早上十一點左右，南方的天空透出微光，而且天色迅速變得通紅。這種程度的光亮還稱不上曙光，只是曙光前告知早晨將至的預兆而已，但光是這樣我就已經知道太陽就在下面。仔細想想，現在已經一月十八日，冬至後已經過了將近一個月。從阿烏納特出發之後，我都一直配合月亮的動態行動，所以沒注意到，不過天空的確已經慢慢開始變亮了。從地平線下遠處透出的陽光，染紅南方天空的一部分之後，從地平線依序出現橙、綠、水藍、藍等光譜變化，然後被夜空吸收。

自下午一點開始，有三十分鐘左右的時間甚至可以不開頭燈走路。這一點令我難以置信，覺得非常驚奇。光是感覺到太陽的存在，就讓我如此歡喜。體內的喜悅火焰被點燃，之前沉默在黑暗陰鬱之中的心變得開朗。第一次在旅程中，出現積極樂觀的心情。雖然很想蹦蹦跳跳地走，但因為穿著滑雪板所以沒辦法，只好大喊一聲「喔耶！」來表達情緒。接下來世界會越來越明亮。明天會比今天亮。後天又會更亮。太棒了，這種好事真的會發生嗎？這種喜悅已經難以用筆墨形容了。太高興了。心裡充滿解脫的感覺，表情自然藏不住喜悅。

因為已經知道有陽光，所以隔天開始行動時間都改到早上。我再也不需要配合將死的月亮，也不需要充滿偽裝和虛假、處處設陷阱的月亮幫助。因為，接下來的我有太陽的幫忙了。

「趕快滾到一邊去吧！不要再讓我看到妳這個死老太婆！」

明明前幾天還仰賴月光，一看到曙光我馬上對曾經利用的月亮說出詛咒般的話。

雖然因為感覺到陽光重返大地，讓我心情一口氣振奮不少，但翌日走到帳外看到天氣狀況，我馬上又陷入絕望的陰鬱心情中。

很悲哀的是天上覆滿厚厚的雲層，陽光完全照不進來。

月光已經消失了，所以沒有太陽的話，我勢必要在一片黑暗中行動。昨天越是充滿希望，今天的反作用力就越大。原本好不容易看到能從黑暗桎梏中逃脫的預兆，卻又再度回到充滿黑暗以太物質的世界。

開始上路之後，一如預料因為天色太暗而搞不清楚路線。甫出發時本來想沿著之前發現的來時蹤跡往回走，但現在已經找不到了。戴上頭燈也只能看到有光線的雪面，無法掌握整體狀況。寬闊平坦的山谷開始左右彎曲，不知不覺中我好像已經脫離山脊往上攀爬到海岸，很明顯我是走進和來時不同的山谷了。

山谷兩側是充滿麝香牛足跡的麝香牛牧場，有這麼多足跡的話，就算天色再怎麼暗，麝香牛也很有可能突然從正面出現，實際上春夏兩季時這種狀況並不罕見，但這次旅程中完全沒有這等好運。數度發現疑似麝香牛的岩石，我都會一直盯著看，但那些果然只是長得像牛的岩石，也就是麝香石。

之後，我被捲入霧氣之中，完全不知道自己身在何處。下切山谷之後，抵達突然變得開闊的地方。太好了，看樣子應該是走到海上了……我因此稍微安心，但走一段路之後又碰到小型瀑布，才驚覺原來自己還在山谷裡。

看指針顯示山脊朝向三百度的方向，地圖上並沒有這種角度的山谷。高度計顯示負七十三公尺。我已經搞不懂這是什麼意思了。之後只要到海上沿海岸線往西走即可，所以我便埋頭筆直前進，結果在不知不覺間再度走上山谷的砂石地面動彈不得，往右轉彎之後發現山谷其實往左拐，我的壓力和煩躁已經到達極限。我連前方五十公尺的山脊走向都搞不清楚，這種日子已經連續幾十天，真的快要瘋了。我真的打從心底厭惡在黑暗之中活動這件事。

終於抵達海岸時，我和狗都已經精疲力盡。當我在內陸徘徊時，海似乎已經迎向大潮，岸冰上新覆蓋的潮水結凍，變得很光滑。冰的狀態比來時更好，但速度也快不了。我們就像敗部殘兵一樣，拖著腳步走在海岸上。

＊

隔天，我完全不想離開睡袋。一想到要開著頭燈在黑暗中走動，就讓我反胃想吐。自從離開阿烏納特後，我每天都沒有停下腳步，盲目地到處移動，身體已經精疲力竭。反正也抓不到獵物，抓不到獵物我的狗終究會死，所以今天沒必要行動了。我心裡這麼想，然後整天都在帳篷中浪費時間。

早上到帳外時，狗伸直手腳拉長身體，像是在說：「啊，好無聊。老爺，快出發吧！」一臉「其實一停下來我就覺得好無聊」的樣子搖著尾巴。我到附近如廁，狗到我旁邊親暱地舔著我的臉。待我上完廁所，他馬上繞到我右邊，一副等不及的模樣撲到糞便前，發出很美味的聲音大口大口地吃掉。

狗已經骨瘦如柴，體型瘦得慘不忍睹。腰圍明顯比昨天又瘦了一大圈，看得出來牠一天比一天瘦弱。勇猛的狼臉，看起來像飢餓的狐狸一樣卑微。不只體型，連行動上也出現至今沒有看過的顯著變化。牠開始會向我討食物。

昨天在行動中途休息時，我坐在雪橇上打開行動用食物的袋子。狗慢慢起身慢慢走到我旁邊，維持坐著的姿勢，用無力的凹陷眼神一直盯著我吃 CalorieMate 能量餅乾、巧克力、堅果等食物。算我拜託你，可以分一點那個看起來很好吃的東西給我嗎？真的一點點就好，分給我吃吧！拜託你……狗像是在說這些話似地凝視著我。因為牠之前從來沒有這樣過，讓我很慌張。

我腦海中瞬間飄過「分一點 CalorieMate 能量餅乾給牠好了」的想法，但我沒有付諸行動。因為我自己已經激烈消耗體力，不知道自己能不能平安回到村落，心裡很不安。想了半天，我下定決心丟兩顆小小的葡萄乾在腳邊。這是足以稱得上「決心」的英雄行為。狗瞬間就吞下兩顆葡萄乾，一副好美味的樣子舔了舔嘴唇。接著牠坐著露出「拜託，這一點完全不夠啊老爺……」的表情，一直看著我。

「別這樣，別這樣看我。」

我說出這句話。兩顆葡萄乾對我來說已經是痛下決心了。每次休息我和狗之間都會展開這樣的心理戰。即便如此，我也沒有想過要給牠超過兩顆葡萄乾的食物。在前往達拉斯灣時，我曾想過如果狗糧吃完，就從我自己的糧食分出海豹的脂肪、培根或野兔的肋肉，想辦法讓狗活下去，但現在我已經不相信自己會有這種餘裕。竟然要把食物分給狗，我當時到底在想什麼啊？我是基督教徒嗎？當時的想法已經變成遙遠的往事了。

為了確認牠瘦了多少，我頻繁地撫摸狗的身體。我的狗很喜歡被撫摸身體，我只要一摸牠，就會像平常一樣陶醉，露出「好舒服啊，老爺，再摸摸我吧……」的表情並且閉上眼睛，但牠的屁股和脊椎周邊像是與陶醉感背道而馳似地一點肌肉也沒有。

竟然已經瘦成這樣了，好可憐……

年過四十、有了女兒之後，淚腺就變得很敏感，我同情狗的命運，因為覺得牠好可憐差點流下眼淚。然而，在我憐憫狗的時候，還有另一個冷靜的自己心想最後只要吃狗肉就能活著回去，每次撫摸牠的身體，我都會心想：「我能吃的肉只剩下這個了嗎……」同時心情也變得很鬱悶。而且，我甚至還擔心，牠總是在吃我的糞便，肉一定很臭吧……

不知道是不是因為一直想著狗的事情，晚上鑽進睡袋之後，腦袋裡就不斷上演狗死掉的畫面，大腦太過興奮導致馬上清醒，連續好幾天都完全睡不著覺。

不，正確而言，不是狗死掉的畫面，而是我殺死狗的畫面。

為什麼要殺狗呢？假設十天後我在帳篷裡睡覺時狗精疲力竭而死。現在畢竟是零下三十五度左右的寒冷氣溫，如果狗在我睡著時死亡，等隔天早上我走出帳篷，屍體早就完全凍僵了。完全凍結的話就無法剝皮，可能沒辦法好好分解肉塊。在拉雪橇時自然死亡的話就沒這個問題，但不見得會這麼剛好。無論如何，在救不了狗的情形下，不能讓他的死白費。要確保能把狗肉當作糧食，就必須在狗糧吃完，狗已經動彈不得的階段親手殺死牠。沒有狗肉的話我的糧食也不夠，所以必須連狗的肉和內臟也一併回收。

因此，我每晚在睡袋裡，都會浮現自己殺狗的畫面。而且，我是一個寫作者，最後要把自己的行為都化為文章作品，所以這一幕變成一段文字，在我腦海不斷出現。

「狗已經動彈不得了。自三天前飼料吃完之後，我就已經不再讓牠拉雪橇，但即便如此牠也走不動了。我終於下定決心，只能殺死牠了。我抓起來福槍，但馬上就改變心意。用來福槍射穿頭部是最快的方法，然而，我覺得用這種不弄髒雙手的簡單方法殺死狗，簡直不可饒恕。

這隻狗之所以面臨死亡，是因為被我選來當旅伴。狗的死我也有責任。既然如此，我應該要用雙手感覺狗的痛苦和窒息，把自己的罪孽銘刻在肉體上才對。我最後選擇絞殺，而非槍殺。我用繩子繞了一個圈，套在狗的脖子上，一端用腳牢牢踩住，一端用雙手握緊。狗像平常一樣，用順從的眼神看著我。我向狗道別，然後用力拉緊繩索。那一瞬間，狗發出『嗚呃』的偌大聲響，四肢用力掙扎。狗在我的臉旁露出牙齒，從淡紫色的嘴唇邊吐出泡泡。

牠似乎發出一聲悶哼，便再也不動了。我精疲力竭地跪在地上，看著自己的雙手。看著殺了狗的雙手。不應該是這樣的，我之前還想著和這隻狗一起到處旅行。極夜之旅結束後，我打算帶著牠到加拿大，繼續橫跨一千甚至兩千公里的壯遊。狗已經不動了。眼神裡的靈魂消失。我覺得自己就像殺了人一樣。」

那就像職業病一樣，明明沒有人要我這麼做，但這種文章每天晚上都擅自在我腦海裡湧現，真的令人難以忍受。而且反覆推敲之後又會加入新的元素，變成令人顫慄又充滿自我憐憫的內容。接著，因為那樣的文章，讓自己的心情也隨之起伏，變得感傷，甚至因為異常的興奮而醒來。這樣的夜晚一直持續，睡前我自己知道「今天又要因為想像狗的死亡而睡不著了」並且為此感到憂鬱。

行動時憂鬱，就寢時也憂鬱，接著到了起床時間又更憂鬱了。幾乎沒睡就到了該起床的時間，我在睡袋裡打開手錶內附的燈光確認時間。黑暗中手錶的錶面透著藍光。差不多該起床了，眼睛睜開發現這裡只有孤獨、絕望、苦悶的黑暗。我打開頭燈。發現帳篷到處結露，頭燈照到的都是帳篷純白的布料。凍結一切的冷酷空氣、半徑數百公里以內只有我一個活人的孤絕感，這些再再加深了黑暗的絕望，在我一起床的瞬間，將所有重量都壓在我身上。

在頭燈的照明下，讓我很確切地知道，今天仍然要面對黑暗又寒冷的嚴峻事實。當然，我又開始糾結要不要外出。為了反抗這巨大的絕望走出睡袋，我必須將更深刻的現實情況放在天秤上衡量，告訴自己今天不走的話可能回不了村落，動員所有的意志力才行。每天都持續在和黑暗、寒冷、孤獨奮戰，我已經打從心底感到厭煩。

黑暗的憂鬱經過一天也不會重新歸零，只會繼續累積。旅程剛開始的時候，我對起床這件事並沒有感受到太大壓力。反而是覺得黑暗讓濕掉的衣物乾不了很煩。然而，經過三、四十天之後，黑暗的憂鬱在不知不覺中累積了龐大的量，在我內心沉澱。做什麼都不順成為良好的催化劑，讓這種黑暗的壓力沉澱物開始發酵，變成散發出腐臭味、充滿水苔甚至黑苔的淤泥，現在我的精神狀態就像充滿黑暗壓力淤泥幾近潰堤的水庫般，就快達到臨界點。

隔天我其實也不想動，但已經沒辦法說這種話了。

一想到今天也得開著頭燈走路，我就快要抓狂。

從營地出發之後，有一段時間走在岸冰上，但途中狗停下腳步，看著背後發出雜亂的鼻息聲。

「有什麼東西嗎？」

在海上的話很有可能會遇到北極熊。我變得很緊張，把頭燈開到最亮照向背後，但海冰融在黑暗裡，沒有看到任何移動的身影。

本來已經做好心理準備，如果是北極熊的話就開槍殺死牠，但實際上碰到被關在黑暗之中的現實，我就失去了自信。這麼暗的話，如果不是很近的距離就沒辦法掌握北極熊的輪廓。北極熊看起來慢吞吞，但其實動作飛快。說實話，我並不認為我能用頭燈瞄準迅速接近的北極熊。而且，如果真的出現北極熊，我應該會很慌張。

因為天氣很好，所以中午前後會有些許太陽光滲出，天空微微地泛白。光是感覺到太陽的存在，緊緊黏在精神內面的憂鬱淤泥就能被剷除，心情變得積極正面。不過，這微亮的時間只有一下子，很快周邊又垂下黑暗的幕簾。

我好不容易才看清楚前方的路由脆弱岩石形成高數百公尺的岩壁，宛如寺院一樣綿延相連，灰黑的暗夜另一頭有個彷彿大船船頭的海岬，威武地突出於海上。寺院般的岩壁在海岬前中斷，較大的山谷往陸地內側延伸。

就在我走到那個山谷時，看見黑暗中有兩個小小的綠色光點，詭異地輕輕蠕動。光點緩緩地沿著岸冰右側往這裡靠近。

「好像有什麼東西要過來了……」

我馬上就知道那兩個光點，就是動物眼睛反射頭燈的光芒。終於有獵物出現了。是狼嗎？我有一瞬間這麼想。不過因為太暗，用頭燈照射光線也到不了這麼遠，只有小小的綠色光在暗夜中獨自漂浮。從動作緩慢來看，我判斷應該是狐狸。一隻狐狸只能充當狗幾天份的糧食，但總比沒有好。

我從肩上卸下來福槍，坐下來等。疑似狐狸的光點似乎正盯著我這裡看，在二十公尺遠的地方停下腳步。肉食性動物的好奇心旺盛，如果有異狀牠們通常會過來查看。看樣子應該會再靠近一點才對。而且狐狸目標太小，這麼暗的天色和目前的距離絕對打不中。我決定把光點引到更近的位置。

不過，當我覺得動作變快時，光點突然一下子就消失了。一定是逃到岸冰下的海冰了。我急忙跑到岸冰邊，用頭燈照向大海，狐狸眼睛般的綠色光點竄入粗冰地帶，消失在黑暗之中。

「可惡，跑走了！」

我一邊抱怨一邊走回雪橇邊。狗面無表情地看著我。我馬上又開始拉雪橇，因為這是以狩獵為目的出發之後第一次碰到動物，所以平白讓獵物從眼前逃走真的很不甘心。……雖然很不甘心，不過令人驚訝的是，前進不到一百公尺，左手邊的大山谷又出現漂浮的綠色光芒。而且，這次是四個光點。也就是說有兩隻。

「喔耶！」我心裡這麼想。之前一直都沒找到獵物，今天好像突然蜂擁而至，光點陸續降臨啊！應該是附近的海上有北極熊吃過的海豹屍體，所以這附近的狐狸們陸續下山前往有食物的地方。狐狸在冬天都等著北極熊吃剩的獵物，海冰上甚至有到處都是狐狸足跡、完全變成獸道的地方。總之，現在有兩隻，這次絕對不能再讓牠們逃走。我馬上卸下雪橇的拉繩，把來福槍從肩上拿下來。

四個綠色的眼珠就像小小的靈魂般，緩緩飄盪在黑暗中，從山谷走下來。接著，在五十公尺遠的地方停下腳步。應該是在觀察我吧！剛剛想引狐狸靠近，但做得太過火反而失敗了。隔這麼遠要打中真的很難，不過射擊看看總比又逃走好。

我跪著架好來福槍。靠頭燈的光線照亮獵槍前端的準星和覘孔，確保兩個點延伸到綠色光點，微調獵槍的位置。不可能，太遠了。怎麼想都覺得這個距離要是能射中，真的就是神來之筆了。不過，我在心裡祈禱，拜託讓我好運射中，在九點九成依靠神明的狀態下扣扳機。

口徑三十的來福槍發出爆炸聲般的槍響。那一瞬間，四個綠色光點呈現和剛才截然不同、充滿能量的動作，迅速開始往山谷深處移動。在黑暗中劃出光的軌跡，就像一陣旋風般快速飄浮，消失在山谷的另一頭。

看到這些動作的瞬間，我內心懊悔萬分。覺得自己搞砸了。從這個速度看來，怎麼想應該都不是狐狸，而是狼。

我穿著滑雪板，奔向光點逃走的黑暗之中。可惡！是狼啊！是狼。失敗了。我懊悔萬分地往黑暗深處追擊綠色光點。我之所以後悔，是因為狼的習性是只要放著不管，牠自己就會靠過來。以前我在加拿大北極圈長期徒步旅行的時候也遇到狼很多次，牠們幾乎都會靠過來查看情形。其中還有直接來到帳篷旁邊，接近到讓我覺得是不是能摸摸牠的頭。

如果剛才那些綠光是狼，只要靜靜等著，牠們就會靠近到十公尺左右了。十公尺的話天色再暗都能射中。也就是說，只要讓牠們再靠近一點就能確實射中獵物了。而且狼的體型很大。體重至少有五十公斤，至少足夠讓狗撐到回村落。我怎麼會犯這麼愚蠢的錯，可惡！我咬著牙，悔恨不已。

我拚命追著眼球的光點。幸運的是那四個光點漂浮一百公尺左右就停住了。靠近到五十公尺處，我再度跪著扣下來福槍的扳機。槍聲一響，光點又再度飄向山谷深處。牠們優雅又順暢的動作甚至會令人看得入神，看樣子不像是中彈。我在雪面上尋找血跡，但只看到純白的雪面。

可惡啊！又打偏了，我再度跑上前追蹤獵物。一點也不覺得恐懼。完全沒有想到會被狼逆襲。腦下垂體大量分泌腎上腺素，我滿腦子只想著一定要打中、一定要打中獵物，拚命在黑暗中追著隨意漂浮的四個發光體。我聽到背後傳來狗「啊嗚——啊嗚——」的叫聲。牠一定是聽到槍聲，以為我已經抓到獵物，大叫著：帶我一起去，我也要吃你抓到的獵物！

四個浮游發光體像飛碟一樣描繪出滑順的弧度，往右手邊的岩壁向上升。雖然動作很奇怪，但狼也能攀爬岩壁，所以我能夠理解這種狀況。發光體在黑暗的半空中，也就是岩壁的途中停下，開始觀察我的狀況。

這大概就是最後的機會了。我單膝下跪，再次架好來福槍。我推測距離是五十公尺。慎重對準瞄準器前方的浮游發光體，微微對著下方開槍。轟——發出第三次槍響。然而，浮游發光體隨著槍響又開始在半空中漂浮，動作令人聯想到「嗚呃——」這個狀聲詞，藉著便瞬間消失在山谷深處。

這次是真的消失了。再也沒回來了。失敗了。我心想真的是不可能的任務，這樣不可能射中獵物的。極夜之主賜與的唯一希望已經逃走了。我垂著肩膀無力地走回雪橇。

狗發出尖銳的「啊嗚——啊嗚——」叫聲，像是發了瘋似地狂吠。我回到雪橇邊，發現狗誤以為我抓到獵物，異常興奮地陷入錯亂狀態，拉著沉重的雪撬前進五十公尺，結果卡在雪凸起的地方動彈不得。

這傢伙還有這麼多力氣啊？在另一個層面上我還頗驚訝的。

「對不起，我失手了。」

我這樣說，狗的眼神回到毫無生氣的樣子，發出不滿的小小叫聲。我真是個沒出息的飼主。我分配給狗拉雪橇、防範北極熊的任務，結果我並沒有給予狗等價的勞動報酬。

我和狗再度開始拉雪橇。在岸冰上移動時，我數度回頭凝望狼出現過的山谷。本來期待浮游發光體會不會再度出現跟在我後面，但那只是虛無的願望而已。

不過，今天的活動還沒結束。

從山谷開始走到一公里處時，狗又開始在岔路東聞西聞。我想牠大概發現了什麼便隨牠去。狗走來走去聞著味道靠近崖邊，在那裡發現奇妙的物體。接著他開始啃那些白色物體，大口大口地啃，還發出「啊嗚——啊嗚——」的叫聲。

仔細一看，原來是麝香牛的頭蓋骨。不知道是不是放很久了，頭蓋骨已經乾燥變得有點像慘白的木乃伊，有一半還埋在岸冰中。

雖然狩獵一直失敗，最後意外找到這個我還是很高興。狗的牙齒咬不碎頭蓋骨，所以我用尖鐵棒幫牠把頭蓋骨敲碎。我用鐵棒挖開頭蓋骨周邊的雪，一邊注意不要傷到狗的臉，一邊敲碎骨頭。因為公牛經常在為了搶母牛決鬥時衝撞頭部，所以麝香牛的頭骨非常厚實堅硬，不過用力擊碎之後，裡面跑出不知道是肉還是腦髓的柔軟組織。我用鐵棒尖端刮下來給狗吃，牠馬上喘著氣開始啃起那些結凍的肉。

在黑暗中，我和狗就像餓鬼一樣聚在麝香牛的死屍旁。把頭蓋骨從冰裡整個挖出來，我用鋸子把它切成十公分左右的小塊。牛角裡也有骨髓，所以連牛角也一併鋸斷，再用鐵棒敲碎到可以吃的程度。狗用前腳壓住我切下來的骨片，用牙齒剝下牛皮，再把剩下的咖啡色牛毛拔掉，舔著挖出來的冰凍組織使之融化，再用犬齒刮下來吃。不只肉和皮膚的殘留物、骨髓，就連骨頭都咬碎吞下。

處理頭蓋骨需要三個小時，所以我決定直接當場紮營。牠差不多吃了五百公克的頭蓋骨，所以今天的狗糧可以保留。糧食能多吃一天，就表示狗能多活一天。

隔天我查看狗的糞便，發現整個呈現純白色。與其說是糞便，不如說是糞便形狀的骨頭。我還以為昨天已經充分吃了肉、骨髓和牛皮，結果其實大部分都是骨頭，因為骨頭會在消化器官中變成粉狀，然後在腸子裡形成糞便從肛門排出。這天行動時，狗喘著氣突然停下腳步。

「怎麼了？你沒事吧？」

我擔心地問牠，結果牠的肚子傳來一陣咕嚕咕嚕的奇妙聲響。就像異形產卵一樣，牠發出很噁心的聲音並從嘴裡吐出咖啡色的物體。嘔吐物充滿胃酸變成咖啡色，裡面還有黑色的毛，發出刺鼻的臭味。

「你、你……吃了什麼？」

我擔心是牠途中擅自吃了奇怪的東西。不過，仔細一看，那是昨天的麝香牛骨。因為消化液而溶解一半，看起來很像消化不良的人類糞便，但那的確是骨頭。因為太硬沒辦法完全消化，所以才吐出來。我靠近想看那是什麼，結果狗以為我要搶走，從喉嚨發出「吼吼——」的聲音，平常絕對不會忤逆飼主的牠，對我發出恐嚇的叫聲。

看到狗的態度，心想原來牠已經餓到這個地步，嚇得我寒毛直立。我的狗憐愛地舔咬著那些怎麼看都像穢物的嘔吐物，只有眼神防衛似地盯著我看，然後便發出美味的聲音吞下那些東西。

*

天氣再度惡化，天空飄起雪片。氣壓下降，氣溫是零下十七度，比之前上升二十度，這天氣暖得很離奇。天空烏雲密布，到了早上仍無法接受陽光的恩惠，像冬至新月那樣二十四小時的黑暗再度復活。

從岸冰走到海冰上，發現到處都是來時沒看到的北極熊足跡。難道是我在達拉斯灣內陸徘徊時，海上的生態系有什麼變化嗎？該不會是附近的海冰在外海的某處裂開，出現破冰面，那裡聚集了海豹，所以北極熊可能正往那裡移動？

雖然物種不同，但在極地這種大自然的未開之地中，人類和北極熊都會根據類似的判斷行動。海冰上隨處都有粗冰地帶，人類通常會避開那裡選擇好走的路徑，北極熊也一樣會選好走的路，結果我和狗走的地方一定會看到北極熊的足跡。前方看起來又是粗冰地帶，所以我打算在這裡向左走，結果北極熊的足跡也一樣改向左走。也就是說，如果現在北極熊來到我們附近，應該會有很大的機率碰個正著。足跡幾乎都是單獨的，但其中也有大小兩隻，也就是帶著小熊的母熊足跡。一般而言，帶著小熊的母熊都非常兇暴，在北極熊之中是最危險的類型，因此，和北極熊走同一條路感覺不太舒服。

應該是說，一想到北極熊可能就在附近晃來晃去，我就覺得毛骨悚然。如果像來時那樣有月光，還可能看得見北極熊，但現在已經沒有月亮，在完全黑暗的狀態下，根本沒辦法察覺北極熊靠近。我開著頭燈走路，所以不到半徑二十公尺以內應該都不會發現。而且那還是熊出現在照明方向的話，從其他方向接近就完全沒用了。在這種黑暗狀況下，我們這些知覺功能有大半都要靠視覺的智人，根本不可能發現飢餓的北極熊靠近。

既然如此，唯一能依靠的只有狗了。狗在步行中也能聞出北極熊的味道，然後用吠叫的方式告訴我……才對……雖然心裡懷疑，如果從下風處靠近，狗會不會也聞不出來？不過，我想牠應該……可以分辨，光是有這樣的心理支柱，就讓我大幅減輕恐懼。我本來就是為了這一點才帶著這隻狗一起旅行。

如果有這麼多足跡，大概到阿烏納特的小屋之前，周邊都可能充滿北極熊。走到阿烏納特至少還要五天，在那之前一定要省著吃狗糧，想辦法讓狗撐到小屋。北極熊的足跡增加之後，我就一直在想這些事。

骨瘦如柴的狗已經沒什麼力氣拉雪橇，休息剛結束時還可以充滿活力飛奔，但五分鐘之後就用盡力氣，拉不了雪橇了。儘管如此，與其說是對我，不如說牠DNA中對所有人類的忠誠並未消散，仍然奮不顧身地拉著雪橇。牠如果下定決心，明明也可以吃掉我雪橇上的食物，但牠沒有這麼做，誓死效忠人類。看到狗的樣子，我不得不深切感到自己對狗的依賴。不只狗依賴我的飼料，我也依賴狗完成旅行。沒有狗的話就不可能完成旅行，在黑暗的北極熊世界中，我連單純移動都沒把握。

本來我帶狗一起旅行就是為了防範北極熊，但除此之外我也想知道人類和狗之間的依賴關係到最後會剩下什麼。對我來說，這也是在試探人類和狗之間最原始的關係。狼進化成狗的過程似乎已經成為定論，但最近的研究指出舊石器時代後期出現一種叫做狼犬的動物，一般認為這些狼犬和人類一起行動。

當時歐亞大陸上有尼安德塔人、洞熊、洞穴鬣狗等強大的捕食集團存在，不斷上演生存競爭。在這種殘酷的環境下，有部分狼群選擇主動接近人類。也就是說，牠們判斷藉由輔助人類狩獵、和人類一起生活，獲得人類庇護對生存比較有利，所以從狼犬再進化成狗。另一方面，人類也發現透過和狼這種生存上最大的威脅聯手，利用牠們的部分能力，能夠提升狩獵也就是生存的效率，於是把牠們家畜化。

後來，這兩種生物成為盟友，聯手打贏其他競爭者，在舊石器時代晚期的蠻荒原野中生存下來，此時人類和狼、狗之間產生什麼樣的關係呢？雖然完全是我個人的想像，但應該是一種無法以「盟友」形容、更深刻、彼此依賴生命的融合狀態吧！跨越智人和犬族等生物學上的隔閡，混雜在一起，形成一體化的狀態。因為我有這種想法，所以想像著只要在極夜世界中和一隻狗一對一互相託付命運，經過漫長的旅行，應該就能體驗到舊石器時代人類和初期狼犬曾經實現的根源性異種動物結合狀態。

實際上，隨著旅程演進，我越來越依賴狗。超乎我想像的依賴。我不只期待狗在黑暗中成為我的眼睛，在北極熊出現時提醒我，拉雪橇時也要依賴牠的力量。然而，除了這些實際的功能之外，我更依賴牠療癒極夜黑暗中的孤獨感，視牠為精神伴侶。

說實話，如果有人問我在這麼漫長的黑暗世界旅程中，能不能沒有狗同行？我只會回答：不可能。只要有狗在，我的心就能平靜。沒有狗的話就無法繼續旅行，所以在旅程中我經常確認狗精神好不好？身體有沒有異狀？腳上的肉球受傷有沒有復原？隨時掌握狗的身體狀態。早上走出帳篷一定會先去看狗糞便，確認健康狀況，腳和背受傷的話一定會幫牠塗抹外傷用的軟膏。雖然牠沒有好好拉雪橇的時候，我會火大怒罵、毆打牠，但在沒有其他可以關心的對象時，這些行為也療癒了我的孤獨感。

光在帳篷中聽到狗在外面踏著雪走路的聲音，我就知道自己不是一個人，心情也變得平穩。而且，我還藉由想像最後狗死掉時，能靠吃牠的肉活下去，以逃避自己可能會死的不安。我就是這麼依賴牠。

藉由吃死掉的狗肉生存下去的依賴型態，就現代人的常識來說顯得很詭異。然而，我藉由和狗一對一旅行，發現人類和狗的原始融合狀態或許就是這種感覺。

我以前每次到肖拉帕盧克的時候，就覺得這個村落的因紐特人和狗之間的關係，建構在和現代人不同的道德觀念上，總覺得就像狼進化成狗和人類共存的舊石器時代後期那樣，人和狗之間的互相依存仍殘存至今。我覺得這個謎題，在我和狗互相委以性命的旅程中已經獲得解答。在肖拉帕盧克之所以能感受到人類和狗之間充滿舊石器時代後期的氛圍，是因為彼此之間沒有任何隱瞞。

在現代的先進國家中，狗已經變成人類欺瞞的象徵。表面上把狗當作寵物疼愛、保護，但在看不見的地方，不需要的狗被送到保健所撲殺，為了滿足疼愛狗的單方面慾望，施以無謂的品種改良，創造出只能稱為畸形的品種。無論再怎麼愛護狗，追根究柢那也是人類隨意對待，在對自己有利的時候使用符合當時情況的假面而已。也就是說，追根究柢探究人類與狗在先進國家的關係，就會發現只剩下人類黑心的欺瞞。

然而，肖拉帕盧克的村民和狗之間，不存在這種欺瞞。村民的確會無情地毆打不聽話的狗，也會乾脆地勒死老狗或拉不了雪橇的狗，以先進國家道德觀念來看實在很殘酷，但他們對狗的態度，不會產生掩飾自己任性或正當性的欺瞞。

他們用乍看之下很殘酷的方式建立和狗之間的關係，是因為必須在極北的嚴酷大地生存，不得已而為之，在嚴酷的自然環境下，人類和狗之間沒有任何欺瞞的餘地。他們為了生存需要狗，狗為了活下去也需要人類。為了生存，必須選擇讓狗活下去或殺死，他們知道自己就是這樣罪孽深重的存在。在生存就是最崇高美德的生死道德觀念中，以野生規則經營生活，沒有餘裕欺瞞彼此，所以不像先進國家的人類一樣，使用對自己有利的假面。

人類和狗共存的原始關係，大概也是建立在沒有欺瞞、赤裸裸的生死道德觀上吧！因為打算吃狗肉活下去，讓我出乎意料地面對必須依靠這種生死道德觀念活下去的情況。

「我是你的夥伴。但如果有萬一，我會吃掉你。」

以現代社會系統看來這種生死道德觀是被否定的邪門歪道。但以毫無欺瞞的本性為前提的赤裸關係，才是原始人類與狗之間曾締結的、被遺忘的祕密約定。狗在這個時候，拉出我身為現代人在表面上對外公開的態度與言行背後，想殺狗求生的扭曲心性。我過去明明一直把狗當成夥伴，甚至宣稱從沒想過吃掉狗，結果還是以最後要吃掉牠的態度面對我的狗。這種生存者罪孽深重的扭曲心性，就是我這個人類在最後才顯現的真實本性，我的狗就是明確指出我真實本性的存在。對我而言，狗就是擁有這種意義的夥伴。

隔天仍然下雪，再隔一天也還是下雪。頭燈反射在降下來的雪上，視線比來時更差，不知不覺走進軟雪地帶，又白白浪費了體力。已經一月二十四日了，而我仍然在極夜的黑暗深處中喘息。好不容易終於抵達依努費許亞克前的海灣，但是到了這裡也看不清周圍陸地的輪廓，所以無法得知自己所在的確切位置。我只知道這裡仍有北極熊的足跡。昨天整天都下雪，所以足跡顯然是昨天或是今天留下的。該不會就在這附近吧？想到這裡就不能掉以輕心。

過中午之後，雲層稍微變淡，南方的天空漸漸亮了起來，終於能掌握正確位置了。因為英國隊的物資站遺跡裡還有留下燃料，所以我為了回收燃料而往海灣深處走。抵達物資站遺跡附近後，先攀登斜坡回收預備的雪橇和備用的燃料。接著決定紮營地點，並且再度去察看被北極熊襲擊過的物資站遺跡。

不可思議的是頭燈照亮兩週末見的物資站遺跡，和我印象中的樣子不同。我印象中，地面上都是我翻起來的岩石，但再次觀察之後，發現還有一個角落很整齊，看起來完全沒有翻過。當時我一片混亂，可能以為自己全部翻過一遍，但其實沒有。我心想或許還有剩下的汽油，於是開始用手扳開整齊的岩石。

結果如我所料，馬上就出現裝在黑色塑膠袋裡的汽油容器。容器有兩罐。一罐五公升，所以有十公升。其實燃料已經很夠所以不太需要，但還是暫且先回收再繼續挖起岩石，看有沒有其他東西。結果，馬上就發現黑色塑膠袋。還有啊？到底還有多少？我感到訝異，試著摸摸看這個塑膠袋。結果手指傳來凹凹凸凸的奇妙觸感。嗯？汽油容器是塑膠所以不會有這種觸感。

難道是……我一邊壓抑著期待，一邊繼續把岩石往旁邊丟，一鼓作氣把東西挖出來。塑膠袋漸漸整個露出來。摸起來有點柔軟、凹凸不平，而且和裝汽油的袋子不一樣，還用黑色封箱膠帶封得很密。真的嗎？這是……真的嗎？我自然而然開始喘氣，非常興奮地挪開所有岩石，終於把整個袋子拉出來。

出現在碎石中的是一個四角型的大袋子。搖動一下會有沙沙聲。我已經可以確定了。

「哇喔喔喔喔喔喔喔！哇耶！哇喔喔喔喔喔！」

我的快樂像維蘇威火山一樣噴發，發出三次宛如海克力士般的大叫。

我的大叫迴盪在整個宇宙。

「太好了！烏雅米莉克！有狗糧了！」

「太好了，太好了，這樣你就不用死了！喔喔喔喔喔！」

我繼續瘋狂的咆哮，再加上尖叫，興奮地手舞足蹈磨蹭狗的臉，歡喜到熱淚盈眶。雖然不是狩獵成功，靠自己的力量獲得帥氣的結果，但那已經無所謂了。雖然狗不必死對我來說就是沒辦法吃狗肉，糧食不足以撐到回村落，但先不想那麼多了。總之我的狗不用死，讓我陷入超乎想像的喜悅中。我不必殺這隻狗，不必殺死我的狗了。想到這裡我就開心到不行。當然，狗根本搞不清楚我在手舞足蹈什麼，始終沒有反應。牠只是一臉無力地發呆。

「來，吃吧！吃吧！」

我馬上把狗糧撒在地上。我把原本所剩無幾的狗糧全部撒在地上，還把剛找到的袋子打開，撒了兩公斤給牠吃。總共餵了三公斤左右。給牠飼料之後，換狗陷入瘋狂般的喜悅。吃飼料的同時，過度吸入氧氣的狗，發出齁齁齁的豬叫聲，似乎有點喘不過氣的樣子，幾分鐘之內就吃光大量的狗糧。然後一副很滿足的樣子，打了個漂亮的飽嗝。

英國隊總共存放四袋的狗糧，或許還有其他的狗糧在這裡。我再度徹底翻開地面。然而，最後只有找到這一袋，其他地方只有發現被撕開的袋子碎片。也就是說，襲擊物資站的北極熊完整地吃掉三袋，不知道為什麼唯獨沒有發現這一袋，所以剩下來。

我覺得這是奇蹟。這只能說是奇蹟了。

冷靜想想，我只是發現兩週前沒找到的北極熊吃剩的食物，不過此時我認為，或許在這個時間點找到狗糧也是一種緣分。如果兩週前發現狗糧，我就不會這麼拚命地找獵物。也不會進入達拉斯灣的內陸區，在那個極夜深處中的深處徘徊。就結果來看，我應該就不會擁有凝視深度極夜黑暗的經驗了。也就是說，這一連串的過程都是極夜的意志，雖然命令北極熊破壞物資，但也留下一袋狗糧給我。

一開始不讓我發現，逼我到達拉斯灣內陸從事真正的極夜探險，再讓我狩獵失敗墜入絕望的深淵，當我接觸到極夜的真正樣貌時，又讓我發現這裡其實有狗糧。這簡直就是紀實作品中難以想像的情節。感覺亞馬遜的讀者評論會出現：「角幡說是寫紀實作品，但他是自己獨行，又沒有第三人可以作證，搞不好都是他自己瞎掰寫出的虛構故事！」我甚至覺得這些情節完全出自極夜的意志。

我抬頭望著天空，對月亮這個極夜之主說話。

月亮啊——還真是做了件帥氣的事啊！不過，很遺憾的是此時月亮沒有露臉。

曙光

就各個層面來說，發現狗糧讓整趟旅行的局面大幅轉變了。當然，變化最大的是狗的營養狀態。

隔天我決定停留在原地讓身體休息，當天早上我走出帳篷，狗也繼續趴著不為所動，之前看到我的排泄物那麼興奮，現在卻一點興趣也沒有的樣子。這種態度就好像是在說，現在狗糧吃到飽，你的糞便已經連糞便的價值都沒有了。牠遊刃有餘到可以擺出「明明是糞便，卻連糞便的價值都沒有」的諷刺態度。

狗身上卑微的態度已經消失，過幾天之後就已經恢復活力，每天晚上都威風凜凜地在帳篷周圍到處走，還會一邊發出「嗯……」之類從來沒聽過的、令人不快的聲音一邊排便，讓正在睡覺的我感到火大。

周邊風景也以這天為界，大幅轉變。中午去巡視昨天設的野兔陷阱時，我看到地平線漸漸透出微光的景色。久違地感受到太陽的力量。

前幾天在達拉斯灣內陸看到微光，是我這趟旅程中第一次感受到太陽的存在，但在那之後就一直是陰天，而且又是新月前後進入沒有月亮的循環，整個世界充滿黑暗以太物質，完全沒有機會感受到太陽再度降臨。然而，這天久違地天氣晴朗，天空中沒有一片雲。最近處在黑暗中所以沒發現，不過太陽對天空的影響力的確變強，世界明亮很多。

站在依努費許亞克半島上，眺望地平線就可以看見南方地平線出現橘色光輝，一鼓作氣把周圍都染紅了。令人容易想像到地平線下太陽變成天然的熔爐散發出猛烈的能量。太陽就在那裡，不久就後會以慈愛的光輝照亮整個世界。那是無庸置疑的事情，我確定一定是這樣沒錯。黑暗就快要真的剝落，結束漫長的黑暗。我看著天空宛如顏料的色彩漸漸在素面的畫布上渲染開來似地漸漸亮起來，感覺之前在黑暗之中繃緊的緊張感突然放鬆，開始軟綿綿地融解。

這種狀況的變化到了隔天變得更真實。我和狗從英國隊的物資站遺跡出發，穿越依努費許亞克半島底部最狹窄的地方，抵達另一側的大海。快到中午時，天空中出現微亮的太陽光，讓視野變得非常完整。完全不需要頭燈幫助。天空亮到看不見星星，白天唯一看得到的星星是南方天空地平線上閃耀的金星。海岸被亂七八糟的粗冰圍繞，因為有陽光的幫助，我和狗輕易地找到沒有粗冰的斜坡，成功下切到海冰上。光是這樣我就覺得很驚奇。

沿著平坦的新冰往阿烏納特的方向走，可以清楚看到右手邊依努費許亞克半島前端的小山丘。看到那座山丘的時候，我覺得難以置信。那就是在十七天前，從阿烏納特前往依努費許亞克的時候，讓我以為大到像北阿爾卑斯山一樣的山丘。

因為陽光而顯現出山丘的真實面貌，當然不像北阿爾卑斯山那樣雄偉，只是地形上凸出的一點不規則形狀而已。那看起來沒魄力到甚至令人覺得失望。當時月光下的世界充滿虛構、迷幻、假想的美感，引發我的錯覺，使得真實的樣貌扭曲，小山丘竟充滿北阿爾卑斯山脈那樣威風凜凜的壓迫感，只是陽光從地平線下透出來，山丘的真面目就一覽無遺，顯現出它的矮小。

竟然被這種東西騙了，我覺得很震驚。

看到這座山丘時，我感覺到極夜已經要結束了。不，不是要結束，而是已經結束了。當然，太陽還沒完全升起，就物理現象來說，極夜還沒結束。這個區域還要一個月後太陽才會升起。然而，對連續二十四小時都在黑暗深淵裡爬行的我來說，光是白天有幾個小時能保持視線清晰，就等於完全從黑暗的苦惱中解脫。

而且早上明亮的時間比想像中還長。之前第一次在達拉斯灣內陸看到陽光時，大約一個小時就馬上變暗，原本以為現在的明亮感應該也只能維持三、四個小時，但實際上到了下午三點天色都還很亮。到了四點之後也還算明亮。五點時就會變得黑暗，前方出現貝卡星和天津四（Deneb）的光芒，地平線上的天空就像黃昏一樣染上紅色，即便如此視線仍然清楚，還能在不開頭燈的狀態下行動。

像極地這樣的高緯度地區，和日本這種中緯度地區不同，太陽的軌道沒有大幅度的傾斜角度。在最高的上中天和最低的下中天高度差距小，也就是說太陽就像水平滾動一樣，只要太陽接近地平線，天色明亮的時間很快就會變得越來越長。

之後，我在體會每天越來越明亮的感覺下繼續旅行。儘管太陽還沒真正露臉，但它壓倒性的力量一口氣驅逐了黑暗。不久前月亮主宰的黑暗領域，已經被不容分說的力量侵蝕，轉變成明亮的世界。這些情況在我眼中彷彿象徵月亮和太陽的黑暗與光明兩頭巨獸，正以天空為舞台決鬥。這個世界之前被象徵月亮的黑色極夜巨獸支配，陷入蠻橫、嚴苛、為所欲為的狀態。

然而，象徵太陽的光之巨獸出現了。光之巨獸的力量壓倒性地強大，兩獸對決的瞬間，黑色巨獸的手臂被扭轉，喉嚨也被扣住，最後只能發出「呃啊——」的臨死吶喊，化成霧狀在大氣中煙消雲散。就是這種感覺。漸漸高升的陽光，踏實地完成事先安排好的工作，將極夜的黑暗驅逐。

之前那些荒謬的極夜黑暗，就這樣在我無能為力的時候受到壓制，失去力量並迎向衰亡，我只能茫然地看著這一切。而且在這個稱不上漸漸結束，而是突然結束的極夜面前，我出乎意料地充滿不可思議的情感。簡而言之，就是有一種失落感。啊，結束了，我的極夜結束了。我咀嚼著這些念頭，踏上前往阿烏納特的道路。

在極夜黑暗的底部徘徊時，我因為連續的錯覺而感到焦躁，懇切地祈禱太陽趕快回來照亮世界。然而，世界真的變亮，黑暗的力量消失之後，我內心湧現一股難以言喻的奇妙寂寞感。極夜的黑暗的確讓人倍感壓力，令我心想再也不要看到這種世界、饒了我吧！我還曾經說過憎恨、詛咒月亮的話。但另一方面，從達拉斯灣進入內陸時，我心中也出現這個世界只有自己知道的奇妙感覺。

深不見底的黑暗深淵，對人類生存而言很不理想的空間和時間。就連所有動植物的氣息都聽不到，陷入完全寂靜的死亡沉默。

那裡是不為人知的、屬於地球背面的禁忌領域。那是名為毛綿鴨的男人和留下「你們從月亮來？還是從太陽來？」這句話的男人們才知道的世界。讓人不想再回去，也不應該、不能回去的世界。然而，那裡同時也是我成功潛入，專屬於我的祕密場所。簡而言之，那就是我建構的世界。而我正在失去那個世界。專屬於我的世界正在消亡。我不可能再來一次極夜之旅，就算再來一次也沒有意義。

只要在這次旅程中了解那是什麼樣的世界，即便再次到極夜世界中旅行，也無法以相同的新鮮感接觸極夜。那些經驗和驚愕，讓我對極夜的黑暗感到恐懼，但那是僅此一次的經驗，無法再度回味。就這個層面的意義來說，我在這次旅程中獲得極夜世界，同時也永遠失去極夜世界了。現在，黑夜一旦因陽光消失，就無法再回到黑暗世界了。

實際上在帳篷中把這種心情寫在筆記裡，我也很快就感覺到那些語言總覺得有點膚淺。語言已經和我在黑暗中感覺到的苦悶與煩惱無法契合了。因為世界一下子變得明亮，對黑暗世界的記憶很快就開始從體內溜走。今後天色變得越明亮，我的心情就會更開朗，心裡的某個部分也會變得輕鬆吧！因此，我會漸漸想不起來，在黑暗中被荒謬力量束縛的緊迫感，記憶只會從體內大量外洩。而且關於極夜的經驗，只剩下筆記本上透露出微妙膚淺感的語言，那些完整的經驗再也回不來了。這也是一件很令人悲傷的事。

*

我在一月三十日抵達阿烏納特的小屋。抵達小屋之前，世界變得更明亮，昨天我還獲得狐狸肉。那是在岸冰附近的粗冰地帶徘徊時抓到的獵物。不同於在黑暗中看見浮游發光體的時候，因為天色明亮視線清晰，瞄準獵物並不困難。等接近獵物至三十公尺附近時開槍，子彈很輕易地擊中獵物，我馬上就地分解狐狸的肉。

狐狸和兔子不一樣，肉厚而且圓潤，體重有六、七公斤。因為刪除吃狗的選項，導致自己的糧食不足，但托狐狸的福總算能多少補充一點自己的食物。北極狐的肉沒有肉味也沒有腥味只有口感，味道非常不可思議，但過了幾天熟成之後漸漸出現甜味。那天之後，每天都靠吃狐狸肉過生活。

離開依努費許亞克時，我還稍微想過如果抓到大型獵物，現在也能往北走再度完成我原本計畫的旅行，然而見到極夜消滅之後這個念頭漸漸消失，抵達阿烏納特的小屋後，我就完全放棄了。事實上，極夜已經消亡，我想探險的對象已經消失了。既然已經回到這裡，就算獵捕大型動物繼續往北走，頂多也只能撐到達拉斯灣北部，為了到極地閒晃而從事不必要的殺生，我覺得沒什麼意義。而且，就結果來說，我已經進入極夜深處，獲得探險的感覺了。簡而言之，我已經完全沒幹勁，糧食也很緊繃，所以抵達小屋時已經決定要返回村落了。

話雖如此，這裡仍被零下四十度寒氣包圍，屬於嚴冬時期北緯七十八度的極北地區。而且，返回村落還有穿越二月內陸冰床這個難關等著我。主觀上感覺天色變得很明亮「呵呵呵，美好的世界回來啦！」的感覺很強烈，雖然是二月嚴冬時期，但在冰床明亮的狀態下應該有辦法橫越。我只能抱著這種樂觀的想法，但客觀思考的話，明顯看得出來這條路並不好走。冬季冰床上一旦吹起暴風雪就無法行動，有可能一整週都被困在帳篷裡。

我重新為完全放鬆的心情上緊發條，開始思考返回村落的路線。誠如我之前提到的，回村落的路必須像來時那樣下切遇到兩次暴風雪的梅罕冰河，但這個冰河的入口很難辨認。因為那是在天色明亮的狀態下也很難分辨的地方，所以最好在二月中旬之後，天色完全變亮再開始走。再加上冰床上的暴風雪，整體日程必須要有餘裕。現在天色明亮行李也輕，所以應該不會像來的時候那樣耗時間，但還是預估從小屋到冰床四天、橫越冰床四天、下切冰河回到村落兩天比較好。如果考量遇到暴風雪需停留的風險，還要多加備用的天數。一併考量預備日的話，從小屋回到村落最少需要兩週。

我先在小屋度過五天等太陽出來，計畫在二月五日帶著兩週的糧食和燃料出發。問題是不知道糧食夠不夠。檢查手上的糧食，還剩下即食米飯一點四公斤、泡麵一公斤、行動糧食五公斤、培根二點八公斤、脂肪一公斤、馬鈴薯泥五百公克。

我把這些當作從小屋出發後兩週的糧食，在小屋等太陽的這一週，就吃昨天抓到的狐狸肉。我繼續在小屋中尋找物資，找到應該是發現我物資被吃掉的丹麥天狼星部隊留下的乾麵包五百公克，還有我的朋友荻田泰永春季從加拿大走過來時留下的義大利麵和即食米飯（之後我詢問之下，發現這應該是我那些被埋在雪下的物資），流理檯下還有小屋的備品燕麥片等食物，我借用一些當作在小屋的糧食。

在小屋的這段期間，應該可以捕到一、兩隻野兔。我打算盡量不活動身體降低體力消耗，靠這些糧食撐過這段時間。於是在小屋中搭起帳篷，等待太陽露臉。

等太陽的那一週沒事做很閒。本來就因為極夜結束而放鬆的心情，在刻意為了恢復體力而休息之後變得更放鬆。以前野兔會成群聚在小屋附近，彷彿從窗戶瞄準都可以射中似地到處都是野兔，但我這次每天在中午時出去找野兔，卻完全沒見到蹤影。地上有無數的足跡，連獸徑都有，就是沒看到野兔的身影。

附近看樣子找不到，所以我前往距離小屋十分鐘左右的山谷尋找，但那裡也幾乎沒有任何蹤影。下午有一段時間我都在山谷裡亂晃尋找野兔，下午四點左右天色已經暗到無法辨別野兔，所以我便回到小屋，閒到無所事事。在帳篷裡無所事事，便開始讀起小屋裡那本老舊的大眾週刊，連廣告都仔細看，重複翻閱唯一帶來的一本文庫本，然後在筆記本上記下旅行中冒出的想法。接著到了晚上，也就是日本早晨的時間，我就迫不及待地打開衛星電話的電源。

這時候我最期待的就是透過電話聽家人的聲音，感覺就像一整天都是為了這一瞬間存在似地，令人迫不及待。

我明明宣稱不應該使用GPS、冒險就是脫離社會系統的行為，但衛星電話卻OK，旁人可能會覺得很矛盾。的確是很矛盾沒錯，針對這一點我的確很矛盾。

以前我對於帶衛星電話冒險比帶GPS還更有抗拒感。從他人的角度來看，這些根本無所謂，但對我來說是本質性的問題。

帶衛星電話就表示有意外的時候能求援。現代的交通運輸系統是以GPS座標軸為基準運行，因此只要有GPS和衛星電話就做好完美的救援準備了。聯絡方法一旦確定，發生意外的時候馬上就能求援，如此一來就算冒險的地方是隔絕人間的荒野，也會失去未竟之地的特性，被編入現代系統的網絡之中。如果隨時都能按自己的意思離開，那就不是混沌的未知世界，而是有人管理的運動競技場。在真正混沌的大自然中，為確保能有靠一己之力維持生命的自由，最好盡可能逃離科技的管理。簡單來說，我抱持否定科技的邏輯。

脫離社會系統是這次極夜探險的大主題，脫離許多人類生活的「每天都有太陽升起的世界＝一般系統」，進入「二十四小時不見太陽的黑暗世界＝極夜系統」，探索未知就是這次旅行的基礎中心思想。然而，除了太陽相關的脫離系統之外，最理想的狀態是像我剛才說的那樣也脫離科技面的系統，所以我到最後仍想堅持不帶衛星電話這一點。

然而，最後還是沒能堅持到底。畢竟我已經結婚生子。留下帶著兩歲女兒的妻子在家裡，到極夜這個異境之中徘徊，三、四個月生死不明，無論在倫理上或心情上我都沒辦法接受。如果是像十九世紀的極地探險那樣沒辦法聯絡的話就另當別論，但事實上現在就是有衛星電話這種多餘的東西。如果我無視現狀貫徹自己的堅持，我和妻子沒離婚、家庭沒解散才怪。而我不可能這麼做。

結果，我為自己找了藉口，把電話當成在最低限度內告知家人自己還活著的聯絡方法，接受不完整的脫離系統，也就是接受旅行的完成度會下降的事實。簡而言之，我決定當作不曾有過這個問題。三十五歲前，我曾寫下帶衛星電話去極地探險也沒意義的內容，但我決定偷偷無視這件事。以感情為基礎連結的人際關係，遠比我這種書生般的理想更堅韌。我在這次旅程中深感人類社會的所有系統裡，最難脫離的系統其實不是太陽也不是GPS，而是家人。

被家人這個系統綁住的我，在小屋等太陽的這一週，非常想打電話給家人。剛離開村落時擔心電池量不夠，所以把通話時間壓縮在最低限度，聯絡基本上就是隔幾天傳個短訊，但極夜結束我也失去幹勁之後，煞車就開始失靈，變成每天都打電話回家。電話的嘟嘟聲響起，妻子接起電話說「喂」的時候，失去極夜緊迫感、完全沒幹勁的我開始說出在家裡也不會說的嬰兒語。

「喂喂～速偶～」

「怎麼了，你為什麼這樣講話？」

「不是啊，我很寂寞。這裡很暗，太陽還沒升起呢！」

「是喔？」

「是說，有沒有什麼有趣的事？我好想知道新聞喔！畢竟我這裡只有二十年以前的《大眾週刊》。沒有便利商店，也沒有連鎖拉麵店。簡直糟透了。」

「新聞？沒什麼特別的。應該就只有川普當選總統吧！」

「川普的事情無所謂啦！沒有小孩的趣聞嗎？」

「說到這個，之前小春辦生日會，大家一起去麵包超人博物館，結果我們家的孩子把鼻屎黏在小佑的背上。」

我整個大爆笑。「超有趣的啊！我就是想聽這種新聞。鼻屎當然很小一顆吧？」

「沒有，超大的。」

每天晚上都這樣對話，我心中殘存的極夜探險嚴肅感當然會降低，陷入更進一步的無力漩渦。

我就在極夜儼然結束的無力感之下，於二月七日從小屋出發返回村落。本來打算二月五日出發，但因為幹勁全消所以懶得出發，在小屋多待了兩天。我一整週都在小屋內搭帳篷煮飯，導致內側都結了厚厚一層霜。我用刷子徹底除去結霜，再用掃把打掃，一下子就過了兩個小時。

在小屋待了一週，每天都去找野兔，結果一隻都沒有抓到，包含狗的糧食在內，真的剛好只剩下兩個禮拜的量了。沒有找到野兔可能是因為狼太多，導致大部分原本在阿烏納特的野兔都移動到其他地方了。雪面上留下狼無數的大腳印就可以證實這一點。不只糧食存量很緊繃，疲勞也沒有完全恢復。兩個月期間的旅程讓疲勞滲透到全身，每跨出一步拉動雪橇，疲勞就像沉澱物一樣黏在我身上。狗看起來稍微胖了一點，不過早上摸牠身體的時候，還是骨瘦如柴。

即便如此，因為天色明亮，所以我完全沒感覺到不安。世界在這一週變得更明亮，再過一週左右就到太陽升起的時期了。原本打算提醒自己不能小看嚴冬期冰床，藉此繃緊神經，但越靠近第一道日出，精神就變得越鬆散。雖然有可能遇到暴風雪，但我認為風險其實很低。實際上，我在二〇一四年二月、三月嚴冬期穿越冰床時，並沒有太大的暴風雪，這次在十二月穿越冰床時也沒遇到什麼強烈的暴風雪。因為有這樣的經驗，所以出發前我甚至還有點期待久違的明亮雪原和冰床，很像要去野餐的感覺。

離開小屋沿著岸冰稍微前進一段路，便走到兩個並列於深處的小山谷。腳邊的野兔足跡連成一條路，還有大量的狼腳印。因為有一段連續的急陡坡，所以我脫下滑雪板，穿上冰爪拉雪橇。

「喂！你已經有吃飯了，所以要認真拉！」

在急陡坡拉雪橇時，我偶爾會大聲激勵狗。攀登一個小時左右，坡度迅速減緩。左手邊是小屋後方獨具特徵的山丘，望向外海發現有灰色的雲湧上來。攀登平緩的斜坡，地形再度變成兩側被山脊圍繞的山谷，雪面被風拍打變得很堅硬。前進途中我也揹著來福槍，四處張望看有沒有野兔，但沒有發現類似的身影。

從這裡攀登一段路之後，往山谷左邊拐一個小彎就會抵達山坳，從那裡會連接往冰床的巨大主流河谷，這天因為清掃小屋花了點時間，而且又是久違行動日，所以我打算在抵達主流河谷前紮營。下午四點半過後，周遭變得灰暗，視線變差。剛好走到往山坳的盡頭，出現堅硬的平坦雪地，我心想今天差不多該紮營了，接著便回頭一看。

那一瞬間我懷疑自己的眼睛。咦？我想說狗怎麼變成兩隻。

狗不知道為什麼多了一個分身，那一隻分身緊跟在雪橇後面護衛。……猛一看好像是這樣，但其實不是，我以為是分身的並不是狗，而是狼。和我的狗一樣覆滿蓬鬆白毛的大野狼，光明正大、毫不畏縮地從後面以空洞的眼神盯著我。

發現狼的時候，我瞬間因為這個動物的舉動而心臟凍結。雖然不知道是從什麼時候開始，但這隻狼在我完全沒注意到的情況下，一直跟在我背後。牠所在的位置，只要有心隨時都可以咬斷我的喉嚨，讓我嚥下最後一口氣。但同時我又心想，很好，這下有肉吃了。雖然有兩週的糧食，但以行走在這個時期的極夜之中，每天分配的份量其實很緊繃，這一點讓我覺得有點不安。如果能獵到獸肉，時間也會變得比較充裕，時間尚有餘裕就能降低死亡的風險。

我反射性地卸下肩上的來福槍，單膝跪地瞄準獵物。五、六公尺的超近距離，不可能會失手。射擊野狼時，我並沒有一絲猶豫。我心想牠明明有機會殺我卻沒有下手，是這隻狼自己不好。

即使被我瞄準，狼也文風不動。乍看之下面無表情，但深處隱藏著複雜的情感。牠的眼神既恐懼又空虛，視線有著透徹的銳利感，彷彿完全看穿我的行動。狼的行為總是有種擾亂人心的感覺，尤其是看牠的眼睛，就會覺得這個動物一定擁有和人類一樣的高度智慧。像狼這樣擁有智慧的話，在被我瞄準的瞬間牠應該就知道了吧？為什麼不逃呢？我抱著疑問扣下扳機。

開槍的瞬間我就透過手感知道子彈已經貫穿狼的致命部位。

我把視線從瞄準器移到狼身上。然而，狼仍然像剛才一樣文風不動地站著。咦，射偏了嗎？就在我這麼想的瞬間，狼就當場倒地了。確認之後，看到狼張開眼睛、嘴巴、露出牙齒氣絕身亡。濃密的白毛下伸出比狗還長、有點不成比例的纖細四足。牠的臉和我的狗長得一模一樣。看到牠死掉的表情，有一瞬間心裡產生罪惡感，好像我殺死了擁有高等智慧的高貴生物一樣。不過，那樣多愁善感的心情馬上就被必須在天黑之前盡快分解狼肉的迫切事實抹去。

不可思議的是，平常一定會「汪嗚——汪嗚——」吠叫的狗，此時完全沒有任何反應，只是有點疑惑地看著我殺死突然出現的另一隻狗。仔細一想，狼明明就已經很靠近了，我的狗卻完全沒叫。

我難以理解狗的反應，但也馬上開始分解狼肉。當我開始把刀插入脖子附近時，山谷下突然傳來另一隻狼的遠吠。我射殺的是母狼，所以應該是和牠一對的公狼感覺到異常，所以才會開始吠叫。啊嗚——尖銳的聲音在山谷間迴盪。是在恐嚇我？還是在呼叫死掉的母狼？抑或是牠得知自己的伴侶已死，所以正在悲嘆呢？雖然不知道牠遠吠的原因，但我腦海裡一直有個無謂的疑問——這兩隻狼該不會就是前幾天從達拉斯灣回程時，幻化成綠色浮游發光體的那兩隻動物吧？或許那兩隻狼其實一直都跟在我們後面，試圖尋找奪走糧食的機會。

我放著沒管牠，結果狼的遠吠一直沒有停止。周圍已經變得灰暗，完全看不到狼的樣子了。只剩下狗的遠吠持續從小山谷下黑暗的深處傳來。那聲音聽起來越來越苦悶，重重壓在我的心上。

我心想，牠會不會來報仇？覺得有點恐怖的我，停下分解狼肉的工作，拿起來福槍把槍口對著傳來遠吠的暗處。

「吵死了！快給我滾到一邊去！」

我一邊大叫一邊拉動槍栓，對著黑暗的另一頭「轟——轟——」開了兩槍。隨著槍響，發出遠吠的狼也消失了。黑暗的山谷再度被寂靜包圍，我繼續分解狼肉。看到血之後狗也興奮起來，開始汪汪叫。

結果這匹狼的肉，成了最後拯救我脫離困境的關鍵。

極夜的延長戰

天空陷入黃昏時分的黑暗，我繼續分解狼肉。狼和狐狸、野兔不一樣，是體型大的動物。雖然不到北極熊或麝香牛那麼大，但至少比狗大了一圈，就算是母狼體重也超過四十公斤。大致分解應該也能輕易獲得十公斤以上的肉和內臟，光是這樣就夠充做我和狗一週的糧食了。

雖然不太可能，但若運氣不好，碰到必須停在原地一週的超級暴風雪，被困在冰床上，有這些肉也能撐下去。在我工作的時候，狗興奮地拉著雪橇，發出「嗚──嗚──」沒出息的叫聲。

狗仍然骨瘦如柴，所以我想先讓這傢伙吃點肉，所以把前腳切斷丟到牠眼前。狗以驚訝的表情用鼻尖聞了聞，似乎對初次見到的肉有點警戒，接著才慢慢開始撕咬狼肉。我再度開始分解狼肉，繼續剝下狼皮。然而，當我不經意望向狗的時候，狗無視眼前的肉，只是無言地盯著我看。

「怎樣？為什麼不吃？你是想要內臟嗎？」

因為牠不吃前腳，所以我拉出腸子並切斷，直接丟給牠。然而，狗只是聞，完全不吃。看到牠的樣子，我突然意會過來。難道對狗來說，吃狼肉同類相食的感覺太強烈，所以入不了口嗎？

狗和狼的確是能夠交配的同族。尤其肖拉帕盧克的愛斯基摩犬原始性強，生活方式還保留狼選擇和人一起生存的原始餘韻。尤其是我的狗長得特別像狼，製作人龜川一看到牠就說：「好像魔法公主的狼喔！」還起了雞皮疙瘩呢。

狗之中似乎也有能平心靜氣同類相殘吃同族狗肉的，簡而言之，狗之間的個體差異也很大，我的狗是心地善良又親人的和平主義者，大概是心裡明顯抗拒吃同族的狼肉吧！以前，在阿烏納特附近發現狼屍時，這隻狗也只是聞聞味道，並沒有吃屍體。

之前狼靠近牠也沒叫，或許從這隻狗的角度來看感覺就像：喔，就在這種地方遇到朋友，而且還是感覺不錯的母狗，好耶，久違地來交配一下好了！

然而，對方卻突然在眼前被子彈打中，馬上就死了，牠當然一臉錯愕。吃不下狼肉也很理所當然。儘管如此，不吃狼肉的話對狼就太失禮了。我一邊分解狼肉，一邊默默下定決心，一定要連內臟都全部吃掉才行。

與其說是對高潔野獸的贖罪，不如說是單純不想浪費。雖然主觀上我心情很放鬆，但從客觀角度看來，跨越嚴冬期的冰床明顯是不知道會發生什麼的難關，所以為防萬一，所有食物都要帶上。

我把卸下來的肉和內臟拿到牠面前。

「來，快吃！」

我大罵之後，狗才一副沒辦法的樣子一點一點地吃了起來。好不容易才抓到獵物，所以這天沒有餵狗糧，在狗面前堆了五公斤左右的肉和臟器之後我就進帳篷了。

當然，我晚餐也是吃狼肉。因為可能會有寄生蟲，所以我把狼肉切成薄片，用鍋子炒熟，撒了鹽調味才入口。這狼肉和狐狸肉不一樣，簡直是絕品美味。味道很有深度越嚼越甜，尤其是背和脖子等部位的肉很柔軟，是我吃過的肉當中最好吃的。油脂的風味也像牛肉一樣，在口中充滿濃厚而芳醇的香味。

肖拉帕盧克的村民曾抱怨因為狼變多，導致麝香牛和馴鹿減少，但狼肉美味得讓我覺得比起獵麝香牛或馴鹿還不如獵狼。應該是因為狼吃了麝香牛和馴鹿等上好的肉，所以美味都滲進狼肉裡了。

隔天早上走到外面時，狗已經吃掉一半分給牠的肉，不知道是不是因為吃得很飽，所以很認真地幫我拉雪橇。我和狗進入朝向冰床的巨大主流河谷，一路往南走。

這天直到深夜，我才在山谷的途中紮營休息。山谷下由遠處傳來狼群的遠吠。而且這次不是一、二隻。大約有十或十五隻狼分別在山谷的兩岸，交互發出嗷嗚——嗷嗚——的悲切叫聲。

進入這座主流河谷之後，狼的足跡從未間斷，整個山谷到處都是大量的狼腳印。我第一次看到這麼大量的狼腳印。常見的野兔一隻都沒出現，表示可能已經被狼趕出棲息地了。狼的數量以超乎想像的速度增加，或許現在已經在這座山谷形成龐大的狼群，一副這裡是我地盤的樣子，大搖大擺地到處走動。

嗷嗚——嗷嗚——

遠吠的聲音不斷迴響。肉食性野獸成群在附近發出威嚇聲，聽了覺得不太舒服。我在睡袋裡想著，那些傢伙該不會是昨天被我射殺的母狼的夥伴吧？據說狼一般不會單獨或成對襲擊人類，但一整群的話呢？而且我還殺死牠們的同伴。

我離開睡袋，確認入口處的來福槍。裝了四顆子彈，安全裝置也已經卸下。遠吠聲在那之後持續了一陣子，就在擔心狼會不會來襲的時候，我也開始打起瞌睡，一回神已經早上了。

*

翌日仍然沿著山谷往回走，抵達來時吃了不少苦頭的凍原中央高地。之後往下攀登，在廣闊的雪面上朝冰床前進。

不知道為什麼，狼似乎沒有在凍原內陸行動，足跡在山谷途中就突然不見了。中央高地前野兔的身影突然增加，和狼的情況如出一轍。野兔或許真的是被持續增加的狼群追趕，所以才移動棲息地。

在往中央高地延伸的山谷源頭看到第一批兔群的時候，我想之後可能會有段時間看不到兔子的蹤影，所以先捕了一隻。成功射擊野兔後馬上就地分解，只把肝、背上的里肌肉、大腿肉裝進袋子，剩下的內臟和頭全部都當場給狗吃了。

和給牠狼肉時不一樣，狗像平常那樣一副等不及的樣子，發出喘息聲大吃特吃。再走一段路又出現另一群野兔，以備萬一我又獵了一隻野兔，再度把內臟和頭給狗吃。然而，之後不斷出現野兔，我便不再獵了。

回程的中央高地附近是野兔的樂園，呈現這裡五隻、那裡十隻的狀態，無數的兔群到處走動。還有完全沒發現我靠近，已經睡死的野兔，感覺有心的話徒手都能抓到。狗因為吃太多肉，肚子脹得像一顆皮球，每次休息都伸直四肢，像是在說：「我動不了了，老爺……」一臉很痛苦的樣子。

不只野兔，隔天還出現麝香牛群。擁有非常清晰的輪廓線，鮮明的黑影顯示有五、六頭牛，在五百公尺遠的白色雪原上緩緩橫越。在極夜的黑暗中，拚命追麝香牛的日子，就好像遙遠的往事一樣。

雖然有一瞬間，腦海閃過「獵捕其中一頭牛，繼續往北走的話可以走到哪裡呢……」的念頭，但實際上我並不打算這麼做。牛群緩緩靠近，我拿出相機拍攝，紀錄牛群的狀況之後就回到雪橇旁。

二月十二日，終於看到冰床了。離開小屋之後，不是濃霧就是下雪，氣溫維持在零下十五度到二十度左右，在這個時期算是異常的高溫持續了一陣子。因為視線完全被遮蔽，所以有時也會停在原地，但這天久違地從早上開始就非常冷，氣溫下降到零下三十二度。天氣恢復晴朗，之前覆蓋在周圍的霧靄消失，視野一下子開闊了起來，冰床在雪面的遠方，看起來就像俯視著我們一樣高聳。冰床巨大、灰暗、陰鬱，一副無所畏懼的驕傲模樣，總覺得有種讓觀者認命的壓迫感。

然而，冰床的壓迫感最終也因為光線變得柔和。那尚在極夜結束前、從地平線下的太陽散發不知是朝陽還是夕陽的光芒，讓冰床最南側的一角開始閃耀眩目的橘光。從光的中心點擴散出光譜，有種神聖的感覺，那個景象好像天空會降下一位宛如神明般自帶背光的白鬚老人一樣。再過不久，那裡就會出現太陽。巨大灼熱的光球、天然的核融合放熱裝置，就在那道光的下面。

不用想也知道。那些光讓我明白了。太陽一副明天就要升起的樣子。應該是說，眼前的景色讓人覺得再十分鐘太陽就會升起了。冰床的光芒如此眩目。不久後橘色的光就擴散到整個冰床，像是要燒起來似地染得一片通紅。

眼前的雪原繼續接收太陽光，發出宛如夏季的蒸騰氣流。看到蒸騰的氣流時，我心裡的確覺得：不是吧，這也太過火了吧？一想到不過二十天前還一片黑暗，更覺得這片景色令人難以置信。

說不定抵達冰床之後，甚至明天、後天就能看到太陽升起呢！肖拉帕盧克會在二月十七前後看到日出，但冰床的高度較高，視線也不會被周邊的陸地遮蔽，所以似乎能提早幾天看到日出。

我心想，要是明天就看到太陽，該如何表現我的感動呢？畢竟我已經四個月沒看到太陽，還是需要做好心理準備才行。

到了下午，陽光黯然失色，冰床回到灰暗倨傲的樣子。狗糧減少的量比我預想得還多，所以最後提起精神射殺一隻野兔後，便在冰床底部紮營。

*

隔天二月十三日，我開始進入最後的關卡——橫越冰床。

離開小屋後天氣都不太好，之後的天氣也不穩定到令人難以理解。晚上雖然無風，但這天吃早餐時突然開始起風，捲起幾天前下的雪，變成強烈的地吹雪。

按照之前的經驗判斷，冰床上一旦吹起強風就會持續一整天。因此我判斷今天沒辦法行動，決定停留在原地，吃完早餐之後便鑽入睡袋。然而，就在我快要睡著時，風突然一下子停住，變成完全無風的狀態。

明明之前還激烈地搖晃著帳篷，結果突然陷入一片寂靜，彷彿剛才都是騙人的。

這是……什麼情形啊？

劇烈的天氣變化令我感到疑惑。原本以為會持續一整天的狂風，一個半小時就停了。手錶顯示十一點，時間還很充裕。沒辦法只好慌忙點燃瓦斯爐，化開結凍的毛皮鞋、烘熱襪子準備出發。

從阿烏納特穿越冰床，會先從攀登雪面陡坡開始。就是來時在黑暗中袋子掉落，我衝去撿的那個急陡坡。花三十分鐘左右登上急陡坡之後，就會碰到像滑雪場沒整地的斜坡一樣凹凸不平的裸冰地帶。選擇沿凸起處之間積滿雪的部分走，筆直朝南前進，不久腳邊的坡度便開始平緩，長而徐緩的平坦冰床景觀進入我的視線。

天空布滿烏雲，原本期待今天會升起的太陽沒有出現。穿過雲層透出陽光，使得天空呈現暗紅色。奇怪的是，在我往前走的時候風又開始吹，而且風勢瞬間增強變成無法行動的暴風。周邊出現濃霧，氣體乘著強風而來，宛若雪崩似地壓迫萬物，視野漸漸變窄。我心想：「這是怎麼回事？」手錶顯示兩點半，不到三個半小時暴風就回來了。

雖然不知道是怎麼回事，但風勢相當強勁，風速應該將近二十公尺，完全不是能夠行動的天氣。我剛好找到平坦的地方，為緊急避難便決定就地搭起帳篷，但不知道是不是因為天色變明亮導致疏忽大意，我犯下平常絕對不會犯的基本錯誤。帳篷本體正承受強烈的風壓，我卻硬拉扣帶試圖架起支撐桿。就在我用力的瞬間，特別訂製的粗壯硬鋁製帳篷用支撐桿就像樹枝一樣輕輕鬆鬆地折斷了。

強風發出低鳴到處肆虐，再加上霧氣使得毫無視線可言，體感溫度降到零下四十度左右。以這樣的風勢看來，沒辦法悠哉地修理支撐桿。雖然身體已經適應並不覺得冷，但肉體還是會對物理性的環境有所反應，在這樣的狀況下慢吞吞行動，手腳馬上就會凍傷。沒辦法，我只好把行李丟進貼在地上的帳篷裡，並堆疊在上風處，多少騰出一些內部空間。原本想說不如就這樣宿營到風勢停歇為止，但不知道暴風雪會持續到何時，所以我在帳中修理支撐桿，再度頂著強風挑戰紮營。這次我慢慢拉緊，總算成功架起支撐桿。

正當我心想「啊，太好了」鬆了一口氣的時候，轉眼風又停了，再度回到寂靜無聲的世界。第三次了，這是怎麼回事啊……一下吹一下停、一下停一下吹，這麼怪異的天氣，讓我莫名感到毛骨聳然。

近幾年我每年都到北極圈旅行，但從未碰過如此不穩定的天氣。萬事都有所謂的順序。風勢變強時是會漸漸變強的，所以我之前碰到的暴風都是慢慢變強，有一點餘裕能讓我判斷接下來的行動。

而且，只要吹起暴風幾乎都會持續一整天，結束之後就有一週以上的時間可以行動，這種循環就像常識一樣。然而，今天完全不同。起風之後就突然變成無法前進的暴風，結束之後又變成完全無風的狀態。如此一來，不就無法得知什麼時候能行動了嗎？

到了晚上風勢又變強，隔天早上醒來時已經發展成強烈的地吹雪。帳篷啪噠啪噠的噪音深處，傳來彷彿大地分裂的沉悶轟鳴，覆蓋整個冰床。這就是強烈暴風的證據。我從通風口往外看，新雪漫天飛舞，完全遮蔽視線，完全不是能在外行動的天氣。

我突然開始擔心接下來的行程，把手伸進糧食袋確認剩餘的量。離開小屋時準備的糧食有兩週的量，不過因為有狼肉，原本晚餐當作配菜的馬鈴薯泥完全沒用到，所以只要把馬鈴薯泥當作主食，還可以撐到二月二十三日。還有十天的份量。然後如果省著用也還能再撐一段時間，完全不需要著急。我刻意告訴自己，糧食還很充裕。然而，在這種不穩定的天氣之中，接下來的狀況突然變得不透明，剛離開小屋時那種野餐的心情早就沒了。

當天晚上九點半左右，風突然完全停了。我在睡袋裡覺得安心，心想總算停了。夜晚回歸寧靜，直到早上都沒有再起風。風已經停了超過十二小時。無風到這個程度，就表示天氣已經穩定了。看吧！暴風是不會持續太久的。好，今天要出發了！我下決心，扎扎實實地把行動日用的泡麵填滿肚子。

雖然十點半才出發，但這個時間外面已經很明亮，視線非常清晰。明明之前到十一點都還很暗，現在天色明顯越來越亮了。今天是二月十五日，差不多是冰床上極夜結束的時間。只要今天不起風，應該就能看到太陽了。好，今天一定會出太陽，終於要和等待已久的太陽面對面了。我在這樣興奮的狀態下開始步行。

然而，行動開始不過一個小時左右，南方又開始起風了。而且馬上就達到風速十公尺以上的強風，地吹雪肆虐，飄至上空的雪煙完全遮住地平線。整個世界被灰色的風景吞噬，我覺得好憂鬱。很顯然我面對的是用過去經驗無法處理的天氣狀態。不要說看見太陽了，周遭的景色一夕失了色彩消失在雪煙的漩渦之中，風速十五公里左右的強勁地吹雪到處肆虐，真的是最糟糕的情況。

既然早上已經吃了行動日用的泡麵，我就打算要走滿八個小時。因為糧食有限，停滯日的早餐只能吃少量的燕麥片。我已經吃掉行動日用的拉麵當早餐，無論如何都要消耗攝取的卡路里。

過下午四點之後天色就開始漸暗，再加上狂暴的地吹雪，導致視線急遽變差。在大氣中飛舞的雪煙和地面上的白色雪面混合，天地之間的界線融合在一起，形成完美的白曚天❸。

事物之間的界限消失，和極夜的黑暗相同，由所有物體融合為一的混沌再度復活，整個世界呈現可稱之為白色極夜的樣貌。強勁的逆風使得雪橇被拉往下風處，我和狗也因為寒冷與疲勞變得精疲力盡，當周邊完全暗下來之後，我久違地使用頭燈行動。

隔天早上強風仍持續來襲。話雖如此，接下來有可能又會變成無風的狀態，所以我暫且先吃停留時食用的燕麥片，提前做好準備。然而，走到外面一看，風速將近二十公尺的暴風仍然狂吹，雪煙完全遮蔽住視線。入口處吹進粉雪，使得帳篷裡也到處都是雪，我決定原地停留，打掃好帳篷之後鑽進睡袋裡。決定停留是無所謂，但不知道接下來天氣會怎麼樣，讓我變得很不安。糧食和燃料都能撐到二十三日，所以還不需要焦急。

雖然我心裡清楚這一點，但現在是完全不知道到底該在什麼時間點出發才好。本以為風已經停了，結果又開始猛吹，以為風還沒停，結果又像在騙人似地突然停下來。在睡袋裡休息的時候風勢也曾突然減弱，讓人期待甚至懷疑是不是已經可以出發了？然而，稍微等一下強風又回來，周邊開始發出轟隆隆的可怕聲響。

因為實在沒辦法忍受無法判斷天氣這件事，我決定使用過去被自己視為禁忌的方法。那就是向在肖拉帕盧克從事狗雪橇活動的山崎哲秀先生詢問網路上的天氣預報。大言不殘說出「要脫離社會系統」、「全部靠自己判斷」等帥氣的話，結果被逼到牆角的時候發現自己可悲的樣貌，仍然是一個試圖依靠通訊科技做判斷的現代人。然而，現在已經不是講

❸白矇天（whiteout）：一片雪白令人無法辨別方向、地形的現象。

究細節的時候。

撥號音響了一陣子，話筒傳來山崎先生的聲音。

「阿角，你現在在哪裡？」

「這個嘛，我開始攀登冰床，大概在十公里左右的地方。應該是冰河的三分之一左右。糧食可以撐到二十三日還算沒問題，但天氣非常糟糕。」

「這裡風也很大。」

「不好意思，可以幫我在網路上查一下天氣預報嗎？」

「知道了。那你十五分鐘以後再打來。」

斷斷續續地開始吹起強風，這已經是第四天了。其實我覺得明天天氣應該差不多該回穩了，所以我一心認為山崎先生應該會告訴我「沒問題，阿角。明天風勢就會減弱。」之類讓我安定心神的答案。然而，十五分鐘後聽到的天氣預報，完全和我的期待相反。暴風會一直持續到十七日夜晚，十八日晚上到十九日會暫時減弱，二十日、二十一日又會增強，而且會比現在更猛烈。直到二十二日之後天氣才會完全恢復平穩。

我眼前突然一片灰暗。走到梅罕冰河的入口之後，只要再晴朗一天就能下切到大海。一旦到了海上，無論天氣再怎麼差都能返回村落。然而，聽到天氣預報之後，能否平安抵達冰河的入口就很難說了。考量剩下的糧食，我一定要在天氣回穩的二十二日前抵達冰河入口。

從現在的位置到冰河入口為止，最少需要兩天的時間。如果天氣預報正確，能行動的日期就只有十八日和十九日這兩天。這兩天內無論如何都要走到冰河入口。簡而言之，我連多一天的時間都沒有。而且那還是以天氣預報準確為前提，暴風有可能一直持續下去，而且冰河入口是個難關，真正的路徑很難辨認、容易迷路，所以一定要在無風、視線清晰的日子才能找到正確的入口。然而，這樣的日子也不知道是否真的會到來。

「阿角，最好在能行動的日子一鼓作氣多走一點。」

從山崎先生的口吻聽得出來他很擔心我。這句話雖然簡單，但是非常有說服力。以前山崎先生曾說：「我在冬季的冰床上遭遇暴風雪，帳篷的支撐桿斷掉，被困住整整一週，哈哈哈……」當時當作笑話在聽，心想這個人還真不走運，遇到這麼慘的狀況真是悲劇。我知道山崎先生碰到的那種強烈暴風雪，正向自己襲來。

心裡湧現帶著粗糙手感的死亡恐懼。我真的能在這種暴風中穿越冰床嗎？聽著在黑暗中發出低鳴的暴風聲，想到要一頭鑽進那裡面就覺得可怕。現在就已經吹著難以想像的強風了，二十日、二十一日竟然還會更猛烈。我腦海裡甚至浮現「撤回阿烏納特的小屋會不會比較好」的念頭。

回小屋補充燃料，在中央高地獵三十隻兔子補充糧食。然後重新整裝，再挑戰穿越冰床。我腦海雖然浮現這個計畫，但失敗時的風險實在太高。應該是說，在我想到這種不切實際的計畫時，就表示我很想逃出這個恐怖的空間。總之，現在是緊急狀況，完全是在險中求生。

接下來無論是早晨還是夜晚都無所謂了。只要風稍微停下來就要開始行動，盡量靠近村落。為此，我必須盡量減輕裝備以加快腳步。對了，除了生存必須的裝備以外，全部都留在這裡好了。

下定決心之後我馬上把不需要的裝備裝進運動包裡。來福槍是為了這次探險而採購的新品，但我已經不需要了（約值十萬圓）。天色變亮之後，用我的傻瓜相機就足夠了，所以折笠先生放在我這裡的極夜用單眼相機也不需要。折笠先生，對不起了。我在心裡向他道歉，然後毫不猶豫地放進背包裡（預估價值二十萬圓）。

因為已經有 Gore-Tex 的褲子，為了禦寒親手製作擁有回憶的海豹毛皮褲也不需要了（無價）。再加上其他的子彈、備用保溫瓶、望遠鏡、搖粒絨褲、乾電池，背包重達十公斤以上。接著，我在日記上留下最後一句話「一定要活著回家」。雖然是完全沒有幽默感而且很感傷的陳腔濫調，但我為了讓自己下定決心，所以刻意寫下來。此時，我覺得寫下來的話，會生出靈魂。

隔天，十七日早上，風勢變得更強，發出這次暴風之中最大的聲響，簡直天鳴地動。

可以的話我很想今天就出發，但面對這麼可怕的聲響，根本無法動身。昨天的天氣預報指出，今天晚上到後天風勢會減弱，所以要趁這段時間持續行動二十個小時，一口氣走到冰河入口才行。

就在我縮在睡袋裡想這些事情的時候，風又突然減弱了。在隨處肆虐的暴風深處會傳來宛如天崩地裂般的特殊聲響，那種聲音消失後，冰床整體都可以感覺到暴風開始消停。手錶顯示上午十一點，之前被騙很多次，所以我繼續在睡袋裡觀察情況，經過十分鐘、二十分鐘之後，狀況也沒有改變。

這次是真的，要出發了嗎？雖然沒辦法擺脫可能再度起風的疑慮，但我也開始著手準備，兩小時後走出帳篷。果然幾乎沒風。我小聲地說「好，很好！」，並且告訴自己不必在意天氣預報，現場的判斷比較重要。然而，就在我心想「很好、非常好」邊撤收營帳的時候，風又開始吹了，兩分鐘後甚至突然轉變成足以吹走帳篷的強風。

在猛烈的風勢和地吹雪中摺疊帳篷，我在內心強烈後悔自己的判斷，比起自己觀察天色還是應該相信天氣預報才對……

溫度計顯示零下二十八度，在這種風勢下，體感溫度大概是零下四十度。一般來說，不會在這種狀況下出發。在帳篷裡用保溫瓶喝著熱茶配巧克力，才是度過下午時光的正確方式。然而，我都已經整裝過半，覺得此時撤退實在很蠢，所以做好心理準備抱著半自暴自棄的心情出發。如果真的不行重新紮營就好了，反正現在重新搭帳篷和在途中搭帳篷一樣都會遇到強風。

我丟下昨天整理好的來福槍等行李，整裝出發。那些東西價值約有四十萬圓——是說折笠先生的相機占了一半，但我完全沒有留戀。雪橇變輕了，所以速度多少快了一點，但狂風和寒意都很猛烈。冰床最高處吹來足以凍結地球上所有物體的寒風，直接刺向我露出的臉部肌膚。宛如纖毛一樣細的針，刺穿我的臉，實在痛到不行。

出發後十分鐘左右，我就知道整張臉都凍傷了，但眼下也沒別的辦法，只好當作不知道。狗也因為寒冷使得腳底肉球間的汗水凍結，而且腳底還被凍結的汗水刺穿開始流血，這也要當作沒看到才行。總之，我無視這些枝微末節問題，不顧一切地前進。

停下腳步環視周遭，發現冰床整個上空都是雪煙，就像空襲時的東京一樣，呈現雪之火焰熊熊燃燒全世界的淒慘光景。這幾天我邊走邊直想著「好想看見太陽、好想看見太陽」，然而，現在太陽什麼的早就無所謂了。現在一心只想逃命，只要能平安回到村落，怎麼樣都無所謂了。

沿著幾乎平坦、只有微微緩坡的路段向上走，風從上方吹下來。幸運的是走了兩個小時左右就進入冰床最高的地方，風勢也漸漸減弱。因為風會從冰床的高處往低處吹，所以頂部周邊風勢會最弱。當然，雖然說是頂部但畢竟也是冰床，所以乍看之下只是一片平坦的雪原，但經過最高處之後就會緩緩下坡，最後則會變成明顯感覺得出來已經進入下坡的坡度。

越往下風勢就會越強，但我判斷今天就是關鍵，所以打算一鼓作氣拉近距離，毫不在意風勢直接前進。不久地吹雪遮蔽視線，到了黃昏時呈現完全看不見地平線的雪白。晚上完全沒有陽光，所以也開始下起雪來。

拍打在臉上的風雪刺進眼球，傷了我的角膜。眼睛刺痛難耐的我戴上護目鏡並打開頭燈，從照射到的地吹雪和降雪角度判斷前進方向，持續朝冰河入口前進。光是這一天，我的臉就因為凍傷變成黑色。

隔天十八日是重要關鍵。如果沒在今天之內到冰河入口附近的話就慘了。

接下來有三個我之前在數度往返冰河後自己發現的地形特徵。那就像是為了在廣袤而平坦的冰床上辨別現在位置的自然標誌。這次沒有用GPS，所以必須確實確認這三個地標然後再定位，否則很難抵達冰河入口。因此，這天無論如何我都不希望面對因為強風或霧氣阻礙視線的狀況。而且，我仍想在旅程中看到極夜結束後的太陽。那才是我極夜探險的最終目標。

不知道是不是我許願成真，走出帳篷看到上空是一片舒適的藍天。

「喔喔喔喔喔——」

我自丹田發出吶喊，慶祝這個好天氣。如此一來，我就可以確認地形上的標誌，順利的話說不定還能看到太陽。

然而，在我一路下坡的時候，南方的上空很遺憾地突然被厚實的灰色雲層覆蓋，瀰漫天氣不穩定的感覺。我又沒辦法實現見到太陽的願望，但現在已經沒辦法說這種奢侈的話了。眼下無風，也避開吹雪遮蔽視線的最糟狀態，所以我心無雜念地繼續前進。

在冰床上前進一段路之後，右手邊的遠方出現小小的群山輪廓。雖然被雲遮住看不清楚，但在雪白的冰床另一頭，的確有斷斷續續起伏綿延的山丘。這些山就是往梅罕冰河入口的第一個地標。

我當場停下腳步，用指針測量看得見山的角度，在地圖上找出該方位和自己前進方向的交叉點。來時天色太暗所以完全看不見群山，但這就是地圖導航基礎中的基礎，大學進入探險社之後最一開始學到的簡易三角測量。找出現在位置，得知大約和我推測的一樣之後，心情總算稍微冷靜下來。只要照這樣繼續走，今天應該就可以走到不錯的點。

我繼續前進。下一個地標是要橫越梅罕冰河前另一條大冰河的源頭。這個大冰河源頭的對岸有一個凸起的平坦小山丘，繞到山丘的左側往上攀登就是我所謂的正確路線。這座山丘是三個地標當中我最重視的，只要找到這裡，我就有自信抵達梅罕冰河的入口。

天空依然布滿烏雲，不祥又可恨的天氣不斷持續。前方遠處宛如丘陵的雲層飄盪在地平線正上方，我朝那雲層的低處前進。上空的雲層越來越厚，視線漸漸變差。找出梅罕冰河的最大關鍵，換句話說就是生還回到村落的最大關鍵，為什麼偏偏在這個時候視線變差了呢……我一邊前進一邊憎恨彷彿象徵這次旅行受詛咒的天氣變化。

然而，原本以為是雲，而且還被我當成目標的山丘般雲朵，靠近之後發現其實根本不是雲，而是真正的山丘。該不會那座山丘就是大冰河對岸被我拿來當作標記的山丘吧……不久後地形突然變化，下傾的坡度突然變陡。眼前就是剛才看起來像雲的山丘，而我也朝著巨大的窪地陷落。沒錯。這就是大冰河的源頭。已經到了最重要的第二個地標了。

這座冰河的源頭強烈受到風的影響，雪面總是被風切削得很深，整體都被凹凸的雪波覆蓋。這次下山谷的時候腳邊的雪面也是凹凸不平，雪橇好幾次都倒下讓我吃了不少苦頭，不過雪波遍布就表示路線是正確的。

我和狗選擇裂縫和裂縫之間平坦的地方走，以眼前山丘的偏左側為目標前進。穿越山谷中央之後雪波變小、變淺，斜坡朝山丘緩緩升高。斜坡越來越陡，我和狗今天在行動時已經用盡力氣，步履蹣跚地以非常緩慢的速度一步一步攀登斜坡。

終於結束攀登穿越平坦區域，直接進入平滑的下坡路段。稍微往右下斜坡，被深灰色的陰鬱包圍的單調風景中，腳下出現凹凸不平但毫無起伏的岩石地形。這就是第三個地標——另一座大冰河。

這座冰河的源頭有巨大的冰隙裂縫，周圍有岩壁和群山等獨具特徵的地形。我的目標梅罕冰河就在剛才雪波切削情況劇烈的冰河和這個有巨大冰隙的大冰河之間，中間一副很抱歉的樣子向下凹陷，接下來只要朝那個方位筆直前進就好了。

太往左靠就會在不知不覺中被眼前有冰隙的大冰河吸引，所以我很小心前進，在天黑之前結束這天的行動。

我在帳篷裡由衷覺得安心。三個地標都已經找到了，確認我就在正確路線上。從周遭地形判斷，距離冰河入口還有兩公里左右。能走到這裡的話只要再往南前進一點，在適當的時間點往右轉，就可以抵達梅罕冰河。

既然走到這裡，除非發生殺人般的暴風雪吹走帳篷、把人吹到冰河山腳下，否則都不至於會死。沒想到今天一天就能走到這裡。果然丟掉多餘的行李，勉強在暴風之中出發是對的。如此一來，應該可以活著回去了。

我向山崎先生報告過程，他似乎也鬆了一口氣。不過我打電話給他不是為了讓他安心，而是想確認天氣預報。犯了一次大忌之後，就一直想確認天氣預報。山崎先生說明天的天氣是陰天，後天會放晴，晚上開始風勢會增強。明後天的天氣預報應該不會失準，這下可以確定兩天後能回到村落了。

我因為在最後的最後穿越暴風雪，靠自己的判斷脫離危機，獲得冒險的滿足感。雖然沒能看到太陽很遺憾，但太陽也可能在回村落的路上升起。無論如何，考量剩下的糧食和暴風雪可能再度肆虐的風險，只能趁回得去的時候想辦法返回村落。

走到帳篷外，發現四周依然無風。已經快到旅程的終點了。我在地面撒了一點五倍的狗糧，並且對狗低語：「哎呀，真是漫長的旅程啊。真的要結束了呢！這麼漫長的旅程，終於迎來尾聲了。」

我斜眼看著大口吃飯的狗，一個人沉浸在感傷的情緒之中，獨自默默感動。

不過，我這次又太天真了。

*

這天晚上，在無風的寂靜中，吹來一陣微風搖晃帳篷。

我有不祥的預感。這種風聲我好像在哪裡聽到過。那風聲聽起來就像在預告：天氣預報會不準，預訂行程即將變更，之後還是暴風喔！

接著，馬上咻——咻——地吹起一陣稍強的風。

我心想：哇！不是吧！

風越來越強，從原本的「咻——咻咻——」變成「轟——轟隆——」這種充滿破壞力的聲音並沒有花太多時間。莫大的轟鳴之中，我在睡袋裡嚇得縮起身子。天氣預報難以置信地以完美的形式失準了。

帳篷的支撐桿在暴風之下大幅度彎曲，內部空間狹窄到很不自然。應該是營繩鬆脫，支撐點被吹偏了吧！可以的話我很想逃避嚴峻的現實情況，但現在也不是說這種話的時候。我轉開瓦斯爐，吃了馬鈴薯泥，為了確認外面的狀況，打開風幡式入口。

那一瞬間，大量的雪花飛進來，我不禁狂咳不止。猛烈的地吹雪使得視野只剩下五公尺。除了狗和雪橇之外，一片雪白什麼也看不到，比前幾天抵達冰床之後遇到最強暴風雪還更猛烈的強風到處肆虐。

雖然我已經重新拉緊鬆脫的營繩，但因為風勢太強馬上又鬆開了。我再度下定決心走到營帳外，用兩條營繩加強，在雪地裡打進冰螺絲，固定到無法再更堅固的狀態才回到帳篷裡。

因為昨天進入安全地帶就暫時安心實在太天真了。只要沒吹起殺人般的暴風雪，人沒有被吹到冰河山麓就沒問題，十二小時前我還這麼輕鬆，現在卻真的吹起足以把人吹到冰河底部的狂風。

到了傍晚風勢更加猛烈，變得十分狂暴。有時風還會灌到帳篷底下，整個浮起來，讓我寒毛直立。因為怕帳篷被吹走，我再度到帳外確認營繩，走出去的瞬間就覺得自己快飛走了。強烈的風灌到肺中，所有細胞瞬間膨脹，連好好呼吸都有問題。好不容易才能站直，完全無法作業，步履蹣跚地確認支撐點沒問題，才爬著回帳篷。

帳篷內也被風吹得搖搖晃晃，非常寒冷。抵達冰床之後我為了節省燃料，幾乎沒有烘乾任何東西，所以防寒用品和睡袋都很濕。鑽進潮濕的睡袋，我因為轟鳴而怕得全身不停地發抖。天井和牆面、地上的防潮墊都凍結成霜，內部一片雪白，寒冷的死亡世界悄悄滲入帳篷。

這種狂風持續吹，真叫人嚇得魂飛魄散。我忍不住又打電話給山崎先生。此時真的很想對親切告訴我天氣預報的山崎先生抱怨，昨天的天氣預報到底是怎麼回事？

「這裡風很大，」我這麼一說，山崎先生也告訴我：「肖拉帕盧克風也很大喔！」我心想，一定是我這裡的風比較大。

「天氣預報和昨天一樣嗎？」

「風會吹到早上，然後停到傍晚。到了晚上又會再起大風，不過白天的天氣似乎很好。」

聽到這裡我比較冷靜了。總之，只要今天撐過這誇張的狂風，就能下冰河了。只要下了冰河，就算帳篷被吹走、沒有糧食也能回到村落。夜晚降臨之後，風勢變得更強，恐懼感也更加濃厚。

翌日，醒來之後天色已經很明亮了。從睡袋裡窸窸窣窣伸出手臂看手錶，發現已經過中午了。得知昨天天氣預報之後，我便一心相信預報內容，為了觀察風停的徵兆，直到早上我都在睡袋裡豎起耳朵傾聽暴風衝擊帳篷的聲音，然而，風勢完全沒有減弱，而且已經中午了。狂風和暴風雪依然發出轟隆隆的破壞聲搖晃整個大地，它發出咚——咻咻——唰唰——等各種擬聲詞試圖擊潰我的帳篷。

這到底是怎麼一回事？我因為太過恐懼，甚至開始覺得憤怒。暴風雪已經連續兩天都無視天氣預報了。無視和以前相比精度提升的現代科學觀測結晶——天氣預報。換句話說，現在的天氣預報精準度很高，只要按照天氣預報擬定登山計畫，就可確保一定程度的安全，而暴風雪卻無視現代系統提供野外活動應有的狀態，讓我持續處於憤怒的衝擊波之中。不管再怎麼輕視規則，現在這種情況未免也太過分了。我很想說我都已經每天都用衛星電話聯絡，確實回到社會系統的懷抱，那暴風雪也應該遵守自己的規則啊！

說實話，事到如今我只覺得極夜根本就是想殺了我。一月二十六日，從依努費許亞克出發那天，天色已經明亮到能清楚掌握周圍景觀，我還因為世界為之一變，表示極夜已經結束而感到失落，但實際上極夜根本還沒死絕。

極夜在最後的最後擠出殘存的一滴力量揚起地吹雪，讓雪煙覆蓋已經上升的太陽，無視天氣預報的蠻橫行徑延續極夜的生命，打造出白矇天這樣類似黑暗的空間，並且打算再度把我拉進雪白的泥沼之中。我此時才第一次意會到，極夜的探險還沒結束。在看到太陽之前極夜不會結束。現在就是極夜的延長戰。

在始終沒有減弱的暴風聲之中，我只能縮在睡袋裡忍耐。雖然其中也有對暴風本身的恐懼，但另一方面對糧食和燃料即將用盡也感到相當不安。原本是以多留緩衝、預計行程為兩週的計畫從阿烏納特的小屋出發，但其實今天就已經是第三週了，如果當時沒獵到狼肉，現在就已經沒糧食了。狼肉在千鈞一髮之際救了我的性命，但因為狼肉太美味，大吃特吃之下已經所剩無幾，而糧食雖然可以省著吃，但燃料只能再撐四天了。

事到如今，就是極夜和我比體力了。不，正確來說應該是和我向ICI石井運動公司訂購、由ARAI TENT製作的極地用特殊支撐桿比強度。在極夜的延長賽中，我能做的只有祈禱支撐桿不要被吹斷、帳篷不要被吹走而已。

到了下午，上風處的積雪突然開始壓迫帳篷。一般而言，雪通常會積在下風處，但不知道為什麼這次卻是積在上風處。因為我不想到外面去，所以我從帳篷內用拳頭擊碎積雪，但雪越積越多，已經達到不太對勁的程度，積雪變得很堅硬沒辦法擊碎，帳篷漸漸被重量壓扁。

我想起當初來時在冰河上差點因為地吹雪被活埋，於是下定決心走出帳篷剷雪。

走出帳篷之後，風勢一樣猛烈。而且沒看到我的狗。平常牠都會悠哉地睡在帳篷下風處的雪下，現在完全看不到牠的蹤影。

「烏雅米莉克！」

我叫牠，牠也沒有反應。暴風和地吹雪形成白矇天，完全看不清周圍的樣貌。

「烏雅米莉克！」

叫了好幾次都沒看到狗的蹤跡。難道因為這陣風而發狂，消失到某處了嗎？就快到村落了，為什麼……我難以置信地在狂風中搖搖晃晃地被推向下風處。走了十公尺左右，發現風雪對面模模糊糊有一個像是黑色岩石的不自然黑影。靠近一看，發現我的狗不知道為什麼刻意選在風超大、超冷的小高地縮著睡覺。

應該是說，牠一副快死的樣子。

「喂！你在幹嘛！在這種地方睡覺會死的！」

我以不輸狂風轟鳴的聲音在狗的耳邊大罵，但狗完全沒反應。因為昨天風太大沒能餵狗吃飯，該不會因為這樣而沒力氣吧？我抱起狗發現牠還有氣，但連移動前腳的力氣都沒有，馬上又蜷縮在原地。

牠受風過度襲擊，已經累到走不動，幾乎呈現假死狀態。我抱起狗回到帳篷，讓牠睡在下風處，又餵了一公斤左右的狗糧。看到狗糧牠終於在渾身發抖的狀態下大吃特吃，全部吃完之後直接原地躺下不動。

我照顧完狗，又到上風處去確認積雪。仔細一看，原本壓在帳篷外緣雪裙上的雪都被吹走，因此細碎的地吹雪大量從地板下鑽入帳篷布料的第三層和第二層之間。我把手伸進布料之間，把堅硬的積雪挖出來，結束之後用很重的雪塊大量鋪在帳篷的雪裙上以免再度被吹走。

接著，我重新再拉緊營繩，最後用鏟子挖出雪塊，堆在上風處，砌成一道有點粗糙的防風牆。暴露在強風之中，睫毛都結冰，看不到前方，因為風壓跌倒好多次，不過終於也砌好高六、七十公分的防風牆，接著連滾帶爬地進帳篷避難。

帳篷中灌進風和雪煙，再加上內側結霜，使得內部到處都是雪。裝備也都散落在雪中。宛如身在巨瀑中心的風不停怒吼，無論帳篷內外還是我自己都因為混亂而精疲力竭，我不想做任何事，只是愣愣地發呆。

然而，就在這個時候。在暴風肆虐時，面對眼前的混亂情況，我突然有種既視感，好像在哪裡有過同樣的經驗。接著，我想起和這場暴風毫無關聯的情景。

那就是——三年前我陪妻子生產的情景。

生產的現場也像現在一樣混亂。妻子彷彿被嚴刑拷打似地飽受陣痛之苦，手腳不停揮舞、痛毆床邊的柵欄、一腳踢飛陣痛計，發出「呀啊啊啊啊——」的高聲尖叫。那狂亂的樣貌、激烈的痛苦變成中心點，東京醫科齒科大學附屬醫院產房中產生一個混沌空間，宛如看不見的漩渦。之所以會突然想起這樣的回憶，應該是因為暴風雪的狀況和生產時一樣，都和「混亂」這個關鍵字有共通之處吧！

然而，事實上不只如此。陪同生產的記憶復甦時，我腦海裡閃過一個直覺。當時，我的孩子試圖從妻子的產道鑽出來，不就是在黑暗中掙扎著想看到光嗎？我現在想要看見太陽的狀況，不就和試圖誕生的孩子一樣嗎？

當時，身在生產現場中心的人的確是我的妻子。然而，力圖誕生的孩子應該也同時處於混亂漩渦的中心。孩子在受精後十個月左右都在我妻子的圓肚裡，舒適地、暖烘烘地順利長大，接著在十二月二十七日傍晚的某個時間點，離開子宮這個被溫暖羊水包覆的原始黑暗樂園，從產道奔往外面的世界。此時，孩子脫離已經習慣的、充滿慈愛的母體空間，奔向完全未知且無法預測的外在世界，她應該感到猶豫和恐懼才對。

出生前最後的準備活動已經開始，通過妻子終於打開的子宮頸口進入產道時，孩子應該感受到強烈的、原始的不安。此時，孩子才初次產生所謂的意識。懷抱強烈不安的孩子，就在搞不清楚狀況之下被擠出產道，奔向外面的世界。接著，害怕地睜開眼睛，感受眩目的光線。從母體這個原始的黑暗空間離開後，第一個看到的就是光。

在暴風雪肆虐的帳篷中想起妻子生產的情景，我感覺到當時孩子的誕生經驗和自己的極夜探險似乎在最根本的地方緊密相連。不只我的孩子，出生是所有人類都曾經歷的體驗，也是從安心、安全的母體空間衝向未知且危險的外在世界這種窮途末路的瞬間。也就是說，誕生在這個世界上就是人類經歷過的最大冒險。

在這些聯想的最後，我得出一個結論，或許我想在極夜中旅行並且看到極夜結束後的太陽，就是出於潛意識中想再次體驗誕生過程的願望。雖然沒有什麼確切的根據，但此時我認為這份直覺非常準確。在這之前，其實我也不清楚為什麼自己會如此受極夜這個現象吸引。

一直以來，我都告訴別人極夜充滿未知，而且是根本性的未知，但其實我知道還有道不盡的其他緣由。現在，我覺得那個謎底已經解開了。是那份沉睡在我心靈深處的誕生記憶，讓我前往極夜旅行。

這樣的靈光一閃，喚醒我另一個兒時記憶。從幼兒時期到小學低年級那段時間，我經常夢到某個抽象的影像。那是一個非常奇妙的夢境，我在一個質感柔軟的管狀異次元空間內，由內側往外看，接著那個柔軟的管狀空間從前方開始朝我旋轉，一直擠壓著我，就這樣不斷持續。而我每次都會覺得很不舒服，好像自己被脅迫一樣感到痛苦並因此醒來。

年幼時不知道那是什麼夢，因為太過抽象所以也沒辦法用語言好好向父母說明。之後我漸漸不再做那個夢，也不再想起這件事了。然而，在暴風雪肆虐的冰床上，我想起孩子誕生時的情景，這個夢的記憶也隨之復甦，這時才終於明白夢的意義。沒錯，那個夢就是經過產道時的影像。出生時的記憶雖然已經消失，但當時的影像卻烙印在視網膜上。

剛出生的孩子，在我臂彎中瞇著眼睛，一副光線很刺眼的樣子。光線療癒、緩和了通過產道時感覺到的原始不安與混亂，象徵著根源性的希望深深烙印在孩子的內心深處。我們每個人都擁有這樣的經驗。母體這個黑暗空間沒有時間、空間、事物的區別，就像岩漿一樣融合一切。胎兒就在這黑暗中旅行，經歷過可怕的產道冒險之後，終於來到外面的世界，初次沐浴在光線之中。

人類因為看見光，才開始一切。對人類而言，光重現出生的體驗，讓人從不安與恐懼中解脫，也是希望的象徵。人們對光無言的憧憬；全世界神話中黑暗和光明象徵死亡與重生；視太陽為重生之神，這些一定是因為出生時壯闊的光景和衝擊的記憶全都銘刻在人類精神與肉體的緣故。

在暴風雪的怒吼與混亂之中，我認為自己已經理解黑暗與光明的意義。我在旅程途中的二月五日邁入四十一歲，如果在返回村落途中看到太陽，那就是自出生以來，睽違四十一年第二次見到真正的光、真正的太陽了。也就是說，自己正在忍受最後的暴風雪，其實是為了見到真正光明的過程。

簡而言之，現在這場暴風雪帶來的混亂，就像妻子打了催產針之後因為地獄般痛楚而大暴走的階段，從孩子的角度來看，等同正穿越狹窄的子宮頸口，正要通過產道的時候。現在暴風雪無視天氣預報肆虐的樣子就像是小時候看見的那個夢境，充滿非常不舒適的、壓迫著器官通過的感覺，我突然覺得就某種層面的意義來看，這也是無可奈何的事。暴風雪毫無減弱的趨勢，兇殘地襲擊我的帳篷。我縮在睡袋裡，心想為了看見真正的光，一定要克服這可怕的障礙。妻子經歷什麼樣的混亂才生下孩子、女兒和四十一年前的自己又是克服多少不安才通過產道，我現在終於有一點明白了。

接著，那一瞬間終於到來。

太陽

傍晚時風勢稍微減弱，但深夜又開始發出轟隆隆的低鳴，深沉的重低音迴響，冰床上又開始吹起猛烈的大風。風勢很快就達到和昨天一樣令人無法呼吸的猛烈，讓我感到再這樣下去真的會被吹走的恐懼。

在夜晚的黑暗之中，狂風和殘存的極夜用盡最後一絲力氣全力衝撞我的帳篷。我有一種最後的攻防戰即將開始的預感。打開頭燈查看，發現白天堆砌的防風牆，讓我免於直接受暴風襲擊，風勢剛好擦過帳篷的上方。然而，這種強度如果持續下去，我在暴風之中隨便砌成的防風牆可能連一個晚上都撐不過。我甚至覺得帳篷能在暴風之中毫髮無傷地立於原地，本身就是一件令人難以置信的事情。

剛才發現黑暗與光明的意義時覺得很興奮，但很快就被暴風的猛烈與恐怖掩蓋，想看見太陽的願望和或許有機會看到太陽的希望也一併粉碎。傍晚問到的天氣預報指出，風勢在夜晚增強，明天下午就會穩定下來。雖然已經被天氣預報背叛多次，完全不值得信任，但我現在除了天氣預報之外已經沒有別的能夠依靠的東西。總之，我只能祈禱帳篷別被壓壞、吹走，想辦法忍過這場暴風。暴風真的太可怕了。

幸運的是這場狂暴的風不久後便穩定下來。話雖如此，仍然是風速十五到二十公尺的一般暴風雪，但已經不像剛才令人感到恐懼的殺人等級暴風。之後，風勢漸漸減弱，從深處傳來搖晃整個冰床的轟鳴也消失，轉變成搖晃帳篷的表面強風。

凌晨四點半時，風勢突然停止。前一刻周遭還被痛苦哀鳴的混亂支配，現在就像一切都是謊言般陷入寂靜，毫無聲響。

我聽到狗抖了抖身體，踏著雪面走路的聲音。安靜、無聲到這種程度。終於從狂風的恐懼中解脫，我不知不覺沉沉睡去。

醒來之後風又開始吹，地吹雪沙——沙——地發出吵雜的聲音，不斷搖晃著帳篷。雖然我心想差不多該適可而止了吧？但聽風聲也不像完全無法行動的樣子。手錶顯示現在是早上十點，根據天氣預報下午天氣就會回穩，所以我想等準備結束時，風說不定剛好就停了。我以出發為前提，離開睡袋打開瓦斯爐。

從通風口往外看，地吹雪揚起白色雪煙，視線並不算好。雖然沒有聽到暴風時從深處傳來的特殊轟鳴，但風仍然搖晃著帳篷，風勢還是很強。畢竟我這幾天都暴露在非比尋常的暴風中，所以覺得現在的風勢只能算是微風。然而，在這樣的狀況下出發，可能會因為視線太差而看不到太陽。雖然有點失望，但這時候我已經幾乎放棄看見太陽這件事了。

不過，就在我準備早餐的泡麵時，發現帳篷外突然有所變化。之前因為地吹雪而被遮蔽四周顯得灰暗，但現在突然變亮，帳篷的黃色布料開始接收微微的光線。

難道太陽已經出來了？

面對突然的變化，我感到疑惑和興奮。亮度漸漸增強，就像整個世界都染成金黃色一樣，不知道是不是錯覺，我甚至感覺到被溫柔的暖意包覆。這份溫暖和瓦斯爐的火焰明顯具有不同性質的熱量，那是像糯米紙一樣輕柔包覆周邊空氣的感覺。我已經完全遺忘，世界上還有這種溫暖。

我抱著興奮的心情開始準備出發。心想：「或許太陽已經出來了！太陽已經出來了啊！」我想要全身沐浴在第一道太陽光之下，所以刻意不從通風口查看外面的情況。急急扒完早餐，我便穿上防風服和Gore-Tex的褲子，更換襪子套上毛皮鞋。在這段期間，周圍變得越來越明亮，充滿耀眼的光。關掉瓦斯爐的爐火、整理行李，突然想到：「啊！對了！龜川先生說一定要拍到最初的太陽。」於是我也一併打開傻瓜相機的電源。接著，打開風幡式入口走到營帳外面。

那一瞬間，我因為強烈的刺眼感而皺起眉頭。

巨大的太陽在帳篷前熊熊燃燒紅色的火焰。大地因地吹雪而變得白茫茫，太陽就在另一頭升起。那太陽又大又圓。大到令人目瞪口呆。我至今從未見過這麼巨大的太陽。就像發出閃焰一樣的巨大火球。沒錯，在我看來那就像是熊熊燃燒的火球。太陽巨大、溫暖、充滿魄力與令人難以置信的渾圓之美，化身為猛烈的火球，經過核融合爆發能量，金黃色的光芒從正面朝我傾注。

「哇……好猛……這就是太陽啊……」

我像個孩子一樣，愣愣地發出聲音。陽光照耀著我，讓我感覺到溫暖。好厲害、好大、好溫暖。對著太陽，除了表示物質狀態的三個兒童程度的簡單形容詞以外，其他的語言都無效。太陽就按照它原有的樣子在那裡出現。

因為已經和龜川先生約好，所以我本來拿起相機想要說明自己的心情，但眼前的太陽帶來必然的結論，讓我在途中便不知道該怎麼說下去。

我身為一個寫作者，直到看見太陽之前，其實預設過很多實際上看到太陽會有什麼樣的感想，甚至還曾經有過「不然這樣想好了」之類的無聊想法。我怕在完全無防備的心靈狀態下看見太陽會毫無感覺，所以一直在模擬看見太陽時的感想，事先拉好一條防線，讓我可以寫出最低限度的內容。

然而，太陽不是會被這種小聰明推測的存在，它就這樣在天空燃燒著。這樣的太陽本質，無論用什麼語言都無法道盡。我並沒有因此找到其他的希望，也沒有因此被療癒。感覺不到慈愛的光輝，也沒有從黑暗中解脫的感覺。昨天發現的光明之意也已經忘得一乾二淨。太陽彈開所有詞彙，超然君臨天空，以質量為地球三十三萬倍的單純物體之姿，發出毫無任何意圖的威猛光芒。我被這樣的太陽震懾，眼眶泛出淚水。

這是非常戲劇性的太陽。只有在此時、當下這個時間點才能得見的太陽。應該是說，此時吹起超乎預料的強風，地表附近揚起地吹雪，然而雪煙的高度剛好控制在五公尺正負一公尺左右的程度，並沒有吹到上空遮蔽陽光。也就是說，因為恰到好處的雪煙高度，讓陽光擴散，模糊了日冕的輪廓線，使得太陽看起來更加巨大。

這個時間點也有戲劇化的作用。本來極夜結束時，最初的日出只會從地平線露出一點而且時間很短，所以完全沒有魄力，相較於之前的漫長極夜，這點程度的光只會讓人覺得啼笑皆非。我在加拿大劍橋灣體驗一個月的極夜時，看到的就是那種有點泛白的陽光。然而，此時因為暴風雪的關係，已經距離極夜結束一個星期，所以太陽幾乎就是以充滿魄力的圓球姿態裸露在地平線上。

一切都在我預料之外。這個太陽，一定就是那個太陽。一百五十年前，因紐特人說出「你們從月亮來？還是從太陽來？」這句話時的那個太陽。終結讓萬物失去輪廓線、一切都融合為一體的黑暗混沌，為世界帶來秩序、語言與意義的太陽。看著爆發氫氣、充滿魄力的壯觀太陽，我覺得自己得到回報了。

這趟旅程實在獲得太多了。從日本出發後將近四個月，離開村落也已經度過七十八天。這趟旅程一切都事與願違，彷彿受到詛咒般完全不照計畫走。在黑暗中我只感到絕望，甚至覺得自己應該再也不會來極地旅行。而且，為了這趟旅程耗費了四年的時光。遇見我的狗，也體會過被海象襲擊的恐懼。我還想起結婚生子後私生活出現的改變。這些在準備旅程中發生的所有事情，都昇華成眼前的陽光熊熊燃燒。

在漫長的黑暗旅途最後升起的太陽、忍過可怕暴風之後看見的太陽，我知道一切的準備、辛苦、絕望、驚愕、歡喜、震驚都是為了看見這個太陽而存在。這是我出生以來第二次見到的真正光芒，同時也是再也無法得見的美好太陽。

我沒想到自己能看到這麼棒的太陽。我確確實實在這個時候，看到太陽了。

*

我很想在正面接受太陽光的狀態下，開始下切冰河……

但很遺憾，我沒辦法這麼做。這場一次又一次失敗的旅程，並沒有因為看到太陽就輕易放過我。

看到太陽的時候，我本來想花一個小時的時間好好感傷一下，但其實因為地吹雪太強，只撐了十分鐘，最後拍了照片就再度回到帳篷裡。因為天氣預報說下午天氣就會回穩，所以我想在帳篷裡觀察狀況，等風一停就準備下冰河。

然而，天氣預報再度失準，天氣不但沒回穩，風還越來越大。地吹雪的雪煙飄至上空，覆蓋整個冰床，周圍被白色火焰包圍，陽光消失無蹤，帳篷裡一片灰暗。偽極夜空間又出現了。而且在這次旅程最後的最後，真的是最後了，才出現最具魄力的極惡暴風雪。

這陣風真的非常不妙。截至目前為止對暴風雪的描述已經用光我所知的詞彙，悲哀的是已經沒有適當的語言能夠描寫這最後的暴風有多猛烈。所以只能請各位讀者明察。風真的很強。只能用很強、很猛、很狂來形容的暴風。我的日記裡留下「神明轟隆隆地壓著巨大的風箱」和「宛如斷層遭破壞的大地出現龜裂的聲音響個不停，就好像收集了天崩地裂時的所有爆炸聲響一般，令人聯想到世界末日」等莫名其妙的句子描述當時的慘況，總之暴風就是如此猛烈。

欣賞過太陽之後就躲在帳篷裡觀察情況的我，聽著強風變成暴風的聲音，判斷現在並非能行動的狀態，於是決定先鑽進睡袋。之後風勢變得像神明擠壓巨大風箱一樣，狀況一直都沒有改善。面對這樣的強風，我已經失去再度無視天氣預報抵抗大自然的意志。我什麼事都不能做。

在外面的時候已經確認過，昨天砌好的防風牆已經被昨晚的暴風吹散。也就是說，帳篷就這樣毫無防備地暴露在足以導致天崩地裂、毀滅世界的暴風之中。原本是打算稍微等一下看天氣會不會轉變才鑽進睡袋，但之後已經害怕得無法走出去。沒辦法吃飯，也沒辦法餵狗。我只能在睡袋裡聽著風的爆裂聲，縮成一團發抖等待時間過去。

半夜突然聽到啪地一聲，好像有什麼東西斷掉，我的心臟都快要凍結了。會斷的東西我只想到帳篷的支撐桿。因為這個念頭太可怕，我趕快打開頭燈確認，但支撐桿仍然繼續在對抗強大的風壓。不過，這個聲音的確是有什麼東西斷掉，肯定出現某種異常。到底是什麼壞掉了呢？我周邊半徑五公尺以內已經沒有東西可以壞了。

我受不了這種恐懼感，再度打電話給山崎先生確認天氣預報。除了天氣預報以外，我沒有別的能夠依靠的東西了。

「我這裡風很強……」

「風吹個不停啊──我這裡風也很強。」

「天氣預報怎麼說？」

「風半夜會停，之後天氣就會轉好。這個季節，本來就偶爾會有這種情況發生。阿角，風一定會停，到時候一鼓作氣下來就好了。」

我相信山崎先生的話，祈禱風勢能在半夜消停，繼續忍耐對暴風的恐懼。我沒有走出睡袋，也沒有開瓦斯爐，除了喝了兩次早上用保溫瓶準備的行動用熱茶之外，當天什麼都沒吃。在睡袋裡縮成一小團，在唰唰──轟轟──等毀滅世界的轟鳴之中，數度傳來清脆的斷裂聲。每次聽到這種聲音我都渾身發抖，感覺自己凝視著死亡。

過了凌晨兩點，很快就凌晨三點了。即使已經度過風勢早該停止的半夜，進入凌晨後風勢仍未有減弱的跡象，神明樂此不疲地吹起高度應該有五十公尺的狂風。我只能判斷天氣預報再度失準，被迫必須做好心理準備。按照目前的感覺看來，過去的暴風雪循環已經差不多結束，接下來在天氣不穩定的狀況下，可能又要再進入下一個暴風雪的循環了。我想應該是這樣吧！既然如此，完全推翻之前的天氣預報，接下來連續颳一週的強風也不是不可能。應該是說，現在也只能這樣判斷了。

狼肉幾乎已經吃完，燃料也快沒了。暴風再繼續下去的話，我只剩下吃狗一途了。接著，我就像之前那樣，在腦海裡描繪殺狗的情景。殺了狗吃生肉，然後把雪融在小便裡稀釋應該就能喝了。如此一來，就算暴風持續一週也不至於會死。接下來只要祈禱帳篷沒事就好。

過了一段時間之後，風勢終於減弱。手錶顯示已經過早上六點。神明的風箱勢力，暴風深處的轟鳴聲消失，轉變成地吹雪沙——沙——的表層風聲。然而，風還是繼續吹，狀況和昨天早上一樣。昨天就是在這之後開始瘋狂吹起暴風。這次是真的會停嗎？

我無法自己判斷，最後能依靠的還是只有山崎先生的天氣預報。山崎先生的預報完全像毒品一樣，沒有預報我的精神就無法平靜。即便現在風停，冰河途中若吹起這樣的風也不可能沒事。因為之前的惡劣天氣，使得我內心已經失去不靠天氣預報下冰河的勇氣。

山崎先生說村落的天氣已經恢復，狀況很好。

「上面可能還有一點風，不過下來之後就回穩了，最好趁今天下來喔！」

他的這句話賦予我動力，於是我決定下切冰河了。

走到帳篷外的瞬間，看到和昨天截然不同的景觀，令我嚇破了膽。帳篷周圍明明是堅硬而平坦的雪面，經過昨天下午開始的狂風切削，冰床整體出現深一點五公尺左右的切削痕跡，宛如迷你大峽谷一樣毫無縫隙地擴展出去。最令人驚訝的是帳篷風的上風處。帳篷地板下的雪也被吹飛，切削出深深的痕跡，上風處的三分之一就浮在半空中。插在硬雪面裡的冰螺絲等支撐點也已經脫落。應該是說，插冰螺絲的雪面本身被風切削一公尺深，所以三個螺絲都吊在半空中。

看到這個畫面，我才知道昨天晚上啪、啪的斷裂聲究竟是什麼。那是強風切削地下的硬雪，雪面一一剝落的聲音。帳篷之所以沒事，是因為外緣雪裙上的雪結凍，和周圍融為一體，但風只要再吹個半天我的帳篷就一定會被吹走。

得知暴風在最後一刻才消停，不開玩笑，我真的心都涼了半截。

*

之後我和狗開始下切冰河。這次是真的可以開始往下走了。零下三十四度、風速大約還有七、八公尺，但比起凌晨瘋狂的暴風，只能說是比較冷一點的涼風。冰床被風切削得坑坑巴巴，讓雪橇在山谷間數度翻覆，我們很辛苦地往南前進。

梅罕冰河的入口還是一樣很難分辨，途中我因為往右前進太多，看到四天前跨越的有雪波的大冰河源頭，頓時陷入混亂。不過，往左邊修正方向之後，熟悉的肖拉帕盧克峽灣漸漸出現，終於得以確認自己正在對的冰河下坡。風勢漸緩，確定真的能回到村落之後，我才終於從死亡的緊張感中解脫。旅程終於來到終點，休息時我以誠實的心情對狗訴說：

「能活著回來真的太好了。我啊，想像過很多次把你吃掉的場景。其實，昨天也是……沒有演變成那樣的情況，真的太好了。下次我們再一起旅行吧！」

狗無視我的存在，繼續睡牠的覺。從這裡到村落剛好需要兩天的路程。

天空一片晴朗，陽光照射冰河顯得明亮。在這幾天強烈的暴風吹拂之下，冰河上的雪都被吹走露出裸冰。好不容易才找到有殘雪的斜坡慢慢往下走，眼前出現熟悉的山景，也看到肖拉帕盧克峽灣冰凍的海面。

靠近村落之後，深感這趟旅程即將結束的同時，我也開始回顧這趟漫長的探險之路。

這四年之間，遇到物資被偷、遭當地政府強制遣返，真的所有過程都很不順遂。在依努費許亞克親眼看到物資被徹底破壞的時候，我心想難道做到這個地步還是不夠嗎？也因此陷入絕望的深淵，覺得自己為了這趟探險而耗費的時間與努力都化為泡影，不禁仰望月亮自嘆我的人生到底有什麼意義。然而，越靠近旅程的終點，我越明白這種想法是錯的。就物資本身來看，的確都已經被破壞殆盡，我的努力也都化為泡沫，但從銘刻在我身體裡的土地記憶來看，這四年的行動絕對沒有白費。

為了這趟探險，我至今搬運物資攀登兩次、下切三次這段梅罕冰河。也分別到阿烏納特和依努費許亞克三次。跨越兩次冰床，划皮艇沿周邊海岸航行七百多公里，穿著長靴在凍原內陸行走超過一百公里。不只如此，我為了製作物資食材獵捕七百隻名為姬海雀（Alle alle）的海鳥，用流刺網捕獲北極岩魚，獵了三頭麝香牛和數十隻野兔。

在持續這些活動的時候，我不知不覺地熟悉了這個地區的土地和大海。從冰河的冰隙位置到冰床和凍原的路線、每個地點的地面特徵、雪波形成的原因、潮汐具體的動態、海冰會沖上岸冰的危險區域、麝香牛喜歡的地方、野兔多的區域、北極岩魚棲息的湖泊等數之不盡的事物，都是我親眼看見並以自己的頭腦理解土地的特性，才能把這些生存的知識化為血肉的一部分。這並非我刻意為之，而是多來幾趟之後自然而然融入血肉之中，最後，我也因為擁有這些對土地的知識經驗，才能實踐這次的探險。

譬如在完全黑暗的新月時期跨越凍原時，這些知識經驗就派上用場。當時我雖然是透過拉雪橇時的重量和腳底的感覺等平常沒怎麼意識到的知覺掌握大地傾斜的方向，藉此推測自己的位置，但此時我下意識想起過去旅行時保留在記憶深處的凍原地形特徵和地表的氛圍。看到浮現在黑暗中的群山輪廓或地面狀況，瞬間就想起和過去旅程中見到的風景吻合，而這也成為在黑暗中導航時的關鍵功能。決定去達拉斯灣獵麝香牛時也一樣。當時要選擇獵物的棲息地，而我腦海中浮現過去看到過麝香牛的地點和牛群喜歡的土地條件。

不僅如此，在海岸線連續出現高二、三百公尺的絕壁地區，我必須具體想像哪一種地形才能讓我拉著沉重的雪橇，前往麝香牛棲息的內陸。雖然最後沒有獵到麝香牛，但我之所以能盡量篩選可能的棲地決定下一步行動，還是因為有這些對土地的相關知識，而這些知識讓我能判斷往後的行動。

回程在阿烏納特的小屋採取等待太陽出來的克制行為也出自相同的道理。我為了避免在梅罕冰河入口迷路的危險，決定等待天色變亮再行動，是因為過去的經驗告訴我冰河入口的地形很容易讓人迷路。每個判斷的背後，都像這樣需要過去旅行中獲得的土地相關知識經驗。如果沒有這些知識經驗，在初來乍到的情況下衝進極夜世界，我應該早就死了。

譬如我在二〇一四年第一次到格陵蘭旅行時，因為要陪妻子生產所以延後出發時間，一月上旬才從日本出發，但原本我是想在冬至這段最黑暗的時期到現場勘查。當初如果我沒有陪同妻子生產，按照預定時間前往肖拉帕盧克，我就能具體模擬會發生什麼事了。

畢竟之前我曾在冬季到北緯六十九度的加拿大劍橋灣，在那裡的極夜世界流浪一個月，所以對於在黑暗中行動多少有了一點自信。因此，我大概會安排在十二月中旬離開村落，預計一個半月的時間前往阿烏納特。然而，劍橋灣和北緯八十度附近的格陵蘭北部不只極夜的黑暗程度不同，就連地形特徵也完全迥異。

在對這片土地一無所知的狀態下出發，我一定會從攀登梅罕冰河開始，就在毫無頭緒的狀態下徘徊在冰床上，然後因為不知道自己所在位置而混亂。或許我能走到阿烏納特，但很可能搞不清楚小屋到底在哪裡。找不到小屋就等於在極夜狀態下找不到正確位置，從這個時間點開始就已經完全出局了。即便找到小屋，應該也很難平安回到村落。一月中旬的冰床還很暗，毫無現場經驗的我，還沒有找到能夠辨認冰床位置的地標，回程時一定會因為找不到冰床入口而手足無措。找不到冰床入口，就等於完全無法掌握自己的所在位置。而且糧食已經所剩無幾。不得已只好隨便從眼前的斜坡下切，如果剛好是梅罕冰河也就罷了，但從地形特徵考量，誤入兩側大冰河之一的可能性非常高。

這兩個冰河都有巨大的冰隙，我很有可能在途中掉進被雪掩蓋的冰隙裡，無法活著回來。就算好運能下到海面，因為不知道村落在哪裡，只能賭一把看是要往右還是往左走。如果能順利找到村落就算幸運，但這個時期這一區的岸冰狀態不好，通常會在海岬中斷，很難前進。而且，按照當時我的習慣是不會帶衛星電話的。在黑暗中不斷累積焦慮，糧食用盡只能殺狗吃狗肉，最後十有八九應該會在咒罵神明的狀態下死在路上。

實際上現在在格陵蘭北部進行極夜探險的我，終於深切了解人不可能在完全不了解土地特徵的狀態下，在這種黑暗的季節、地形複雜的地區旅行。這次能夠在最低限度的條件下，沒有陷入致命的絕境、持續在極北之地旅行長達八十天，都是因為我已經累積對這片土地的知識，而且這些知識都成為決定行動的方針。這四年期間的行動並非徒勞無功。應該是說，如果沒有這四年的累積，就無法完成這次的極夜行。

在這四年的行動之後，我實踐了這次探險，看見地球不為人知的另一面。踏上旅途前，我原本期待探險成功的話，應該就能體驗到現代系統內已經遺失的人類與大自然的原始關係，而成果卻超乎我的想像。在冰床上數度抬頭仰望北極星＝波麗亞神，感覺到如果不捨棄自己的感官就無法開拓真正道路的絕對力量，我發現那就是信仰的原始型態。在沒有月亮的真正極夜中，徘徊於凍原大地時，我了解到無法得知自己的地理位置就等同無法具體想像幾天之後自己還活著，這就是黑暗令人恐懼的原因。

在達拉斯灣，我感受到黑暗世界中月亮擁有絕對且壓制的支配，透過身體了解到自古以來天體為人類帶來什麼樣的本質性力量。接著，在冰床上面對猛烈的暴風，飽受死亡威脅時突然想起妻子生產的畫面，我感受到對人類來說光之所以代表希望，是因為人們誕生的那一瞬間便被光明包圍。而我之所以憧憬極夜結束後的太陽，只是想再度體驗生產的那一刻。我也發現極為簡單的事實——誕生這個行為本身便是所有人類的起點，也是世界的根源。

直到實際開始旅行之前，我從未想過能夠了解到人類生命的根源。因為有前面四年的行動，累積土地相關的知識經驗，才讓我實踐這趟洞察各種事物的旅程。而且這些事物也讓我對旅行有新的發現。那就是要深入了解土地，才能實踐旅行。比起到沒有人煙的嶄新土地廣泛而膚淺地進行表面勘查，徹底深入一塊土地更能發現新世界。你會看見原本就在那裡但是一直被忽略的事物。這次的探險就是這樣的旅程。而且是非常特別的經驗。我接下來也會持續追求探險，但或許已經無法像這樣充滿對未知的不安、興奮和發現了。今後的我只能在達不到這次極夜之旅的探險中摸索了吧！不過，我想這也是沒辦法的事。真正的探險一生都不見得能有一次，而且也不能一直重來。

或許我一生只有一次的旅程，現在已經結束了。然而，我一點也不覺得心情低落。

我和狗從冰河山路的最後營地出發，開始走在堅硬的海冰上。海冰上的雪被強風吹走，顯現出宛如用電腦調整過顏色一般、不切實際的深藍色。峽灣周邊熟悉的群山被蒼白的大海包圍，日出前的微光讓天空染上夢幻的淡紫色。接近日出的時間，前往村落途中的風景變得鮮豔，天空也越來越藍、越來越明亮。因為有了光線，周遭的風景不經意地出現色彩變化，對我來說這是非常新鮮的事。

狗在我身邊老實地拉著雪橇。我看到村落，而且慢慢朝村落靠近。不久後我看見幾名村民穿著暖和的衣服，出現在冰上。冰上村民的身影漸漸變大，我已經可以分辨那是誰的影子。

剛好此時東南方的天空升起太陽。

朝陽映照在村落背後的山上，閃耀金黃色的光芒。

太陽從對岸的半島越升越高，被朝陽照射的向陽處也離我越來越近。

村民對我揮手，我也跟著揮手。抵達村落前方時，山崎先生拿著相機拍攝我抵達的畫面。他問了我一些問題，但我因為太感動了沒辦法好好回答。村民前來迎接我，給我擁抱，老奶奶從口袋裡拿出蘋果遞給我。一口咬下，酸酸的果汁在嘴裡化開。

往左手邊看過去，太陽剛好從半島露出臉，陽光眩目地照向我們。陽光不像兩天前看到的太陽那麼強，但擁有溫柔微笑般的溫暖。在村民和太陽的迎接下，我回到人類居住的地方。

睽違八十天回到肖拉帕盧克，天空非常明亮，已經可以感覺到春天的氣息。

極夜已經完全結束了。這個村莊接下來會越來越明亮。在短短兩個月之後，太陽不西沉的永晝季節即將開始。

賭上輸贏的人生行旅

人生有時需要一場賭上輸贏的旅行。雖然說是賭上輸贏，但對象不是別人，而是自己。以自己為對象賭上輸贏的旅行，簡而言之就是清算過去的旅行。也就是說，你必須投注過去獲得的思考和認知，以旅行的形式面對過去的自己。

旅行對我來說也是一種冒險。既然是冒險就會有生命危險，而且既然要賭輸贏就必須有新意，所以並不是每年都能做的事情。然而，沒有每隔幾年這樣冒險一次的話，我就覺得自己會漸漸腐敗。如果不在某個地方做了斷，我怕過去的自己就會一直無限延長，變成不斷重複可以預知未來行為、追求秩序和諧的墮落人類。因此，為了不讓自己腐敗，讓自己這個主體脫下過去的皮，朝著未來更新，每隔幾年就必須來一趟賭上輸贏的旅行。

我至今有過兩次這種賭上輸贏的旅行。第一次是二〇〇二年至〇三年冬季到西藏雅魯藏布大峽谷的獨行探險，第二次是二〇〇九年至一〇年冬季的雅魯藏布大峽谷獨行探險。我之所以會選在同一個地區進行兩次賭上輸贏的單獨探險，其實是因為兩次旅行的目標相同，但賭的內容可以說是正好相反。

第一次旅行是因為我想要獲得人生中的一個成就，想告訴別人我做到某件事。說穿了其實就是一個什麼都沒有的年輕人，埋頭去做一件有勇無謀的事。相對而言，第二次旅行是出自我想藉由雅魯藏布大峽谷探險為青春畫下休止符的心情。此時的我已經無法滿足第一次探險的成果，辭掉報社的工作之後，再度一個人前往西藏的深處。總之我強烈認為如果不能以自己能接受的方式成功在祕境中探險，讓自己從學生時代就執著十幾年的雅魯藏布大峽谷詛咒中解脫，就無法往人生新的方向邁進。

接著，第三次賭上輸贏的旅程就是這次的極夜探險。在這場極夜探險中，我賭上什麼樣的過去呢？最大一部分應該是三十五歲之後在我心中醞釀已久的脫離社會系統的想法，完全加注在這趟旅行裡，而我想藉由行動表達自己的思想。我想在這趟旅程中加入建立起現在行動基礎的各種零碎思考，期待自己可以藉此展現、了結這十年來做過的各種事情。

就這個層面的意義來說，這次探險是展現雅魯藏布大峽谷之後的自己，同時也是總結我身為探險家活動至今的人生之旅。我在本書中提到三十五歲到四十歲是從事人生最大冒險的時期，其實算是某種工作理論，而且實際上在出發探險之前因為年齡而產生的氣勢的確很強。

另一個關鍵是我私生活上的變化。這個極夜企劃實際啟動是從二〇一二年冬季在加拿大劍橋灣的實驗型極夜流浪開始的，而我其實已經在那一年的八月結婚。也就是說，在很偶然的狀況下，我同時開始極夜探險和婚姻生活。而且，隔年冬天在原訂格陵蘭之旅的時間女兒出生了。

在日常的時間裡，因為結婚生子讓我多了新的家人，人生中出現嶄新的變化。而另一個非日常的時間裡，我正在準備和狗一起到黑暗世界遊走的極夜之旅。在我強烈認為極夜探險就是在混亂之中和組成家庭同時進行的嘗試，所以很難把兩者分開思考。總之有了孩子，對我個人的歷史來說，就是堪稱革命的大事，也成為我重新審視人生意義的契機。

本來有了家人和極夜探險的主題之間並沒有直接關聯。至少在這次旅程結束之前是這樣沒錯。格陵蘭和加拿大埃爾斯米爾島之間的海峽，有一個像孕婦圓肚的凱恩海盆，又大又圓的海通過狹窄的道路連著北極海，如果真的能去到北極海的話，從地形上來看，真的就像胎兒通過產道飛向外界。我曾經用這樣的感覺來掌握這次探險和生產之間的關係。然而，我完全沒有注意到在經過漫長黑暗的極夜後看見陽光，和胎兒出生時看見光之間的相似性。

因此，極夜探險和組成家庭在我心中雖是互相交纏的狀況，但主題並不相連，所以我一直認為就算把極夜探險寫成書，應該也不會提到生產這一塊。

然而，在回程冰床上遇到暴風雪，突然想起妻子生產的畫面時，我的想法就改變了。穿越極夜黑暗最後看見太陽的行為，其實就是想再度體驗出生過程，我發現自己的行為和家人的存在其實在最根本的地方緊密相連。極夜探險與組成家庭這兩件同時進行的事情並非毫無關聯，只是從不同角度表現同一件事情而已。當我得知這件事的時候震撼不已，甚至覺得很不可思議，這種事情明明只要稍微想一下就能明白，為什麼過去一直沒發現呢？因為發現陽光和生產之間的關係，意外讓這次探險也成為和組成家庭這樣私生活變化有關的旅程。

無論如何，這趟極夜之旅從各角度看來，都是繼雅魯藏布大峽谷探險之後擁有莫大意義的旅程。這也是自那場賭上輸贏的旅程以來，久違的陷入絕境之旅。而且，這也是繼雅魯藏布之後，稱得上是真正探險的行為。身為探險家，我以前能夠抬頭挺胸說嘴的真正探險只有雅魯藏布大峽谷。雖然除此之外我也曾參與新幾內亞的遠征和雪男搜索、加拿大北極圈長距離步行之旅，但那些還沒達到探險的程度，屬於探險未滿的行為。然而，這次極夜探險，真的是在誰面前說出來我都不覺得可恥，是一趟真正的探險。因為這次旅程，讓我終於成功完成人生第二次探險。

而且，和雅魯藏布大峽谷的探險一樣，這次的旅程和我的人生緊密相關。我推動計畫時，一直在思考這次旅程對自己的人生有什麼意義？直到體能衰退無法從事高難度探險，自己剩下多少時間？我強烈希望這次的探險，無論就體能或思考層面來看，都必須是我這個人類能做到最好的水準。從這個角度思考，如果描寫雅魯藏布大峽谷探險的《空白的五英里》是某種青春記事，那麼這本《極夜行》或許就是一個迎向不惑之年、人生大致底定的男人，在自己選擇的生活方式中摸索最高峰的作品。

我想藉由極夜之旅，努力展現人生中最棒的探險。唯有這件事，無論如何我都要完成。或許這種心情，很接近二十六歲那年冬天第一次進入雅魯藏布大峽谷的決心吧！寫完本書之後，心裡強烈認為我終於完成出道作品《空白的五英里》的續篇。

謝辭

這趟極夜探險在物質和心理兩個層面都受到多方支持才得以執行。我想再次藉此對幫助我的人表達感謝之意。

肖拉帕盧克的大島育雄先生指導我許多關於自然環境、歷史、文化、旅行技巧、冰河路線、冰層狀況等知識。在探險中使用的海豹毛皮鞋、北極熊毛皮手套、雪橇的把手都是他幫我做的。肖拉帕盧克的山崎哲秀先生也幫了我很多忙。他不只教導我村落裡的生活和如何對待狗、該在哪裡採購裝備等實務面的知識，還在我探險時擔任村落中的聯絡人。

用皮艇搬運物資時，山口將大先生也到現場來幫助我。另外，皮艇裝備和技術面，則是受到在琵琶湖經營觀光導遊業的大瀨志郎先生的幫助。天體觀測由前南極觀測隊長渡邊興亞先生與擁有豐富天體觀測經驗的前國土地理院測量員吉村愛一郎先生指導。

除此之外，TAMAYA 股份有限公司的甕三郎先生對我的計畫很感興趣，承蒙他出借該公司特別為極夜探險開發六分儀用氣泡管裝置。山友沼田山岳會的清野啟介先生在木材選擇、提供、製作雪橇方面提供我諸多幫助。《日經國家地理雜誌》會長（時任）兼探險社學長伊藤達生先生則擔任我這次計畫的聯絡處。

在日本經營 Marmot 品牌的 Descente Japan 股份有限公司贊助並開發採用特殊材質的防寒衣、鞋套、雪地手套、搖粒絨服飾（fleece）、防風衣等衣物。睡袋則是由 Montbell 股份有限公司贊助、開發訂製品。

真的非常感謝各位。

除此之外，我還要藉此對文藝春秋線上編輯部負責連載的竹田直弘先生、小田垣繪美小姐以及負責單行本編輯的 Number 編輯部藤森三奈小姐致上謝意。

二〇一七年十二月二十四日　角幡唯介

國家圖書館出版品預行編目資料

極夜行：1872 小時的黑暗永凍，與自己對話的旅程 / 角幡唯介作． -- 初版． -- 臺北市：三采文化，2019.11 --
面；公分． --（Mind map；191）

1. 遊記 2. 北極

ISBN 978-957-658-238-7(平裝)

778.9　　108014576

Mind map 191

極夜行：

1872 小時的黑暗永凍，與自己對話的旅程

作者｜角幡唯介　譯者｜涂紋凰
日文編輯｜李嫜婷　版權經理｜劉契妙
美術主編｜藍秀婷　封面設計｜鄭婷之　內頁排版｜陳佩君　校對｜聞若婷
原書設計｜Ariyama Design Store

發行人｜張輝明　總編輯｜曾雅青　發行所｜三采文化股份有限公司
地址｜台北市內湖區瑞光路 513 巷 33 號 8 樓
傳訊｜TEL:8797-1234　FAX:8797-1688　網址｜www.suncolor.com.tw
郵政劃撥｜帳號：14319060　戶名：三采文化股份有限公司
本版發行｜2019 年 11 月 1 日　定價｜NT$360

KYOKUYAKO by KAKUHATA Yusuke
Copyright © 2018 KAKUHATA Yusuke
All rights reserved.
Original Japanese edition published by Bungeishunju Ltd., Japan in 2018.
Chinese (in complex character only) translation rights in Taiwan reserved by SUN COLOR CULTURE CO., LTD., under the license granted by KAKUHATA Yusuke, Japan arranged with Bungeishunju Ltd., Japan through Haii AS International Co., Ltd., Taiwan.

著作權所有，本圖文非經同意不得轉載。如發現書頁有裝訂錯誤或污損事情，請寄至本公司調換。 All rights reserved.
本書所刊載之商品文字或圖片僅為說明輔助之用，非做為商標之使用，原商品商標之智慧財產權為原權利人所有。